裁判例からみた
祭祀承継の審判・訴訟の実務

死亡・葬祭・喪主・香典・法事・埋葬・墓地・
祭祀財産（系譜祭具墳墓）・遺体・遺骨・
献体・臓器移植等

梶村 太市 著

日本加除出版株式会社

はしがき

　本書は，人が死亡してから先祖（祖先）になるまでの一連のプロセスの間に生ずる様々な法律上の問題点を，過去の裁判例を参考にして検討を加えた書籍です。

　人が死亡すると，死亡診断書・死体検案書など早速，法に定められた手続が必要になります。まず葬儀の打合せなどにより葬送の方法が決定されます。我が国の場合は，最近はほとんどが火葬に付されますので，本書でも火葬を前提にその後の手続である納棺・通夜・葬儀・告別式を検討します。出棺・火葬・骨揚げ・埋葬・納骨には火葬許可証が必要になります。この後，納骨後の供養として忌中・喪中・墓参りなどがありますが，一番紛争の対象となるのが葬式費用の分担や墓地・墳墓の問題です。本書では，第1編総論の第1，第2において，世界と日本の葬送を垣間見た後，最近の傾向を中心に人の死亡から納骨後の供養までの一連の手続を概観します。そして，第1編の第3，第4において，本書の中心部分である祭祀承継に関する制度の沿革や民法897条をめぐる諸問題とりわけ祭祀財産の意義や祭祀承継者の決定方法等の検討に入ります。そして，第2編各論の第1において明治31（1898）年施行の明治民法下で初めて関連裁判例が出始めた大正4（1915）年からちょうど100年目にあたる今年（2015年）まで関連する重要な裁判例142件について，年代順に紹介しました。そして各論の第2において全裁判例の時代区分［戦前明治民法時代・戦後昭和前期時代（定着期）・戦後昭和後期時代（発展期）・戦後平成期時代（展開期）］ごとに特色を眺め，その第3において主要な事件類型における問題点について解説し，最後の第4において祭祀承継制度の将来的課題について論じてみたいと思います。

　上述した点を裁判手続の面からもう少し詳しく見ていきましょう。人が死亡すると，死者（被相続人）の財産の相続問題が生じますが，それには大別して通常の相続財産の遺産分割と，それとは別に祭祀財産の承継制度があります。祭祀財産以外の相続財産＝遺産の相続による遺産分割は，民法相続編に定められた相続人（法定相続人）が民法と家事事件手続法に則り，協議や調

停あるいは審判の手続で行います。これに対し，祭祀財産の承継すなわち祭祀承継は，同様の民法と家事事件手続法に従って，相続人や近親者など関係者の協議や調停あるいは審判の手続を履行して行いますが，これはあくまでも相続財産＝遺産の相続・分割とは別の制度です。本書では，祭祀承継制度をめぐる諸問題の解説が目的ですから，通常の遺産相続ひいては遺産分割の問題は，祭祀承継と関係する限りで検討課題とするに止めます。なお，両制度とも，一定の場合には遺言が関係します。

　遺産分割と祭祀承継の関係をもう少し詳しく見てみましょう。民法896条は，相続の一般的効力として，「相続人は，相続開始の時から，被相続人の財産に属した一切の権利義務を承継する。ただし，被相続人の一身に専属したものは，この限りでない。」と定めています。そして，民法897条は，これを受けて，祭祀承継の制度として，その1項で，「系譜，祭具及び墳墓の所有権は，前条の規定にかかわらず，慣習に従って祖先の祭祀を主宰すべき者が承継する。ただし，被相続人の指定に従って祖先の祭祀を主宰すべき者があるときは，その者が承継する。」と定め，その2項で「前項本文の場合において慣習が明らかでないときは，同項の権利を承継すべき者は，家庭裁判所が定める。」と規定しています。これらが遺産分割や祭祀承継の中身の権利義務を定める実体法的な規定です。これを見ると，祭祀承継と遺産分割は別個の制度ではありますが，密接な関係にあることが分かります。

　このほか，民法は，結婚するときに氏（姓）を変更した者が離婚する際に，それまでに既に祭祀財産を承継していたときは，その財産を返すか返さないか協議して定めることになっています。離縁の場合も同様の問題があり，また配偶者が死亡した場合の生存配偶者や，姻族関係終了の意思表示をした配偶者の場合も，同様の問題があります。しかし，これらは民法上あるいは家事事件手続法上条文は用意されていますが（後述），実際上紛争となるのはほとんどなく，裁判例にも表れてきませんので，本書では専ら人が死亡した場合の被相続人の祭祀承継を中心に検討することにします。事件名としては，祭祀承継者指定事件が主なものですが，それに関連して遺産分割事件・氏変更・子の氏変更・特別縁故者相続財産分与等の家事審判のほか，葬式費用や墓地（墳墓）等をめぐっては，民事訴訟も提起されます。これらを含め，祭

祀承継に関連する全ての裁判例を網羅的に検討しています。

　前記の通り，民法の規定は，権利義務を定める中身の問題ですが，今度は当然のことながらそれを実現する手続法が必要です。それが，家事事件手続法別表第二11項の定めであり，これを第二（家事審判法乙類）審判事項として性格づけています。なお同様に，第二5項に離婚等の場合の，6項に離縁等の場合の祭祀承継の手続について規定があります。

　家事事件手続法別表第二（家事審判法乙類）関係事件の中でも，この祭祀承継に関する民法897条の規定ぶりには際立った特色があるため，様々な解釈上の難問を提供しています。例えば，祭祀承継者指定の順位は，①第1に，被相続人による指定があればそれにより，②第2に，慣習があればそれにより，③第3に，それらのいずれもないときに初めて審判で決めるということになりますが，①の被相続人による祭祀承継者の指定があるかないか，あるいは②の慣習があるかないか争いがある場合，それぞれ権利義務の存否に関連するため祭祀承継者地位確認あるいは祭祀財産所有権確認等の民事訴訟を起こすしかないのか，それとも上記の祭祀承継者指定審判でこれらの点の判断ができるのか，問題となります。審判と民事訴訟との関係という難問です。さらに，③の家庭裁判所による指定審判の基準をめぐっては多くの裁判例があります。そのほか，人の死亡から，葬式費用・香典・喪主・墳墓・埋葬・墓地・納骨・遺骨・分骨・祭祀財産・死体・献体・臓器移植など多くの関連問題があります。これらについても，可能な限り解説することに努めました。

　思えば，私がお墓とか祭祀承継について関心を抱き始めたのは中学時代にさかのぼります。私は昭和16（1941）年生まれですが，中学時代に恩師の林正雄先生の指導で「石塔の研究」という作文を書き，読売新聞全国作文コンクールに入選したときからです（このことは林正雄ほか『立ち上がれ，ふるさと東三河政令指定都市構想～穂の国と豊川を超えて』（日本加除出版，2011）85頁以下に五輪塔の写真とともに掲載されています）。そして私が19歳のときに，東京・成城の柳田國男翁の自宅を訪問して「先祖の話」や郷里の早川孝太郎と「花祭」の話等を伺った頃から，民俗学に興味を抱いてきました。それ以後「人の死とは何か」「先祖とは何か」などについて考え続けてまいりました。

　本書は人の死亡と祭祀承継を中心とする法律問題の全般的解説と問題提起

の書籍です。多くの法律実務家や法学者・民俗学者・社会学者・文化人類学者等あるいは宗教家・マスコミ・各種出版界等に利用していただけることを期待したいと思います。加えて，人の死亡に直面した場合に，法律的にどのような点が問題となり，法律上あるいは社会通念上，どのような点を注意しなければならないか，あるいは祭祀承継に関して紛争が生じた場合にどのような裁判を起こしたらよいのか，裁判を起こした場合にはどのような結論となるのか（調停・審判・判決）などについて幅広く解説したものとして，紛争の当事者となる可能性のある一般市民にも大いに参考にしていただけるものと確信します。

　本書を完成させるについては，裁判例の収集から祭祀承継者指定事件一覧表の作成を含め編集全般にわたって担当していただいた日本加除出版編集部の伊藤哲弥氏に大変お世話になり，またいつものことながら真壁耕作企画部長に多くの示唆をいただきました。ここに記して感謝の意を表します。

2015年11月

梶　村　太　市

凡　例

文中に掲げる法令・判例等については，次のように略記する。

【法　令】

　　明治民法　　昭和 22 年法律 222 号による改正前民法
　　家事法　　　家事事件手続法
　　墓地埋葬法　墓地，埋葬等に関する法律
　　民執法　　　民事執行法

【判　例】

　　東京高決平成 18・4・19 判タ 1239 号 289 頁
　　　→東京高等裁判所決定平成 18 年 4 月 19 日判例タイムズ 1239 号 289 頁

［判例略語］

大判	大審院判決	高判	高等裁判所判決
大決	大審院決定	高決	高等裁判所決定
控判	控訴院判決	地判	地方裁判所判決
最判	最高裁判所判決	家審	家庭裁判所審判

［判例集略語］

〈大審院時代〉

民録	大審院民事判決録	下民	下級裁判所民事裁判例集
刑録	大審院刑事判決録	東高民	東京高等裁判所民事判決時報
大民集	大審院民事判例集	家月	家庭裁判月報
		家判	家庭の法と裁判
		判タ	判例タイムズ

〈最高裁判所時代〉

		判時	判例時報
民集	最高裁判所民事判例集	税資	税務訴訟資料
高民	高等裁判所民事判例集	判自	判例地方自治

目　次

第1編　総　論

第1　世界の葬送と日本の葬送 ―― 1
1. 世界の葬送の類型 …… 1
2. 聖典（経典）に見る葬送 …… 1
3. 国別の葬送現行法制 …… 2
4. 日本の葬送・埋葬政策 …… 3

第2　人の死亡から納骨後の供養まで ―― 5
1. 全体のプロセス …… 5
2. 臨終と人の死亡 …… 6
3. 葬送（葬儀） …… 9
4. 喪　主 …… 11
5. 葬式費用の負担 …… 12
6. 香典・香典返し …… 13
7. 埋葬・納骨 …… 14
8. 分骨・改葬 …… 14
9. 墓地の種類と法的性質 …… 15
10. 墓のタイプとデザイン …… 23
11. 納骨後の供養 …… 24
12. 墓地，埋葬等に関する法律 …… 26

第3　祭祀承継と民法897条 ―― 30
1. 戦前の祭祀承継制度の沿革（家督相続） …… 30
2. 祭祀承継と氏の同一性 …… 31

  3 民法 897 条の趣旨 …………………………………………………… *32*
  4 遺産相続と祭祀承継との関係 ………………………………………… *36*
  5 祭祀財産 …………………………………………………………………… *37*
  6 祭祀財産の承継 ………………………………………………………… *42*
  7 祭祀承継者の人数と資格 ……………………………………………… *43*

第4 祭祀承継者の決定手続 ―――――――――――――――*45*

  1 祭祀承継者の決定順位 ………………………………………………… *45*
  2 被相続人の指定（第1順位）………………………………………… *46*
  3 慣習による指定（第2順位）………………………………………… *48*
  4 裁判所による指定（第3順位）……………………………………… *49*
  5 祭祀承継者確定の民事訴訟との関係 ………………………………… *53*

第2編 各 論

第1 戦前戦後の全裁判例一覧 ―――――――――――――――*55*

No.1 死体改葬手続請求事件 大判大正4・2・27民録21輯198頁 ………*55*
No.2 土地所有権確認等請求事件 大判大正5・7・28民録22輯1522
   頁 ……………………………………………………………………………… *55*
No.3 遺骨引渡請求事件 大判大正10・7・25民録27輯1408頁 …………*56*
No.4 遺骸引渡請求事件 大判昭和2・5・27大民集6巻307頁 ……………*58*
No.5 土地所有権確認等請求事件 大判昭和8・6・14法律新聞3576
   号9頁 ……………………………………………………………………… *59*
No.6 不動産競落許可決定再抗告事件 大決昭和9・12・19法律新聞
   3796号9頁 ………………………………………………………………… *60*
No.7 約束手形金請求事件 東京控判昭和11・9・21法律新聞4059号
   13頁 ………………………………………………………………………… *61*
No.8 占有権回復請求事件 大判昭和12・12・7法律新聞4223号7頁 ……*61*
No.9 土地所有権取得登記抹消手続請求事件 大判昭和15・6・15法

律学説判例評論全集 29 巻民法 918 頁 …………………………………… 62
No.10　祭祀承継者指定事件　大阪高決昭和 24・10・29 家月 2 巻 2 号
　　　　15 頁 ………………………………………………………………… 63
No.11　氏変更事件　大阪高決昭和 24・12・15 家月 5 巻 5 号 143 頁 …… 65
No.12　仏壇所有権確認請求事件　広島高判昭和 26・10・31 高民 4 巻
　　　　11 号 359 頁 ………………………………………………………… 66
No.13　遺産分割事件　東京高決昭和 28・9・4 高民 6 巻 10 号 603 頁 …… 68
No.14　氏変更事件　長野家上田支審昭和 29・12・6 家月 6 巻 11 号 34 頁 …… 68
No.15　遺産分割事件　東京高決昭和 30・9・5 家月 7 巻 11 号 57 頁 …… 69
No.16　遺産分割審判事件　福岡高決昭和 30・10・21 高民 8 巻 8 号 572
　　　　頁 …………………………………………………………………… 70
No.17　不当利得金等請求事件　甲府地判昭和 31・5・29 下民 7 巻 5 号
　　　　1378 頁 ……………………………………………………………… 70
No.18　遺産分割事件　東京家審昭和 33・7・4 家月 10 巻 8 号 36 頁 …… 71
No.19　遺産分割事件　大阪家堺支審昭和 35・8・31 家月 14 巻 12 号
　　　　128 頁 ……………………………………………………………… 72
No.20　氏変更事件　神戸家審昭和 36・2・21 家月 13 巻 5 号 152 頁 …… 73
No.21　氏変更事件　盛岡家審昭和 37・2・10 家月 14 巻 5 号 178 頁 …… 77
No.22　祭祀承継者指定申立事件　名古屋高決昭和 37・4・10 家月 14
　　　　巻 11 号 111 頁 …………………………………………………… 78
No.23　相続財産分与事件　横浜家審昭和 37・10・29 家月 15 巻 5 号
　　　　114 頁 ……………………………………………………………… 79
No.24　賃借権確認請求事件　最判昭和 37・12・25 民集 16 巻 12 号
　　　　2455 頁 ……………………………………………………………… 81
No.25　相続財産分与事件　横浜家審昭和 38・1・16 家月 15 巻 5 号
　　　　117 頁 ……………………………………………………………… 82
No.26　遺産分割事件　高松高決昭和 38・3・15 家月 15 巻 6 号 54 頁 …… 82
No.27　遺産分割事件　高松高決昭和 38・4・1 家月 15 巻 7 号 94 頁 …… 83
No.28　遺産分割事件　仙台家古川支審昭和 38・5・1 家月 15 巻 8 号
　　　　106 頁 ……………………………………………………………… 84

x　目　次

No.29　祭祀承継者指定事件　東京家審昭和38・7・16家月15巻10号143頁……………………………………………………………………84

No.30　相続財産分与事件　長野家伊那支審昭和38・7・20家月15巻10号146頁…………………………………………………………86

No.31　相続財産分与事件　東京家審昭和38・10・7家月16巻3号123頁…………………………………………………………………87

No.32　相続財産分与事件　鹿児島家審昭和38・11・2家月16巻4号158頁…………………………………………………………………89

No.33　相続財産分与事件　岡山家玉野出審昭和38・11・7家月16巻4号161頁……………………………………………………………91

No.34　相続財産分与事件　大阪家審昭和39・3・28家月16巻7号72頁……………………………………………………………………92

No.35　相続財産分与事件　大阪家審昭和39・7・22家月16巻12号41頁……………………………………………………………………93

No.36　氏変更事件　広島高決昭和39・8・17家月17巻3号48頁……93

No.37　遺産分割事件　福岡高決昭和40・5・6家月17巻10号109頁……94

No.38　相続財産分与事件　東京家審昭和40・8・12家月18巻1号96頁……………………………………………………………………………95

No.39　遺産分割事件・祭祀承継事件　広島高決昭和40・10・20家月18巻4号69頁…………………………………………………………97

No.40　遺産分割事件・祭祀承継者指定事件　大阪家審昭和40・11・4家月18巻4号104頁…………………………………………………98

No.41　相続財産分与事件　長崎家審昭和41・4・8家月18巻11号73頁…………………………………………………………………………99

No.42　遺産範囲確認請求事件　大阪地判昭和41・3・30判時464号41頁……………………………………………………………………………101

No.43　氏変更事件　長野家審昭和41・4・20判時445号41頁…………102

No.44　相続財産分与審判　松山家審昭和41・5・30家月19巻1号59頁…………………………………………………………………………103

No.45　氏変更事件　和歌山家審昭和41・9・2家月19巻3号72頁………104

No.46　氏変更事件　東京家審昭和41・9・19家月19巻5号85頁 ············ *104*
No.47　遺産分割事件　大阪高決昭和41・10・21家月19巻4号63頁 ······ *105*
No.48　相続財産分与事件　広島家尾道支審昭和41・12・23家月19巻8号107頁 ·· *106*
No.49　遺産分割事件　盛岡家審昭和42・4・12家月19巻11号101頁 ··· *107*
No.50　相続財産分与事件　熊本家天草支審昭和42・8・11家月20巻3号88頁 ·· *107*
No.51　祭祀承継者指定事件　東京家審昭和42・10・12家月20巻6号55頁 ··· *108*
No.52　祭祀承継者指定事件　鳥取家審昭和42・10・31家月20巻5号129頁 ·· *111*
No.53　相続財産分与事件　大阪家審昭和42・11・21家月20巻6号65頁 ··· *113*
No.54　遺産分割事件　松山家審昭和42・12・22家月20巻7号57頁 ······ *114*
No.55　相続財産分与事件　福島家郡山支審昭和43・2・26家月20巻8号84頁 ··· *114*
No.56　相続財産分与事件　大阪家堺支審昭和43・3・17家月20巻9号103頁 ··· *115*
No.57　遺言取消事件　宇都宮家栃木支審昭和43・8・1家月20巻12号102頁 ··· *116*
No.58　子の氏変更事件　函館家審昭和43・10・8家月21巻2号171頁 ··· *117*
No.59　養子縁組許可事件　福岡家小倉支審昭和43・12・23家月21巻6号59頁 ··· *118*
No.60　遺言取消事件　東京高決昭和44・2・26東高民20巻2号45頁 ······ *119*
No.61　氏変更事件　京都家園部支審昭和44・3・31家月21巻11号158頁 ·· *119*
No.62　遺産分割事件　東京家審昭和44・5・10家月22巻3号89頁 ········ *120*
No.63　養子縁組無効確認事件　大阪地判昭和44・9・17判時578号72頁 ·· *121*
No.64　相続財産分与事件　大阪高決昭和44・12・24家月22巻6号59

xii　目　次

　　　　頁 …………………………………………………………………… *122*
No.65　相続財産分与事件　鹿児島家審昭和45・1・20家月22巻8号
　　　　78頁 ………………………………………………………………… *123*
No.66　子の氏変更事件　徳島家審昭和45・2・10家月22巻8号39頁 … *125*
No.67　相続財産分与事件　大阪高決昭和45・6・17家月22巻10号
　　　　94頁 ………………………………………………………………… *126*
No.68　祭祀承継者指定事件　東京家審昭和46・3・8家月24巻1号55
　　　　頁 …………………………………………………………………… *127*
No.69　相続財産分与事件　福島家審昭和46・3・18家月24巻4号
　　　　210頁 ……………………………………………………………… *130*
No.70　養子縁組無効確認事件　最判昭和46・10・22民集25巻7号
　　　　985頁 ……………………………………………………………… *132*
No.71　氏変更事件　仙台高決昭和46・12・15家月25巻2号90頁 ……… *133*
No.72　相続財産分与事件　熊本家審昭和47・10・27家月25巻7号70
　　　　頁 …………………………………………………………………… *134*
No.73　相続財産分与事件　名古屋高決昭和48・1・17家月25巻6号
　　　　139頁 ……………………………………………………………… *135*
No.74　相続財産分与事件　広島家審昭和48・2・23家月25巻10号
　　　　96頁 ………………………………………………………………… *136*
No.75　相続財産分与事件　名古屋家審昭和48・2・24家月25巻12号
　　　　44頁 ………………………………………………………………… *138*
No.76　相続財産分与事件　福岡家行橋支審昭和48・4・9家月25巻12
　　　　号55頁 ……………………………………………………………… *139*
No.77　遺骨引渡請求事件　東京地八王子支判昭和48・9・27判時726
　　　　号74頁 ……………………………………………………………… *139*
No.78　祭祀承継者指定事件　福岡家柳川支審昭和48・10・11家月26
　　　　巻5号97頁 …………………………………………………………… *142*
No.79　祭祀承継者指定事件　東京家審昭和49・2・26家月26巻12号
　　　　66頁 ………………………………………………………………… *143*
No.80　遺言執行者選任事件　大阪高決昭和49・6・6家月27巻8号54

	頁 ··· 144
No.81	遺産分割事件　大阪高決昭和49・9・17家月27巻8号65頁 ······ 145
No.82	遺産分割事件・祭祀承継者指定事件　大分家審昭和50・7・18家月28巻6号74頁 ······································ 146
No.83	祭祀承継者指定事件　福岡家柳川支審昭和50・7・30家月28巻9号72頁 ··· 148
No.84	子の氏変更事件　静岡家富士支審昭和50・9・2家月28巻8号55頁 ··· 150
No.85	未成年者養子縁組許可事件　東京高決昭和51・4・12判時817号71頁 ·· 151
No.86	相続財産分与事件　東京高決昭和51・7・8家月29巻10号134頁 ·· 152
No.87	相続財産分与事件　宮崎家審昭和51・8・2家月29巻2号120頁 ··· 153
No.88	相続財産分与事件　松江家審昭和51・11・2家月29巻5号77頁 ··· 154
No.89	遺産分割事件　大阪家審昭和51・11・25家月29巻6号27頁 ····· 155
No.90	遺産分割事件　長崎家審昭和51・12・23家月29巻9号110頁 ····· 155
No.91	祭祀承継者指定事件　大阪家審昭和52・1・19家月30巻9号108頁 ··· 156
No.92	祭祀承継者指定事件　大阪家審昭和52・8・29家月30巻6号102頁 ··· 158
No.93	相続財産分与事件　大阪家審昭和54・4・10家月34巻3号30頁 ··· 159
No.94	祭祀承継者指定事件　東京高決昭和54・4・24判タ389号138頁 ··· 160
No.95	祭祀承継者指定事件　東京高決昭和54・9・26東高民30巻9号226頁 ·· 162
No.96	祭祀承継者指定事件　仙台家審昭和54・12・25家月32巻8号98頁 ··· 164

No.97 相続財産分与事件　岡山家備前出審昭和55・1・29家月32巻8号103頁 …………………………………………………………………… *166*
No.98 遺産分割事件　長野家審昭和55・2・1家月34巻4号83頁 ……… *167*
No.99 相続財産分与事件　横浜家小田原支審昭和55・12・26家月33巻6号43頁 ………………………………………………………… *168*
No.100 祭祀承継者指定事件　大阪家審昭和56・6・8家月34巻9号85頁 ………………………………………………………………… *169*
No.101 祭祀財産所有権確認請求事件　名古屋高判昭和59・4・19家月37巻7号41頁 ……………………………………………………… *170*
No.102 氏変更事件　東京高決昭和59・5・30東高民35巻4・5号104頁 ………………………………………………………………… *174*
No.103 土地所有権確認請求等事件　福岡高判昭和59・6・18判タ535号218頁 ………………………………………………………… *175*
No.104 課税処分取消請求事件　那覇地判昭和59・6・19税資136号699頁 ……………………………………………………………… *177*
No.105 不当利得返還請求事件　東京地判昭和59・7・12判時1150号205頁 …………………………………………………………… *179*
No.106 祭祀承継者指定申立事件　大阪高決昭和59・10・15判タ541号235頁 …………………………………………………………… *181*
No.107 遺骨引渡請求事件　東京高判昭和59・12・21東高民35巻10～12号208頁 ……………………………………………………… *183*
No.108 祭祀承継者指定事件　東京家八王子支審昭和60・2・26判タ560号280頁 ……………………………………………………… *185*
No.109 離縁請求事件　最判昭和60・12・20家月38巻5号53頁 ……… *188*
No.110 立替金請求事件　東京地判昭和61・1・28家月39巻8号48頁 …………………………………………………………………… *189*
No.111 墓碑所有権確認・損害賠償請求事件　神戸地判昭和61・4・9判タ691号215頁 ………………………………………………… *191*
No.112 氏変更事件　佐賀家審昭和61・6・3家月38巻10号38頁 ……… *192*
No.113 遺骨改葬妨害禁止請求本訴事件・祭祀承継者確認反訴請求

　　　　事件　東京地判昭和62・4・22判タ654号187頁 ……………… 193
No.114　祭祀承継者指定事件　長崎家諫早出審昭和62・8・31家月40
　　　　巻5号161頁 ………………………………………………………… 198
No.115　焼骨引取改葬妨害排除本訴請求・本位的祭祀承継者確認予
　　　　備的分骨反訴請求　東京高判昭和62・10・8家月40巻3号45頁 … 200
No.116　損害賠償請求事件　東京地判昭和63・2・22判タ664号120
　　　　頁 ………………………………………………………………………… 205
No.117　遺骨引渡請求事件　最判平成元・7・18家月41巻10号128
　　　　頁 ………………………………………………………………………… 206
No.118　祭祀承継者指定事件　前橋家審平成3・5・31家月43巻12号
　　　　86頁 …………………………………………………………………… 206
No.119　相続財産分与事件　大阪高決平成4・3・19家月45巻2号
　　　　162頁 ………………………………………………………………… 210
No.120　相続財産分与事件　大阪高決平成4・6・5家月45巻3号49
　　　　頁 ………………………………………………………………………… 210
No.121　祭祀承継者指定事件　高松家審平成4・7・15家月45巻8号
　　　　51頁 …………………………………………………………………… 212
No.122　葬儀費用請求等事件　東京地判平成6・1・17判タ870号
　　　　248頁 ………………………………………………………………… 214
No.123　遺産分割事件　横浜家審平成6・7・27家月47巻8号72頁 …… 215
No.124　祭祀承継者指定事件　東京高決平成6・8・19判時1584号
　　　　112頁 ………………………………………………………………… 217
No.125　祭祀承継者指定事件　福岡家小倉支審平成6・9・14家月47
　　　　巻5号62頁 …………………………………………………………… 219
No.126　遺骨等引渡請求反訴事件　高知地判平成8・10・23判タ944
　　　　号238頁 ……………………………………………………………… 223
No.127　祭祀承継者指定事件　東京家審平成12・1・24家月52巻6号
　　　　59頁 …………………………………………………………………… 227
No.128　祭祀承継事件　広島高判平成12・8・25家月53巻10号106
　　　　頁 ………………………………………………………………………… 229

No.129　祭祀承継者指定事件　奈良家審平成13・6・14家月53巻12号82頁 ················· *233*

No.130　大谷祖廟門扉開錠等請求事件　京都地判平成13・11・1裁判所ウェブサイト ················· *235*

No.131　墓地使用権者届出取消請求事件　札幌地判平成13・12・20裁判所ウェブサイト ················· *235*

No.132　墓石引渡等請求事件　神戸地姫路支判平成14・1・10裁判所ウェブサイト ················· *237*

No.133　祭祀承継者指定事件　東京高決平成18・4・19判タ1239号289頁 ················· *238*

No.134　祭祀承継者指定事件　大分家審平成18・10・20判時1980号95頁 ················· *241*

No.135　祭祀承継者指定事件　福岡高決平成19・2・5判時1980号93頁 ················· *244*

No.136　祭祀承継者指定事件　東京家審平成19・10・31家月60巻4号77頁 ················· *246*

No.137　祭祀承継者指定事件　東京家審平成21・3・30家月62巻3号67頁 ················· *249*

No.138　祭祀承継者指定事件　東京家審平成21・8・14家月62巻3号78頁 ················· *252*

No.139　貸金返還等請求事件　名古屋高判平成24・3・29裁判所ウェブサイト ················· *254*

No.140　祭祀承継者指定事件　松江家審平成24・4・3家月64巻12号34頁 ················· *256*

No.141　課税処分取消請求事件　東京地判平成24・6・21判時2231号20頁 ················· *258*

No.142　祭祀承継者指定事件　さいたま家審平成26・6・30家判3号83頁 ················· *258*

第2　全裁判例の類型別事件内容 —————————— *259*

1	葬祭・墓地・遺骨関係事件 ……………………………………	*260*
2	祭祀承継者指定事件 ………………………………………………	*267*
3	遺産分割事件 ………………………………………………………	*273*
4	氏変更事件・子の氏変更事件 ……………………………………	*275*
5	特別縁故者相続財産分与事件 ……………………………………	*277*
6	養子縁組関係事件 …………………………………………………	*283*
7	賃借権・遺言関係事件 ……………………………………………	*284*

第3 各事件における問題点とその方向性 ─── *285*

1 葬祭・墓地・遺骨関係 …………………………………………… *285*
2 祭祀承継者指定事件 ……………………………………………… *288*
3 氏変更・子の氏変更事件 ………………………………………… *295*
4 特別縁故者相続財産分与事件 …………………………………… *296*
5 その他の事件 ……………………………………………………… *298*

第4 祭祀承継制度の将来的課題 ─── *299*

祭祀承継者指定事件一覧表 …………………………………………… *303*
事項索引 ………………………………………………………………… *315*
判例索引 ………………………………………………………………… *323*

第1編 総論

第1 世界の葬送と日本の葬送

1 世界の葬送の類型

世界の葬送には，以下のようなものがある。森茂『世界の葬送・墓地—法とその背景』（法律文化社，2009）は好著なので，本書も主としてこれにならって以下解説する。本書では，これを「森・世界」として引用することが多いが，それ以外の箇所でも随時参考にしていることをあらかじめお断りしておきたい。

(1) 自然の処理に委ねる葬送
　①風葬（遺棄葬・林葬・野葬・爆葬）
　②水葬（海葬・魚葬）

(2) 人為的に処理する葬送
　①土葬
　②火葬
　③自然に還元する葬送（冷凍乾燥・発酵作用・化学作用を用いて遺体の水分等を取り除き・無臭で衛生的な物質に変える等の方法による）
　④遺体を維持・保存する葬送（ミイラ・冷凍遺体等）

2 聖典（経典）に見る葬送

(1) ゾロアスター教（拝火教）
　主として鳥葬
(2) ユダヤ教
　特殊な土葬，稀に火葬
(3) キリスト教
　土葬，一部火葬
(4) イスラム教
　土葬
(5) ヒンドゥー教（バラモン教）
　火葬，一部土葬

(6) 原始仏教
　　土葬，一部火葬
(7) 儒教
　　土葬
(8) 道教
　　土葬
(9) 現代仏教
　　土葬・火葬

3　国別の葬送現行法制（森・世界47頁以下）

(1) イタリア
　　土葬中心，1963年火葬解禁の教勅
(2) オーストリア
　　土葬，火葬
(3) フランス
　　土葬，一部火葬
(4) イギリス
　　土葬，火葬（1992年約70％）
(5) アメリカ
　　土葬，一部火葬
(6) ドイツ
　　土葬，火葬（1990年約24％）
(7) スウェーデン
　　土葬，火葬（都市部では90％超）
(8) ギリシャ
　　土葬
(9) ネパール
　　火葬，一部土葬

4 日本の葬送・埋葬政策

森茂『日本の葬送・墓地—法と慣習』（法律文化社，2013）は好著であり，本書も主としてこれにならって解説する。森・日本（頁数）として引用することもある。

(1) 古代・中世・近世の葬送・埋葬

縄文時代以前は，単に住居の付近等に地下に穴を掘って埋めるだけであったが，やがて横塚その他氏族等の集団的な墓地が築かれた。弥生時代に至って遺骸を甕棺の中に入れて葬るようになった（甕棺葬）ことは，佐賀県の吉野ケ里遺跡の例などからみても見て取れる。3～4世紀ころから7世紀にかけて古墳時代となった。その後仏教の伝来とともに，土葬のほか火葬も用いられるようになり，奈良時代・平安時代・鎌倉時代・室町時代・戦国時代と続いた。それらは主として仏式の葬送であった。

江戸時代も同様に土葬・火葬が並立的に行われたが，江戸幕府はキリシタン禁制と宗門改めの制度，そして仏式の本末・檀家制度を採用したため，神道の神職を除き住民の多くは檀家となり，檀那寺の僧侶に葬儀を託し仏式で営まざるを得なかった。しかし，中には僧侶に頼まず，本家・長老や講あるいは向こう三軒両隣の住民が寄り会って葬儀を営むこともあったという。

(2) 明治以降の墓地・埋葬・火葬政策

明治政府が神道国教化政策を取ったこともあって，明治22（1889）年制定の大日本帝国憲法は信教の自由を規定したものの，それは「日本臣民は安寧秩序を妨げず及び臣民たるの義務に背かざる限りに於いて」有する自由に過ぎず，いわゆる法律の留保を伴うものであった（大日本帝国憲法28条）。仏教やキリスト教その他の宗教にとっては，神社の国教的地位と両立する限りの自由に過ぎなかった。完全な信教の自由が保障された昭和22（1946）年施行の日本国憲法（各論**第3，2，**(2)（289頁以下）参照）とは格段の違いがあった。

明治政府は当初，明治6（1873）年，火葬禁止政策による（特に都市部における）埋葬用墓地の不足を解消するため，種々の政策を実施した。その一つとして翌年墓地の管理を大蔵省から内務省に所管替えとし，内務省は下記のような墓地開設許可基準を設けた。①墓地の面積は約1000戸について2町歩以内とすること，②村市の地形や将来を見据え無駄な空地を生じないように

計画すること，③可能な限り無税又は荒廃地を選ぶこと等である。

特に東京府下では，内務省は墓地不足を解消するため，明治7（1874）年「東京府墓地取扱規則」を定め，墓地取扱所の管理の下に，新たに渋谷羽根沢神葬地・青山百人町続神葬祭地・青山神葬祭地・染井神葬祭地・雑司ヶ谷旭出町・谷中天王寺・小塚原旧火葬地・深川三十三間堂神葬祭地・亀戸出村羅漢寺の9か所を公営墓地として指定した。朱引内（現在の山手線内と本所・深川）の墓地について細部の経営方針を示して規制したが，朱引外の墓地については従前の経営を容認した。

同年，内務省地理局により「墓地処分内規則」が設けられた（森・日本8頁以下参照）。ここで，「墳墓」とは，死体を埋葬して，そこに木石等の墓標を建立したものをいい（同規則1条），墓地又は埋葬地とは，その墳墓を集めて一区画を形成し，政府の許可を受け又は帳簿に記載された所をいい，田圃間等に散在する所は墓地とはいわない旨（同規則2条）を規定している。

その後，地理局は明治15（1882）年，各府県宛「墓地制限」を制定通知している。そして，政府はそれまでの墓地政策の集大成として，明治17（1884）年「墓地及埋葬取締規則」（同年10月4日太政官布達25号），「墓地及埋葬取締規則施行方法細目標準」（明治17・11・18内務省達乙40号）及び「墓地及埋葬取締規則に違背する者処分方」（明治17・10・4太政官達82号）を制定した。これによって，墓地行政について宗教色を払拭し，内務省の管轄として，その執行が警察権に委ねられ，墓地も公衆衛生上の観点から規制されることになり，それが後述する現行法の「墓地，埋葬等に関する法律」（昭和23年法律48号）に引き継がれるまで戦前の墓地行政をリードした。

戦前の墓地・埋葬・火葬等の政策の基本は，以下の通りであった。

①墓地及び火葬場は，管轄庁が許可した地域に限るものであって，全て所轄警察署の取締りを受けること。

②墓地及び火葬場に管理者を置くこと。

③埋火葬は，死後24時間経過しなければ行い得ないものとし，市町村長の許可を受けること。

④碑表の建設は，所轄警察署の許可を受けること。

⑤本則違反者は，違警罪をもって処分すること。

(3) 刑事政策

明治政府は明治3（1870）年，新律綱領を布告し罰則をもって放置死体の届出を義務づけ，明治5（1872）年には死体の勝手埋葬を禁止し，明治6（1873）年には改定律令で死体遺棄罪を設けた。明治13（1880）年には，旧刑法を制定し，「死屍を毀棄し及び墳墓を発掘する罪」として，死体毀棄罪（旧刑法264条・1月以上1年以下の重禁固，2円以上20円以下の罰金）・墳墓発掘等罪（旧刑法265条1項・2月以上2年以下の重禁固，3円以上30円以下の罰金）及び墳墓発掘死体毀棄罪（同条2項・3月以上3年以下の重禁固，5円以上50円以下の罰金），「違警罪」として，死亡届前死体埋葬罪（旧刑法427条10号・1日以上3日以下の拘留，20銭以上1円25銭以下の科料）等を設けた。その後犯罪のうち，保護法益の重いものを刑法に残し，軽微なものは明治41（1908）年の警察犯処罰令に規定した。

明治40（1907）年に制定した現行刑法は，第24章「礼拝所及び墳墓に関する罪」として，礼拝所不敬及び説教等妨害罪（刑法188条・6月以下の懲役又は禁錮，10万円以下の罰金），墳墓発掘罪（刑法189条・2年以下の懲役），死体損壊等罪（刑法190条・3年以下の懲役），墳墓発掘死体損壊等罪（刑法191条・3月以上5年以下の懲役），変死者密葬罪（刑法192条・10万円以下の罰金又は科料）等を規定している。

なお，これらの葬送に関する刑事事件の裁判例としては，森・日本69頁以下に詳しいので，参照されたい。

第2　人の死亡から納骨後の供養まで

1　全体のプロセス

我が国の葬送としては，今なお仏式の葬儀が主流（全体の8～9割）であるが，キリスト教や神式の葬儀も衰えておらず，また最近は無宗教葬（自由葬）や葬儀を省略してしまういわゆる直葬も，都市部を中心に増えているといわれる。

そのプロセスの概略及び必要書類・論点は，以下の通りである。

　①臨終・死亡　　　　　　　死亡診断書，死体検案書

②遺体の搬送・安置　　　　霊柩車・自家用車
③葬儀の打合せ　　　　　　葬送の決定，葬儀社，火葬許可証
④納棺・通夜　　　　　　　通夜式
⑤葬儀・告別式　　　　　　喪主・葬式費用の負担
⑥出棺・火葬・骨揚げ　　　火葬実施日時記載の火葬許可証
⑦還骨法要　　　　　　　　葬儀当日に行う
⑧埋葬・納骨　　　　　　　火葬許可証の提出
⑨墓地　　　　　　　　　　墓地，埋葬方法
⑩納骨後の供養　　　　　　忌中・喪中，墓参り

そこで，以下個別に検討しよう。

2　臨終と人の死亡

(1) 臨　終

　医師等から危篤の知らせがあったときは，迅速に親族や親しい知人に連絡をするが，故人がキリスト教徒の場合，危篤と臨終の際に重要な儀式があるので注意が必要である。プロテスタントでは，宗派によっては意識があるうちに牧師を呼んで「聖餐式（せいさんしき）」を行う。信者が安らかに天に召されるように祈るもので，病人にパンと葡萄酒を与え，聖書の一部を読み上げ，臨終を終えたら，遺体の上に聖書を置く。カトリックでは，意識のあるうちに神父を枕元に呼び，「病者の塗油の秘蹟」と「聖体拝領」を行う。前者は神父が信者の告白を聞いて罪の許しを神に祈り，病人の額と両手に聖油を塗る。後者は葡萄酒とパンを与える。

　人が死亡すると，臨終後遺体を自宅又は通夜・葬式の会場に搬送するが，その前に見送りの儀式をする。臨終に駆け付けた遺族と関係者によって「末期の水」を取る。順番は配偶者→子・親→兄弟姉妹→その他となるのが普通。その後看護師（納棺師）によって遺体は清められ浴衣等に着替えさせて死化粧（エンゼルメイク）が施され，髪を整え男子は髭を剃る。清拭・エンゼルケアという。本木雅弘主演の映画「おくりびと」が2008年アカデミー賞を受けたことは記憶に新しいところであろう。

(2) 自然死亡

自然死は通常心臓死をいう。自然死は，呼吸停止・心拍停止・瞳孔拡大と対光反射の消失の3兆候によって判定する。法的には，死亡を見届けた医師による死亡診断書，又は死体を見届けた医師による死体検案書によって認定する。戸籍には，死亡年月日時分等が記載される（戸籍法86条2項1号）。死亡届は，戸籍法87条に定める届出義務者（同居の親族，その他の同居者，家主・地主又は家屋・土地の管理人）などが，死亡の事実を知った日から7日以内（国外の場合3か月以内）にしなければならない（戸籍法86条1項）。死亡届は，死亡地（戸籍法88条1項）のほか死亡者の本籍地又は届出人の所在地（戸籍法25条1項）ですることができる。

自然死は死体の存在の確認が前提となり，次の段階が埋葬へと連なることになる。

(3) 認定死亡

認定死亡とは，水難・火災その他の事変によって死亡した者がある場合に，それによる死亡が確実視されるときは，死体の存在が確認できなくても，その取調べをした官公署（警察署・海上保安庁等）が死亡の認定をして死亡地の市町村長に死亡の報告をし，それに基づいて戸籍記載がされる一種の行政措置制度である（戸籍法89条）。戸籍法は，この事変による死亡報告制度のほか，刑死・被収容者の死亡の場合（戸籍法90条），本籍不明者・認識不能者の死亡報告（戸籍法92条），航海中や公設所における死亡届（戸籍法93条）の手続について規定している。

死亡認定がされると，その者の戸籍に「平成○年○月○日推定午後○時○○○○で死亡」と記載される（戸籍記載例「死亡及び失踪」（参考記載例166）参照）。この戸籍記載の証明力は，通常の死亡届の場合と同様とされる。すなわち，判例は，戦時未帰還者の認定死亡について，反証のない限り，戸籍に記載されている日に死亡したものと認められるべきものとした（最判昭和28・4・23民集7巻4号396頁）。したがって，認定死亡した日に死亡したものとされ，相続が開始し，祭祀承継が生ずる。

(4) 高齢者の戸籍職権消除

上記の自然死の場合や認定死亡の場合は，その戸籍記載によってその者の

戸籍は除籍になるが，これに似て非なるものが，戸籍実務上の便宜的措置として認められている「高齢者についての職権消除」の制度である。これは，所在不明者が 100 歳以上の高齢に達している場合に，市町村長が職権によってその者の死亡記載の措置をとることができるとする制度である（昭和 32・1・31 民事甲 163 号民事局長回答，戸籍事務取扱準則 22 条）。

この措置が取られると，通常の死亡届の場合と同様，死亡を原因として戸籍簿上は除籍扱いとされるが，高齢者消除の場合は，死亡の事実や時点までも確認して行われるものではないから，それによって直ちに相続開始の時点を確定することはできず，相続は開始せず，祭祀承継も認められない。これらの手続を進めるためには，次の失踪宣告の手続を利用するしかない。

ただ，実務上それでは死亡時点の証明がない限り，祭祀承継等の手続が進まないので，東京家審昭和 38・7・16 [裁判例 29] は，被相続人の生死は不明だが，現に生きているとすれば 142 歳になるとして，墓地の祭祀承継者を定めた。やむを得ない措置であると思われる。

(5) **失踪宣告による擬制死亡**

失踪宣告は，戸籍法上の認定死亡等と異なり，民法上の制度である。生死不明の期間が一定期間，すなわち普通失踪の場合は 7 年間，戦地に臨んだ者・沈没した船の中に在った者その他死亡の原因となるべき危難に遭遇した者の生死が，それぞれ戦争が止んだ後，船舶が沈没した後又はその他の危難が去った後 1 年間明らかでないとき，裁判所は利害関係人の請求により失踪の宣告をすることができる（民法 30 条）。失踪宣告は，家事事件手続法別表第一 56 項の審判事項である。家庭裁判所により失踪の宣告があったときは，普通失踪の場合は 7 年の失踪期間の満了の時に，特別失踪（危難失踪）の場合は危難が去った時（1 年経過後ではない）に，それぞれ死亡したものとみなされる（民法 31 条）。その結果，従来の住所を中心とする私法上の法律関係は，死亡者と同様の取扱いを受け，相続も開始し，祭祀承継の効果も生ずる。

このように，失踪宣告は単なる死亡の推定ではなく，死亡の擬制であり，反証によっても覆すことはできない。覆すには，民法 32 条の規定に従い，生存の事実かあるいは別の時点で死亡した事実を証明して，改めて裁判所の審判によって，失踪宣告を取り消してもらうしかない。失踪宣告の取消しは，

家事事件手続法別表第一57項の審判事項である。

3　葬送（葬儀）

　人が死亡すれば，通常葬儀として葬式が行われる。死者を埋葬するのに，葬送は必要要件ではないが，多くの場合慣例に従って葬式が行われる。葬式には以下の類型がある。なお，最近は葬祭従事者の知識技能判定制度として葬祭ディレクター（厚生労働省認定の制度）がある。葬祭の方法については，本人も関心が高く，生前に事業者と会員システムを利用して契約する例もあるが（生前予約），法的拘束力はない。葬送は遺言事項ではなく法的拘束力はない。いわゆるエンディングノート（遺言ノート）にしたためておくこともあるが，この場合には特定の者にその保管場所を事前に確実に知らせておく必要がある。そうでないと葬式や納骨を済ませてしまってから，遺言書等が発見されるということがあり得，それでは後の祭りである。

　葬送については，岩下宣子＝曽根恵子監修『親の葬儀と相続事典──葬儀法要から相続まで必要なことがすべてわかる！』（日本文芸社，2012。「事典」として引用する）を参照して，以下解説する。

(1)　直葬（略式葬）

　病院から直接火葬場へ移動し，火葬する。いわゆる葬式は省略する。遺体を搬送して火葬するには，市町村長の許可を受けなければならない（墓地埋葬法5条1項）。死亡届や火葬許可証の申請は，葬儀社への委託によりすることができる。都市部を中心に最近は増加しているといわれる。

(2)　家族葬（密葬）

　家族のみで行う。葬儀がすむまで一般の人には死を伝えず，遺族とごく親しい知人だけで秘密裏に行う。著名人などでは，とりあえず家族葬ですませ，後に多くの関係者に呼び掛けて「お別れの会」「偲ぶ会」を行うこともある。

(3)　自由葬（無宗教葬）

　宗教やしきたりにとらわれず，自由な方式で行う。死者の柩に対して死者の好きだった花を手向けるなど工夫が施されることが多いという。都市部で増えており，死者の生前の意向や友人たちの協力によって行われる。

(4) 宗教葬（仏教・キリスト教・神道等）

　死者の属していた宗教の宗派に則って行う。菩提寺の墓への埋葬の必要から，そこの僧侶を呼んで行うこともある。農村部では一般的な方法だが，都市部では僧侶や会場の手配に手間取ることもあるという。

(5) 自然葬（宗教を問わず）

　自然葬に関する法的規制が厳格ではないため，一定の葬送のルールと社会的マナーに従って行う限り，違法として規制されることはないという。故人が自然へ還ることを望んだとき等に採用される類型で，以下のようなものがある。いずれの方法も遺族が勝手にするのではなく，その途の業者に相談して行うことにならざるを得ない。自然葬についての問い合わせ先に関しては，「事典」64頁参照。

　①散骨葬

　　焼骨の一部を細かく砕いて山林・川・海などにまく。焼骨をまく場所によって，海葬・珊瑚葬・花火葬・宇宙葬・月面葬等と呼ばれることもあるという。自然への回帰のほか，故郷へ帰郷する，思い出の地で眠るなどの動機による。散骨をする場所が山林の場合，国有林・公有林・私有林等いずこにせよ所有者や管理者の承諾が必要であり，かつその住民や漁業関係者等の理解と協力が必要である。明治17（1884）年の墓地及埋葬取締規則が，政府が許可した墓地以外は認めないこととしていたため，その合法性が問題とされてきたが，戦後の現行法「墓地，埋葬等に関する法律」は自然葬を禁ずる規定はないとしているし，法務省も「刑法190条（死体損壊等罪）の規定は社会的習俗としての宗教的感情などを保護するのが目的だから，葬送のための祭祀で，節度をもって行われる限り問題はない」とされているので，散骨が現行法の枠組みの中で否定される根拠はないと解されている（森・日本74頁以下参照）。妥当な見解だと思われる。

　②樹木葬

　　遺骨を土の中に埋め，その上に墓石の代わりに桜等の樹木を植える。樹木は故人の希望あるいは個人をイメージして選択する。埋葬できる場所は決められており，樹木葬専用の墓地も見られるようになり，一般の

墓地でも樹木葬のためのスペースが用意されている場所もあるという。桜葬・樹林葬・里山葬ともいう。2012年都営霊園でも，樹木葬の供用を開始した。

③海洋葬

遺骨を水で溶ける紙に包んで散骨する。散骨は，遺族が船を貸し切って行う場合や複数の遺族が合同で行う場合，遺骨を業者に預けて代行で行う場合などがあるという。

④宇宙葬

人工衛星に遺骨を納めた専用カプセルを搭載して宇宙へ打ち上げ，地球の軌道を一定期間まわり，最終的には大気圏で遺骨を燃え尽きさせて行う。風船に遺骨を結び空に飛ばすバルーン葬もあるという。

(6) **手許供養**

最近は，遺骨の一部をネックレスやストラップに入れ，いつも身近に故人を感じることができるような「手許供養」が注目されているという。また，遺骨を入れて自宅に置く小型仏壇もあるという（「事典」64頁参照）。しかし，これをいつまでも続けるというわけにはいかない場合が多いだろうから，他の葬送と組み合わせて行うということにならざるを得ないであろう。

4 喪 主

上記のどの類型の葬式を採用するにせよ，通常「喪主」が存在する。喪主とはいっても，葬式費用の負担を含めた葬式の実質的実施責任者から葬儀参列者へのあいさつを行うためだけの形式的喪主など様々なので，問題の場面に応じて個別的に検討する必要がある。ここでの喪主とは，その葬儀（葬式）の主宰者であり，実質的に喪主の資格と権限が与えられた実質的喪主である。判例も，死者の実家家族と相続人である妻子が対立して，実家家族が妻子を排除して葬儀を行った場合に，その費用負担者は実家家族であり形式的に喪主となった妻子ではないとして，前者の後者に対する葬式費用の請求を認めなかった（東京地判昭和61・1・28 [**裁判例110**]）。

喪主を誰とするかは，法に特に規定はなく，解釈に委ねられるが，まず死者が生前に口頭又は書面で喪主すなわち葬式の主宰者を決めていたときは，

それに従うべきであろう。葬式の主宰者を誰にするかは遺言事項ではないので，仮に遺言書で書かれていてもそれに法的拘束力はないが，死者（被相続人）の意向が明確に示されている以上，特段の事由がない限りそれを尊重するべきである。このような死者の意向が明確でない場合の葬式の主宰者の決定について，判例は「何人が葬式を行い又その費用を負担すべきかについては特に法律の定めがなく，従て専らその地方又は死者の属する親族団体内における慣習は条理に従て決するの」ほかない（甲府地判昭和31・5・29 [裁判例17]）とした。我が国古来の一般慣習に従い遺族のうちいずれかを埋葬（葬送）義務者の第一順位に指定する場合が多いが，慣習が明らかでないときは，直系卑属・配偶者・直系尊属・兄弟姉妹・同居の親族などが選任されることになろう。死者と血縁関係や親族関係があることは必ずしも要件ではなく，内縁の配偶者や事実上の養子でも構わない。選任権者は死者の遺族集団であり，その構成員の多数決によるべきことになろう。「葬送主宰者の選任ができない場合，死者の身分関係，過去の生活関係，生活感情，承継者の祭祀主宰の意思や能力など関係者の意向を聴取し，決定する」という見解がある（森・日本89頁）。原則的には支持できると思われる。遺族集団の多数決で決められない場合について，裁判所で決める法的手続は用意されていない。

5 葬式費用の負担

葬式費用（葬儀費用＝葬祭費用）は，死者を弔うのに直接必要な儀式の費用をいう。参列客への酒食接待の費用は含まれないと狭く解する見解もあるが，参列者への酒食接待費用なども華美なものではなく通常行われている程度のものであれば，これに含めてよいと思われる。一般的には，葬式場設営・僧侶や神主等の読経・火葬や墓標の費用等も含まれると解されることが多い。また通夜と葬式当日の費用が中心で，四十九日や初盆あるいは一周忌等の法要の費用は含まれないと解するのが判例である（前掲東京地判昭和61・1・28 [裁判例110]）。

葬式費用を誰が負担すべきかに関しては諸説ある。水野紀子教授の分類に従うと（長谷川正浩＝石川美明＝村千鶴子編『葬儀・墓地のトラブル相談Q&A』（民事法研究会，2014）166頁以下），①相続人全員で負担するとする説（すなわち，葬式

費用は相続債務となり相続人に分割帰属することになるとする福岡高決昭和40・5・6［裁判例37］等），②相続財産が負担するとする説（すなわち葬儀費用は民法885条の相続財産に関する費用だとする盛岡家審昭和42・4・12［裁判例49］頁等），③喪主の負担とする説（前掲東京地判昭和61・1・28［裁判例110］），④慣習ないし条理によるとする説（前掲甲府地判昭和31・5・29［裁判例17］）などがある。このうち最有力は③の喪主負担説で，他の判例にも，各論の裁判例登載外であるが，「葬儀の費用は相続債務と見るべきではなく，葬儀を自己の責任と計算において手配等して挙行した者（原則として喪主）の負担となると解すべき」とした神戸家審平成11・4・30家月51巻10号135頁がある。この説が妥当であろう。

　この点に関しては，以上のほか，各論**第3，1**，(3)（286頁以下）を参照されたい。

6　香典・香典返し

　葬式の際に遺族等に送られる香典とは，葬式の際に遺族等に送られる金銭であって，もともと慣行や社会風俗に根ざしたものであるため，その意味合いは一様ではない。少なくとも葬式という不時の多額の出費に対して，遺族らの出費を最小限に抑えることができるように取り計らい，併せて自分らがそのような不時の出費を必要になった時に，それに見合った援助が得られることを期待して出費するという，地域社会あるいは職域社会等の相互扶助的な機能を果たしていることは間違いない。通夜や葬式への出席あるいはこの香典の役割は，法的に見れば一種の贈与とみるほかないが，それは単純な片務契約というよりも，双務契約に近い相互儀礼的な意味合いを持つ特殊な非典型契約といった方が良いかもしれない。

　忌中明けなどの時期に香典額の半額あるいは3分の1程度の品物（金銭ではない）を返礼として贈る「香典返し」の慣行も，同様に相互儀礼的な贈与契約に近いというほかはなかろう。

　ただ，最近は，親族間や地域的あるいは職域的な結びつきが弱まり，このような香典・香典返しの社会的基盤が失われつつあることもあって，当初から死亡通知等の際に香典等のお断りを明示する例も多くなり，また香典返し

に代えて例えば日本赤十字社や社会福祉機関への寄付をするという例が少なからず見受けられるようになった。

この点に関しては，以上のほか，各論**第3**，**1**，(4)(287頁以下)を参照されたい。

7　埋葬・納骨

仏教では，通常は法要の中でも忌明けに当たる七七日(四十九日)供養の後，納骨・埋葬が行われるが，一周忌に併せて行うことも多いという。最初に，火葬場で焼骨すると火葬場の管理者から火葬許可証に焼骨した旨の必要事項を記載して返還されるので，墓地への納骨・埋葬はその証明証を添付して申請し，納骨(焼骨の埋蔵)を実行する。実際に納骨するときには，カロートと呼ばれる納骨室に収めるが，石材店に依頼することが多いという。納骨時には僧侶を呼んで読経を頼み，納骨式を行う。新しい墓に納骨するときには，その前に開眼供養(入魂式)を行う。納骨する際に，事前に僧侶に依頼して「卒塔婆供養」を行う(浄土真宗は習慣なし)。僧侶や参列者に食事のもてなしをすることも多い。

神道では，「埋葬祭」といい，火葬後すぐ行うか，神道の忌明けである「五十日祭」に併せて行う。キリスト教では，もともと土葬が習慣なので，火葬した場合すぐに埋葬するのが一般的であるという。最近では，死後1か月後の命日である昇天記念日まで待って行うこともあるということである。

8　分骨・改葬

分骨に関する紛争は多い。分骨は，墓地，埋葬等に関する法律には規定がなく，同法施行規則で規定しており，市町村長の許可は不要とされる。

分骨には，①火葬場において，又はその焼骨を墳墓に埋蔵又は納骨堂に収蔵する前に，焼骨の一部を分割し，墳墓・納骨堂に埋蔵・収蔵する場合と，②既に埋蔵・収蔵している焼骨の一部を他の墳墓又は納骨堂に移す場合とがある。①の場合は，火葬場の管理者から火葬の証明書の発行を受けて，それを分割した焼骨を埋蔵・収蔵する側の墓地管理者・納骨堂管理者に提出して行う(墓地埋葬法施行規則5条)。②の場合は，墓地・納骨堂の管理者から焼骨

埋蔵・収蔵証明書の発行を受けて，それを分骨を納める側の墓地管理者・納骨堂管理者に提出して行う（同規則5条1項・2項）。

　改葬とは，埋蔵した死体を他の墳墓に移し，又は埋蔵・収蔵した焼骨を他の墳墓・納骨堂に移すことであるが，この場合には市町村長の許可を必要とする（墓地埋葬法2条3項・5条1項）。

　分骨の場合は，墓地使用者等の承諾書の提出は要求されていないが（墓地埋葬法施行規則5条），改葬の場合は，墓地使用者等の承諾書又はこれに対抗できる裁判の謄本が必要である（同規則2条2項2号）。ただ前者の場合も，焼骨の所有権を侵害できないので，墓地使用者等に断りなく焼骨を分骨することはできないとする解釈もある（長谷川正浩＝石川美明＝村千鶴子編『葬儀・墓地のトラブル相談Q&A』（民事法研究会，2014）240頁）。

　墓の改葬手続の手順は，①親族や菩提寺に説明する（離檀料として数十万円請求されることもあるという），②新墓地・新墓石の購入，③現墓地につき改葬許可申請書を，新墓地で「墓地利用許可証」と「受入許可書」を入手，④現墓地の「埋葬証明書」の入手，⑤新墓地につき「改葬許可書」を取得，⑥現墓地で「閉眼供養」を行い，遺骨を取り出し，⑦新墓地に「開眼供養」をして納骨する（「事典」67頁）。

　宗教によっては，分骨を嫌う考え方もあるが，仏教では，開祖の釈迦の遺骨が世界各地に分骨されたといわれる例を待つまでもなく，分骨自体は教義上問題ないとされ，古来その実例は多い。我が国の判例上も，例えば寺住職を被相続人とする事案で，信者夫婦と相続人とで分骨した例（最判平成元・7・18［裁判例117］）等枚挙にいとまがない。

9　墓地の種類と法的性質

(1)　墓地の種別

　墓地は，帰属主体を基準にすると公有墓地（国有墓地・都道府県有墓地・市町村有墓地）と私有墓地に，経営主体を基準にすると公営墓地（市町村営墓地等）・寺院墓地・民営墓地に，使用者の範囲を基準にすると共葬墓地（共同墓地）と非共葬墓地（個人墓地）に，にそれぞれ分けられる。埋葬地（埋め墓）と墓石等の所在地（詣り墓）とが異なるいわゆる両墓制の場合には，明治初年

以降前者のみ墓とし，後者は墓地として扱わないというのが行政的取扱いだという（森・日本19頁）。ただ，地方の慣行や慣習によっては，墓地として扱うのが相当とする事例が皆無とはいえないであろう。

(2) **墓地所有権**

墓地はもともと宗教的・慣習上の聖域で，経済的に生産性を持たなかったために，私的所有の対象とされず，地租改正に当たっても，官有地には地券は交付せず，公有地や民有地には地券は交付し，当該地の状況に応じて地租及び地方税を課したが，市街郡村の埋葬地は，除租地として扱われたという（森・日本124頁）。

明治時代からの国有地と墓地との関係・官修墓地・軍用墓地，地方公共団体と墓地との関係・村落墓地・旧慣使用権の維持・財産区，寺院と墓地との関係・寺院墓地・境内墓地・社寺境内区画判定・国有林野法や国有財産法との関係等については，森・日本130頁以下を参照されたい。

祖先祭祀財産のうち，明治23（1890）年の旧民法で定められていた「墓地」は明治31（1898）年の明治民法では「墳墓」と改められた。当時の法典調査会で「墓地」から「墳墓」に変えたのは，現実に墓地所有権は寺院や公共団体等に属し，戸主が墓地の地上権又は借地権類似の権利を持っている場合が多く，また改葬することもあり墓地が家に属するというものでもないこと，及び墓地使用権の法的性質について期限付きの使用権では不都合であることから，いずれ墓地の特別法を必要とするかもしれないことも併せて，考慮した結果である（森・日本153頁）。墓地・墳墓の承継に関しては，大審院は大判昭和8・6・14［**裁判例5**］及び大決昭和9・12・19［**裁判例6**］で，いずれも墳墓は不融通物ではないと判断した。地所名称区別改定で民有墓地に対する地券の発行を認めたことにより，墓地の売買譲渡への道が開かれたのである。

「墳墓」の承継は相続ではなく「祭祀財産」の承継制度の中で取り扱われたことは，旧民法・明治民法・現行民法共に変わりはない。

この点に関しては，以上のほか，各論**第3**，**1**，(1)（285頁以下）を参照されたい。

(3) 寺院墓地の墓地使用権

　墓地の形態に応じて，墓地使用権の法的性質は異なる。これまでの判例・学説によれば，共同墓地では，公権・慣習法上の物権・入会権・入会権類似の権利，寺院墓地では，永代借地権・地上権・慣習上の物権・使用貸借権・物権や債権のいずれにも該当しない特殊な権利・宗教的身分関係を前提とする宗教上の行為，民営墓地では，有償双務契約・債権的権利を持つ権利（賃貸借又は使用貸借）・賃貸借類似の権利・借地権類似の物権化した債権・慣習的用益物権，公営墓地では，公権・私権（慣習法上の物権や賃貸借類似の債権），個人墓地では，永久性を有する賃借権類似の権利など，が主張されている（詳しくは，森・日本 165 頁以下参照）。

　因みに，戦後に登場した寺院墓地に関する裁判例として，以下のものがある。いずれも，各論の裁判例には登載していない。

　①永代借地権と解するもの（津地判昭和 38・6・21 判時 341 号 19 頁）
　②使用貸借権とするもの（仙台地判昭和 43・3・4 下民 19 巻 3＝4 号 119 頁）
　③地上権とするもの（東京高判昭和 46・9・21 判時 644 号 56 頁）
　④物権・債権のいずれにも該当しない特殊な権利だとするもの（東京地判昭和 59・7・12 宗教法研究 7 輯 221 頁）
　⑤慣習法上の物権とするもの（東京地判平成 2・7・18 判タ 756 号 217 頁，仙台高判平成 7・11・27 判時 1565 号 115 頁）

　このように多様な見解が現れるようになったのは，明治民法（明治 29 年法律 89 号）が，土地の利用形態を整理する際に公示の原則を重視し，民法 175 条の権利の類型化（物権法定主義）をした結果，複雑な墓地使用慣行をそこに組み込むことが困難であったことによるものであり，明治民法 987 条の祭祀承継制度の法案審議の過程で，墓地の使用については将来特別法に規定することが予定されていたことからも，権利として否定する趣旨ではなかったと窺知できる（森・日本はじめに vii 参照）。

　墓地使用権の取得は，一般に，①寺院と入信者との間の檀徒契約に基づき檀徒たる地位を取得する，②承継（死後祭祀承継又は寺院の承諾による近親者への生前譲渡），③時効取得がある。墓地使用権は，使用区画の特定が必要であり，寺院墓地では墓地使用料（管理料）を取る例が多い。土葬が認められるのは，

特別な地域に限られる。墓地使用権の消滅原因は，一般に，①契約の解除，②墓地使用権者の放棄，③墓地が存在しない場合の時効消滅（他者の取得時効）がある（以上の点につき，森・日本182頁以下）。

(4) 民営墓地の墓地使用権

民営墓地の管理運営は大字・集落・郷・組・共有持ち・個人持ちなど地域的・伝統的なものから，財団法人・宗教法人・民間企業等などの新興勢力のものまである。新しい民営墓地は，霊園・霊苑・聖地・聖苑などと称される。昭和30年頃から普及し始めた。ただ，本来墓地が有する固定性・永久性・財産性・公益性・永続性・非営利性などから，営利法人形態による墓地経営の参入は規制されている。実際の民営墓地のメリットは，区画の広さを選べる，宗教や宗派を問わない，競争率が高くない等である。逆にデメリットは，郊外にあり交通の便が悪いことが多い，倒産する可能性がある等である。

民営墓地使用契約は，墓地使用契約・墓地永代使用契約・墓地区画分譲契約などといわれる。墓地使用権の取得は，契約・承継・譲渡・時効取得等であり，その消滅は契約の解除・使用権者の放棄・消滅時効等である。民営墓地における永代使用権とは，墓地内にある一画に墓を建てる土地として使用する権利であり，その代価が永代使用料（管理料）である。実際上永代使用権は祭祀財産として次世代に承継させることができるが，他に売却など処分できないとされることが多い。墓地を手放すと，土地の権利（所有権・賃借権等）を持つ運営主体に使用権が返還されることになる。

民営墓地に関する裁判例として，賃借権類似の契約とみて，管理人が無断で墓石を移動したことを使用人との信頼関係破壊に基づく損害賠償請求を認容したものがある（東京地判平成5・11・30判時1512号41頁）。

(5) 公営墓地の墓地使用権

公営墓地は地方公共団体が経営・管理している墓地であり，明治初期から東京府で始まった青山・雑司ヶ谷・染井・谷中等に始まる。明治8（1875）年の火葬の解禁により，宗教にとらわれることなく，一般市民に開放された。経営主体は，当該普通地方公共団体であるが，管理主体は，地方公共団体の組合・財産区・各種委託公益法人である。千葉県松戸市の東京都立八柱霊園などのように区域外に所在する墓地もある。

公営墓地使用権の名称変更をめぐる裁判例として，墓地使用権は地上の墓標所有権に付随するもので，両者は密接不可分であるから，墓地使用権は祭祀財産たる墳墓と一体視され，裁判所によって祭祀承継者が定められたときはその者に墓地使用権の名義は書き換えられるものとしたものがある（大阪高決昭和 59・10・15［裁判例106］）。

(6) 共同墓地に関する裁判例

江戸時代には，墓地は一村又は一集落の共同（共有）墓地とし，個人（一分持）墓地を認めない方針であった。明治初期の地租改正に伴う官民有区分，市町村制の施行，近代的所有権制度の確立，不動産登記法の制定を経て，墓地所有権の確立が法律上墓地所有と墓地使用のかい離をもたらしたことは既述のとおりである。もっとも，明治民法や不動産登記法の制定以後，新設の墓地では，墳墓の所有との関わりで墓地使用権の性質や内容が問題とされたが，それ以前から存在していた墓地では，地租改正での所有名義決定の不透明さ及び第三者対抗要件で公信力が付与されないとする不動産登記の持つ性質から，墓地所有名義と墓地使用との関係はあいまいなままで問題が先送りされた（森・日本 224 頁）。

ここでの裁判例に関しては，森・日本 225 頁以下に見習うが，ここでは骨子だけを掲げ，裁判年代順に整理しておく。

①江戸時代からの村落共同墓地につき，地租改正後 28 名の共有登記を経由したが，大正時代手狭になったため整理委員を通じて割当区画を設定した。原告の墓所に被告が母親の死体を埋葬したため，原告が死体及び棺その他付属物一切の収去と墓所明渡しを求めた。この土地明渡等請求事件において（原被告とも共有名義人ではない），一審の下妻区裁は認容したものの，二審の水戸地裁は逆に原判決を取り消した。上告審の大審院は墓地の設置管理ひいては所有権や使用権の得喪は法令の本旨に従い慎重に審理すべしとして，破棄差し戻した（大判昭和 9・7・12 大民集 13 巻 1372 頁）。

②共同墓地の廃墓地・改葬につき町会で賛成 42 名・反対 6 名で決めたところ，被告が原告の承諾なしに改葬したとして慰謝料を請求した事案において，一審の神戸地姫路支判は権利侵害はないとして請求を棄

却した。逆に大阪控訴院は原告の意に反して墳墓を発掘し改葬を執行した違法があるとして原判決を取り消したが，大審院は控訴院に差し戻し，再上告審では原告に同意を求めたにもかかわらず正当な理由なく拒んだもので被告の行為に違法性なしとして上告を棄却した（大判昭和18・9・7大民集22巻927頁）。

③墓石収去土地明渡等請求事件において，墳墓を設置するための墓所として存続期間の定めのない使用貸借契約を締結した場合，墳墓の永久性からいって墳墓が存続する限りは契約に定めた目的による使用貸借契約は終了せず，民法594条3項等一定の解除事由がない限りは解除することはできないとして，請求を棄却した原判決を正当とした（仙台高判昭和39・11・16下民15巻11号2725頁）。

④原告が，被告が同族墓地に不法占拠しているとして被告に対し墳墓等の収去明渡しと慰謝料を請求したところ，被告が祭祀主宰者として本件墳墓等の使用権を取得しその敷地部分を墓地として使用することの承諾を得ていたものと推認できるが，原告の収去明渡しの意思表示によって墓地使用権は解消したとして収去明渡請求は認容した。しかし，被告の墓地使用関係は無償であったから不法占拠による損害はないとしてこの部分の請求は棄却した（岡山地津山支判昭和44・2・13判時567号72頁）。

⑤原告らの祖先が地租改正以前から被告寺院の境内に隣接する土地を墓地として使用し，明治22（1889）年の土地台帳には46名共有名義で登録されたが，保存登記はされていなかったところ，寺院周辺が開発され繁華街となり，原告らの墳墓を除き寺院建物と墳墓等を撤去し建物を新築したため，原告らは美観を損ねた等の理由により建物収去と慰謝料の支払を求めた。これに対し本判決は，原告の土地所有権についての証拠はなく，請求を棄却した原判決を支持したが，土地使用権に関してはこれを認めた（福岡高判昭和59・6・18［裁判例103］）。

⑥登記簿所有権欄の先代名義の土地を相続によって所有権を取得したとして，本件土地の所有権保存登記をした被告に対し，原告集落が本件土地は集落民の総有であることの確認と所有権保存登記抹消登記手続

を求めたのに対し，被告先代名義の登録後も集落の共同墓地として使用管理されてきた等の詳細な事実認定の結果，被告には本件土地の所有権は認められず被告名義の保存登記も無効であるとして，原告の請求を認めた（鹿児島地判昭和 60・10・31 判タ 578 号 71 頁）。

⑦本件墓地は原告寺の原告境内の南側に存し，江戸時代の前期頃から原告寺の多数檀徒の共同墓地として使用されてきたもので，それが明治4（1871）年太政官布告の「社寺上領知令」に基づき官有地となり，その後原告寺らと被告檀家総代のいずれに払い下げられたかが争いとなったところ，詳細な経過事実を認定して，原告寺に払い下げられたとする証拠はないとして請求を棄却した（東京高判昭和 63・3・31 判時 1280 号 75 頁）。

⑧本件は，原告らが「墓くご」なる組織で共同使用している墓地の帰属をめぐり，登記簿上の名義人である被告に対し原告らの共有持分確認を求めた事案であり，江戸時代からの原告らの管理や明治以後の官民有区分関係の書類等により原告の請求を認容し，控訴審も詳細な経過事実を認定した上で，本件墓地は「人民単用」に属し，明治 18（1885）年の墓地台帳によれば，被告の先祖のほかは原告の先祖及び関係者のみが埋葬されているものと推認され，原告の先祖を「共葬人」と表示し地主と表示していること等からすれば，今なお原告らないしその構成する組合が本件墳墓の所有者であるとは証拠上認めがたいとして，原判決を取り消した（大阪高判昭和 63・12・22 判タ 695 号 184 頁）。

⑨本件墓地は，江戸時代から旧村の集落住民の共同墓地であって，住民のほとんどが檀家であった寺の檀家の墓地に供されてきており，明治初めには旧村の集落（権利能力なき社団）所有になり，明治 22（1889）年には市の所有となり集落地区が使用管理していたところ，集落地区の総有に属する本件墓地を被告住職が寺の墓地として永代賃借権を設定し，原告集落地区に損害を与えたとして，損害賠償を請求したところ，本件墓地は市の所有となってからも依然として旧村の集落住民が墓地として使用し，その自主的管理に委ねられてきた等の事実を認定して，一審・二審とも原告の請求を認めなかった（高松高判平成 5・

1・28 判タ 849 号 217 頁)。
⑩本件墓地は，明治以前の古い時代から 7 か村の集落民が共同墓地として使用してきたが，明治 22 (1889) 年には市制が敷かれ市が公有墓地として管理してきており，その後集落民は原告協会を設立して管理運営してきた。ところが，被告寺が隣接する本件係争墓地に勝手に木戸を設けて平穏公然と通用口とし，墓地内にある初代住職その他縁のある者の墓の祭祀をしてきた。そのため，原告協会が墓地管理上境界線に沿い周囲に鉄柵を設け，寺の通用口も閉鎖する予定にしていたところ，被告から嫌がらせを受けたとして妨害排除請求をしたのに対し，被告からも妨害排除等反訴請求を受けた。この事案において，本判決は，原告協会は本件土地全体を墓地として管理する法的地位を有する社団であると認定し，原告の請求を認容した (神戸地判平成 8・9・4 判タ 939 号 155 頁)。
⑪原告は，旧来から使用されている墓地とそれに隣接する北側の谷間とその法面部分である本件墓地は，他の墓地所有者と準共有的に所有権を有し，個人型共同墓地であると主張し，平成 14 年所有者欄に「共有地」とする表示登記を財産区に変更する更正登記手続がとられ，谷間と法面部分の墓地も所有権移転登記手続が取られたため，財産区や市長を被告として各登記抹消登記手続を求め，かつ抹消登記手続を怠る事実が違法であることの確認を求める住民訴訟を提起した。この事案に対し，本判決は，詳細な事実を認定して，個人型共同墓地として各墓地の使用者が所有権を有していたとは認められないとして，請求を棄却した (大阪地判平成 15・11・14 判自 267 号 99 頁)。

なお，これらは前記⑤を除き各論の裁判例には登載しなかったので，詳しくは森・日本 225 頁以下を参照されたい。

(7) 個人墓地に関する裁判例

一口に個人墓地といっても，それにはいくつかの類型がある。名義人と墓地使用者が同一人である場合が典型的な個人墓地であるが，名義人が墓地使用者の一員である場合，すなわち名義人が墓地使用者の代表又は総代として単独名義人にした場合は，名義人は他の墓地使用者と同等の墓地使用構成員

であるに過ぎず，墓地の唯一の所有者ではない。名義人と墓地使用者が異なる場合，使用貸借関係で墓地使用権の内容が問題となる（森・日本225頁）。

　江戸時代には，惣墓地以外は勝手に個人で墓地を建立することは許されなかったが，一家・一族が屋敷内やその周辺に墓地を設ける地域があり，その墓地を屋敷墓地とか家族墓地という。個人墓地と明治以降の行政の対応や行政の裁決例については，森・日本258頁以下を参照されたい。

　裁判例では，原告は，隣地に墓石・霊碑・墓地外壁を設けていわゆる個人墓地を構築した被告に対し，墓地，埋葬等に関する法律10条1項等に違反し，居住環境を害され，人格権を侵害され，精神的苦痛を受けたとして，土地所有権に基づき妨害排除予防と損害賠償を求めた事案で，本件墓地が設けられた場所は平地が少ない瀬戸内海の小島で，人家に隣接して墓地が設置され，そのような環境下で生活が営まれている区域であり，墓地，埋葬等に関する法律10条1項は事業として営む墓地を対象としており個人墓地には適用されないばかりか，その他同法全体を通しての解釈としても被告の墓地設置行為が違法・不当とする理由がなく，また原告の受けた精神的損害も受忍限度を超えているものとは認められないとして，請求を棄却したものがある（広島地判昭和55・7・31判時999号104頁）。各論の裁判例には登載しなかったので，詳しくは森・日本263頁以下を参照。

10　墓のタイプとデザイン

　墓には，承継墓と永代供養墓のタイプがある。承継墓が墓の基本形で，先祖や親の墓を長男等の承継者が代々引き継いでいく。長男等の承継者以外の者は新たな墓を購入し，その墓は自分の長男等承継者に引き継がれていく。永代供養墓は，現代のスタイルに合わせたタイプで，承継を考えずに管理者に半永久的に供養を依頼するものである。

　都市部では，最近は墓地の価格が高く，交通の不便な郊外が多いため単独での購入をあきらめ，都市部又は近郊に「合葬墓」を購入することも多くなった。これは永代供養墓の一種で，遺骨を納めるカロート（納骨室）を共有して埋葬する。永代供養といっても無期限ではなく，一般的には弔い上げの三十三回忌（又は五十回忌）までの供養をしてくれるという（「事典」58頁）。

承継墓は，一般的な類型で家名（○○（苗字）家）が彫られる家墓，一人っ子同士が結婚したときに建てる両家墓がある。永代供養墓には，夫婦墓（例えば，墓石の右側に夫，左側に妻の名を刻む），友人墓，個人墓（核家族や単身者の増加により増えているが，永代供養対策が必要）がある。また，永代供養墓には，カロート共同墓タイプ，ミニ墓集合タイプ，カロートタイプ等があるという（「事典」59頁）。

墓のデザインには，各種ある。一番多いのが「和型」墓で，家名や戒名が刻まれ，一番上の石は棹石といい，上台・中台・芝石があるのが多い。「神道型」墓は基本的に和型と同じで三段型であるが，棹石のてっぺんがとがっているのが特徴。「洋型」墓はオルガン型・ストレート型・プレート型など自由なので，宗教を問わず人気があるという。「デザイン型」は野球のボールやハート形など様々なデザインが用いられる。

11　納骨後の供養

(1)　宗派による違い（「事典」72頁以下）

仏教においては，日々の供養は仏壇で行い朝と晩に礼拝等をする。故人への基本的なお供え物は「五供（ごく）」といい，「飲食（おんじき）」（食べる前に炊き立てのご飯や頂き物を）・「浄水」（水又はお茶を毎日）・「灯明」（ろうそくを灯す）・「香」（線香）・「花」（必要に応じて）がそれである。

神道において仏壇の代わりになるのが「御霊舎（みたまや）」である。日々の供養は，朝に手や口を清めてから，米と水・塩を供え，二礼二拍一礼をする。神道における拍手は，忌明け（五十日祭）まで音を立てない「しのび手」が基本だという。

キリスト教においては，仏壇の代わりになるものはなく，故人の遺影と十字架を飾ることが多い。故人を偲ぶために故人が好きだった花や食べ物を供え，声をかける。日々の供養の代わりになるのが，食事や寝る前に行う「神への祈り」だという。

(2)　墓参り（「事典」74頁以下）

仏教の墓参りは，故人の亡くなった月日の「祥月命日」・春と秋にある「お彼岸」・夏にある「お盆」・一定期間ごとにある後記の「法要」に行う。

墓参りは，墓や墓石の掃除をし，雑草やごみを取り除く。水鉢に水を入れ，食べ物等を供えろうそくと線香に火を灯す。墓石に水をかけ，正面にしゃがんで手を合わせる。ろうそくや線香の後始末をする。菩提寺がある場合はそちらにもお参りをする。

　神道では，「年末年始」と，祥月命日の「式年祭」に墓参りを行う。仏教と同じく，墓の掃除を行う。水と米・塩・御神酒・個人の好物等を供えるが，線香はたかない。拝むときは二礼二拍一礼をする。

　キリスト教では，プロテスタントの場合は死後1か月後に行う「昇天記念日」以外は，墓参りの時期は特に決まっていない。カトリックの場合は，故人の祥月命日と11月2日に行われる「万霊節」に墓参りをする。墓参りの後，ミサに参加する。

(3)　お盆とお彼岸

　仏教では，故人を供養する行事として「お盆」と「お彼岸」がある。

　お盆は，祖先の霊が自宅へ帰ってくる日といわれ，仏壇の前に精霊棚（きゅうりで馬を，茄子で牛を作るなど）を作り，13日の盆入りの日には「迎え火」として，16日の盆終わりの日には「送り火」として，火（松明）をたく。故人の四十九日後に迎えるお盆を「新盆（にいぼん）」又は「初盆（はつぼん）」といい，僧侶を呼んでお経をあげ，盆提灯を飾る。地方によっては7月13日～16日，又は8月13日～16日（月遅れ）である。

　また仏教では，「お彼岸」といって祖先を供養する日が，春と秋に併せて2回ある。もともとは悟りの境地に行くために修業を積む期間のことだったが，これはほかの仏教国にはない日本独特の習慣だといわれる。春の彼岸に供えるのが「ぼたもち（牡丹餅）」といわれ，秋の彼岸に供えるのが「おはぎ（萩）」といわれる。全国的に，春は春分の日（基本は3月20日又は21日）を中心に前後3日の7日間，秋は秋分の日（基本は9月23日，閏年は9月22日）を中心に前後3日の7日間である。

(4)　忌中・喪中と法要

　仏教では，故人が亡くなった日から四十九日までを「忌中」といい，その期間があける「忌明け」まで故人の冥福を祈って「喪」に服する。忌中期間は外出を控えるのが習わしだったが，現在では官公庁や企業等では，忌引き

期間の目安として，配偶者10日・父母7日・子5日・孫1日・祖父母兄弟姉妹3日・配偶者の父母3日・叔父叔母1日とするものが多い。「喪中」とは本来喪服を着ている期間を指したが，そのような習慣がなくなった現在では一周忌までを喪中とすることが多く，その間は結婚式等の祝い事や正月を祝うことあるいは年賀状も出さず，11月中旬から12月上旬に年賀状の「欠礼状」を出し，又は松の内を開けたのちに「寒中見舞い」で故人の死を知らせることになることが多い。もっとも，最近は形式的儀礼の簡素化の波を受けて，これらの喪中儀式も省略されることが多く，年賀状の交換も気軽に行う場合もあるようである。

　法要とは，故人を弔う儀式のことであり，仏教では，7日ごとに行う「忌日法要」と祥月命日ごとに行う「年忌法要」とがある。比較的多く行われるものとしては，前者の例としては，初七日（しょなのか，死後7日目，葬儀当日に繰り上げて行うのがほとんど）・七七日（しちしちにち）＝四十九日（しじゅうくにち。死後49日目，僧侶や近親者・知人を招いて行い，この日が過ぎたら香典返しを行うが，最近では寺院で行ったり香典返しだけで済ますことも多いという），後者の例としては，一周忌（死後1年目の祥月命日）・三回忌（死後満2年目の祥月命日）・七回忌（死後満6年目の祥月命日）・十三回忌（死後満12年目の祥月命日）などがある（その他の法要一覧は「事典」79頁参照）。

　神道では，「霊前祭」と「祖霊祭」とがある。霊前祭は，葬儀翌日に「翌日祭」，10日ごとに「十日祭」「二十日祭」と「五十日祭」（忌明け）まであり，「百日祭」「一年祭」と続く。祖霊祭は，「三年祭」「五年祭」「十年祭」と続く。

　キリスト教のうち，カトリックでは，死後3・7・30日後に「追悼ミサ」を行い，11月2日に死者の霊を追悼する「万霊節」を行う。プロテスタントでは，死後1か月後に「昇天記念日」を行い，宗派によっては死後1年目に「記念式典」をする。

12　墓地，埋葬等に関する法律

　生活衛生法規研究会監修『新版　逐条解説　墓地，埋葬等に関する法律（第2版）』（第一法規，2012）が資料等も豊かで便利である。これにならって，

以下解説するが，以下では同書を「逐条解説」と，同法律を「墓地法」等と略称する。

(1) 制定の経過

昭和22（1947）年，埋火葬の認許について前記明治17（1884）年「墓地及埋葬取締規則」を補完する「埋火葬の認許等に関する件」(昭和22年厚生省令9号) が制定され，死体 (死胎) の埋葬，火葬，改葬の手続，墓地・火葬場の管理者の管理方法等について規制した。

そして，昭和22年5月から日本国憲法が施行されるに伴い，同年4月「日本国憲法施行の際現に効力を有する命令の規定の効力等に関する法律」が制定され，前記「墓地及埋葬取締規則」，「墓地及埋葬取締規則に違背する者処分方」及び「埋火葬の認許等に関する件」の3規則がそれぞれ法律に改められた。

しかし，同時に昭和23年7月15日までに必要な改廃の措置を取らなければならないものとされたため，昭和23年5月31日，現行の「墓地，埋葬等に関する法律」(昭和23年法律48号) が制定され，これに基づいて「墓地，埋葬等に関する法律施行規則」(昭和23年厚生省令24号) が定められた。

(2) 法律の目的と定義規定

墓地法1条は「法律の目的」として，「この法律は，墓地，納骨堂又は火葬場の管理及び埋葬等が，国民の宗教的感情に適合し，且つ公衆衛生その他公共の福祉の見地から，支障なく行われることを目的とする」と規定する。

そして2条1項から7項までにおいて，本法で用いる用語の定義を明らかにしている。すなわち，

> 「埋葬」とは，「死体 (妊娠4か月以上の死胎を含む。以下同じ。) を土中に葬ること」をいう。すなわち，土葬を意味することになる。妊娠4か月の計算は，産婦人科医学の計算法に従うもので，1か月を28日と計算し，$28日 \times 3 + 1 = 85日$，すなわち85日未満の死胎は，ここでいう死体には該当しない。手術等により切断された手足等や，死体とは別個に頭髪・爪・歯のみを分割して埋める場合は，これらは死体には該当しないとされる。

> 「火葬」とは，「死体を葬るために，これを焼くこと」をいう。

「改葬」とは,「埋葬した死体を他の墳墓に移し,又は埋蔵し,若しくは収蔵した焼骨を,他の墳墓又は納骨堂に移すこと」をいう。場所的な移動を伴う概念であり,過去に埋葬した死体を火葬し,又は他の墳墓に移すこともここでいう「改葬」に含まれるが,埋葬した死体を火葬し,同一墳墓に移す行為及び埋蔵した焼骨を洗骨して同一墳墓に移す行為は,ここでいう「改葬」には含まれない。「焼骨」とは,死体を火葬した結果生ずる遺骨であるが,遺族等が風俗・習慣によって正当に処分した残余のもの(残骨)は,ここでいう「遺骨」とはいえず,刑法上も遺骨とはされない(大判明治43・10・4刑録16輯1608頁)。

「墳墓」とは,「死体を埋葬し,又は焼骨を埋蔵する施設」をいう。

「墓地」とは,「墳墓を設けるために,墓地として都道府県知事(市又は特別区にあっては,市長又は区長。以下同じ。)の許可を受けた区域」をいう。なお,いわゆる個人墓地も,墓地として墓地法10条の許可を必要とされる。

「納骨堂」とは,「他人の委託をうけて焼骨を収蔵するために,納骨堂として都道府県知事の許可を受けた施設」をいう。

「火葬場」とは,「火葬を行うために,火葬場として都道府県知事の許可をうけた施設」をいう。

(3) **埋葬・火葬・改葬**

墓地法2章(3条〜5条,8条・9条)において,埋葬・火葬・改葬の手続その他所要の手続を定めている。すなわち,

① 埋葬又は火葬は,死亡又は死産後24時間を経過した後であることを要する(3条)。

② 埋葬(土葬)・焼骨の埋蔵は,墓地以外での区域では行えず,火葬は火葬場以外の施設では行えない(4条)。

③ 埋葬又は火葬を行おうとする者は,死亡又は死産の届出等を受けた地(船舶中の死亡にあっては航海日誌の謄本の送付を受けた地)の市町村長の,また改葬を行おうとする者は,死体又は焼骨の現に存する地の市町村長の許可を受けなければならず(5条),市町村長は埋葬許可証・改葬許可証・火葬許可証を交付しなければならない(8条)。

④死体の埋葬又は火葬を行う者がないとき又は判明しないときは，死亡地の市町村長がこれを行わなければならない（9条）。

などである。

なお，平成23年3月11日に発生した東日本大震災の際には，一度に大量の死者が発生したため，特別の措置が取られたことに関しては，「逐条解説」44頁以下を参照されたい。

(4) **墓地・納骨堂・火葬場**

墓地法3章（10条～19条）において，墓地・納骨堂・火葬場の管理者の義務，その他管理に関する規制が規定されている。すなわち，

　①墓地・納骨堂・火葬場を経営しようとする者は，都道府県知事の許可を受けなければならない（10条・11条）。

　②墓地・納骨堂・火葬場には管理者を置かなければならない（12条）。

　③墓地・納骨堂・火葬場の管理者は，埋火葬について応諾義務がある（13条）。

　④墓地・納骨堂・火葬場の管理者は，埋葬許可証・改葬許可証・火葬許可証を受理した後でなければ，それぞれ埋葬・埋蔵・収蔵・火葬を行えず（14条），また管理者には所定の帳簿等の備付けの義務がある（15条）。

　⑤その他，墓地・納骨堂の管理者には許可証の保存・必要事項の記入返還義務が（16条），墓地・火葬場の管理者の報告義務（17条）がある。

　⑥都道府県知事は，火葬場への立入検査や墓地・納骨堂・火葬場への報告要求（18条），あるいは施設の整備改善その他の強制処分命令（19条）をすることができる。

などである。

(5) **罰則規定**

墓地法には，次の罰則規定がある。すなわち，

　①10条の規定違反，19条の命令違反の者は，6か月以下の懲役又は5千円以下の罰金（20条）。

　②3条・4条・5条1項若しくは12条から17条の規定に違反した者又は，18条の検査拒否等や無報告・虚偽報告等をした者は，千円以下

の罰金又は拘留若しくは科料（21条）。

③行為者と法人等の両罰規定（22条）。

第3　祭祀承継と民法897条

1　戦前の祭祀承継制度の沿革（家督相続）

　系譜・祭具及び墳墓等の祭祀財産の承継制度に関しては、我が国の法制上変遷がある。

　江戸時代からの慣行等を基礎にして明治23（1890）年に公布され、明治26（1893）年施行予定だった旧民法は、いわゆる法典論争のあおりを受けて、明治31（1898）年に廃止となったが、その旧民法財産取得編第13章第1節家督相続第1款家督相続の通則294条は、以下のように規定していた。すなわち、

　旧民法294条は、

「（1項）家督相続人は姓氏、系統、貴号及び一切の財産を相続して戸主と為る。

　（2項）系譜、世襲財産、祭具、墓地、商号及び商標は家督相続の特権を組成す」

と定めていた。

　ここでは、系譜や祭具等の祭祀財産が世襲財産や商号・商標と一体となった未分離の状態で、家督相続人への包括的承継という形で観念されていたという特色がある。

　明治31（1898）年法律9号として公布され、明治31（1898）年7月16日施行されたいわゆる明治民法第4編第5編中の第5編相続第1章家督相続第3節家督相続の効力の中の986条は、以下のように規定していた。すなわち、

　明治民法986条は、

「家督相続人は相続開始の時より前戸主の有せし権利義務を承継す但前戸主の一身に専属せるものは此限に在らず」

と定め、

　明治民法987条は、

「系譜，祭具及び墳墓の所有権は家督相続の特権に属す」
と規定していた。

ここでは，明治民法987条により系譜・祭具・墳墓等の祭祀財産の承継が家督相続の特権であるという形で，明治民法986条による家産の家督相続一般とは全く別の承継制度であることを明確にしている。

家督相続人が一家の長として家産の独占的承継をすると同時に，祭祀財産の単独承継を保障し，家の連続性を担保するための制度として，いわゆる家制度の中核を担う役割を果たしたのである。

2　祭祀承継と氏の同一性

戦後の新憲法下の新民法は，人の死亡に伴う祭祀承継に関する民法897条の規定のほかに，祭祀承継に関して，氏の同一性を前提とするいくつかの規定を設けた。民法897条の検討に入る前に，これらの規定を見ておこう。

すなわち，婚姻によって氏を改めた者や養子が祭祀財産を承継した後に，離婚・婚姻の取消し・離縁・縁組の取消しによる復氏をする場合，並びに夫婦の一方が死亡した場合に，生存配偶者が姻族関係を終了させる意思表示をしたとき，及び婚姻前の氏に復したときについて，民法は以下のように規定する。

769条1項「婚姻によって氏を改めた夫又は妻が，第897条第1項の権利を承継した後，協議上の離婚をしたときは，当事者その他の関係人の協議で，その権利を承継すべき者を定めなければならない。」

　　　2項「前項の協議が調わないとき，又は協議をすることができないときは，同項の権利を承継すべき者は，家庭裁判所がこれを定める。」

771条　　（769条の裁判上の離婚への準用）

749条　　（769条の婚姻の取消しへの準用）

817条　　（769条の離縁への準用）

808条2項（769条の縁組の取消しへの準用）

728条1項「姻族関係は，離婚によって終了する。」

　　　2項「夫婦の一方が死亡した場合において，生存配偶者が姻族関係を

終了させる意思を表示したときも，前項と同様とする。」
751条1項「夫婦の一方が死亡したときは，生存配偶者は，婚姻前の氏に復することができる。」
　　2項「第769条の規定は，前項及び第728条第2項の場合について準用する。」

　これらの規定によって，それぞれの身分行為をした者は，承継した祭祀財産の所有権を当然には従来通り保持することはできず，その権利承継者を改めて決めなければならず，当事者間の協議が調わず又は協議をすることができないときは，家庭裁判所が審判で定めるべきものとされた（家事法別表第二5項・6項）。もとより，これら協議や審判でその承継者を変えず従来通りとすることは可能ではある。いずれにせよ，別表第二類型の審判事件であるから，調停による解決が可能である。
　これらの規定の立法趣旨については，氏の異なる者によって祭祀承継が実施されることを嫌う国民感情と，その際生ずるかもしれない紛争の解決を考慮しての妥協的立法として，再協議等を要請したに過ぎないと説明される（我妻栄『親族法』（有斐閣，1961）79頁）。ただ確かに，これらの規定と民法897条の規定とを関連させて考えれば，「祭祀の承継を家督相続の特権とした明治民法987条のゴーストといえるのではないか」という指摘もある（谷口知平ほか編『新版注釈民法(27)相続(2)〔補訂版〕』〔小脇一海＝二宮周平〕（有斐閣，2013）80頁）とされる点は，確かにそういう側面は否定しきれないであろう。だから立法は所詮妥協であり，新民法下の新897条の解釈に当たっても，この辺の事情を考慮して妥協的解釈が必要とされる場合が出てくるのである。
　なお，氏変更・子の氏変更事件に関しては，各論**第2，4**（275頁以下）及び**第3，3**（295頁以下）を参照されたい。
　そこで次に，本書の本体である民法897条の祭祀承継の検討に入ることにしよう。

3　民法897条の趣旨

(1)　立法の経過

　戦後の日本国憲法の制定に伴って戦前の家制度が廃止され，憲法24条の

家族生活における個人の尊厳と両性の本質的平等の規定を受けて行われた民法改正の結果，現行897条ができたのである。すなわち，民法はまず相続の一般的効力として，

896条　「相続人は，相続開始の時から，被相続人の財産に属した一切の権利義務を承継する。ただし，被相続人の一身に専属したものは，この限りでない。」

と規定し，これを受けて，

897条1項「系譜，祭具及び墳墓の所有権は，前条の規定にかかわらず，慣習に従って祖先の祭祀を主宰すべき者が承継する。ただし，被相続人の指定に従って祖先の祭祀を主宰すべき者があるときは，その者が承継する。」

　　　2項「前項本文の場合において慣習が明らかでないときは，同項の権利を承継すべき者は，家庭裁判所が定める。」

と規定した。

　本条に関する逐条解説として，谷口知平ほか編『新版注釈民法(27)相続(2)［補訂版］』〔小脇一海＝二宮周平〕（有斐閣，2013）79頁以下，裁判例等を中心とした本条の解説として，松原正明『全訂　判例先例　相続法Ⅰ』（日本加除出版，2006）340頁以下が詳しく，かつ最も優れた解説と評価できるので，便宜，主としてこれらを参考にして，以下記述する。詳しくは同2書籍を参照されたい。

　本条制定の経過については，当時家制度の存続を主張する保守派を納得させる唯一の手がかりであり，祭祀財産まで共同相続になると考えられると困るので，共同相続でないことを示すため本条を置いたとされる（我妻栄編『戦後における民法改正の経過』（日本評論社，1956）136頁・175頁，二宮周平「葬送の多様化と民法897条の現代的意義〜沿革と立法のあり方を問う」戸籍時報698号（2013）2頁以下）。この点について更に我妻教授は，祖先祭祀が国民感情に基づくものであり，この因襲的な国民感情は容易に改まるものではなく，祭祀財産の所有権が争いになったときに，これを道義と習俗に委ねることには躊躇するので，本条の認める程度のことは必要だとされる（我妻栄『改正親族・相続法解説』（日本評論社，1949）43頁以下）。そこで二宮教授は，「つまり本条は，家制

度廃止という第一目標を達成するために，保守派と当時の国民感情とに妥協して設置され，やがて姿を消すものと期待されたところの，いわゆる政策立法であった。」（小脇＝二宮・前掲80頁）とされる。

すなわち，松原・前掲341頁がいうように，民法897条が祭祀財産を特殊な承継秩序に服せしめた趣旨は，共同相続を原則とする相続法理の下では，祭祀財産といえども分割の対象とされるが，祭祀財産は分割相続に適しないこと，祭祀財産という特殊な財産を普通の財産と同一視して扱うことは，国民感情や習俗からみて好ましくなく，したがって，家制度を廃止したけれども，祖先祭祀・祭祀承継という変化しがたい伝統的感情的行事を尊重して，それらと妥協する必要があったからである，ということになる。それが立法者の見解であり，立法者意思であったのであろう。

(2) **立法論的批判と実務の動向**

しかし，この新規定に対しては，当初少なからぬ立法的批判があった。すなわち，小脇＝二宮・前掲80頁以下ではこの点について，以下のように要約する。すなわち，

① 家制度や家督相続制度を廃止しながら，家族統制の精神的手段としてそれらの制度と不可分の関係にあった祖先祭祀の承継を前提に認めるような本条を設置したことは，大きな矛盾であり，その結果廃止したはずの「家」の思想を温存し，家族共同生活の民主化を阻害することになること，

② 従来の習俗から容易に抜けきれない人々の間では，祖先祭祀の絶えないことを希望するがゆえに，経済的負担を伴う祭祀の承継者（通常は長男子であろう）には特別の財産を与えるであろうから，本条は結果において，長男子の相続上の特権的地位（家督相続人的地位）を法律に規定したに等しくなること，また本条が祭祀承継者を被相続人に指定させることは，家父長権に法律的基礎を提供したことになること，

③ 祭祀財産も一般の相続財産と同じように共同相続によって共有させる方が，単独所有よりも祭祀承継を行うについてむしろ都合がよく，また共同相続の結果分割したとしてもそれほどおかしくはないこと，

等の理由をもって，本条の設置を多くの学説が反対したとする（例えば我妻栄

＝唄孝一『判例コンメンタール相続法』（日本評論社，1966）53 頁以下など多数）。そして，前記小脇＝二宮見解はこのことを指摘した上，「判例は祭祀承継者を定めるに際して長男子優先や氏の同一性など家制度と関連する事情を否定しており，上記のような批判を受け止めた対応をしている」と指摘している。もっとも，戦後 70 年を経過した今日，戦後の動きを「裁判例」を通して注意深く見つめれば，必ずしもそのような表面的な解決方法ではなく，事案に即して当事者や関係者あるいは地域の実情に即して，きめ細かな解決方法を模索していることが理解されるであろう。本書の目的の一つは，どうしてもイデオロギー過剰になりがちなこの祭祀承継制度を，脱イデオロギー的な目で冷静に見つめ直してみようということにある。

(3) **本条の今日的意義**

本条の今日的意義として，小脇＝二宮・前掲 81 頁以下では，

①「墓を守る」ことをめぐって墓地をめぐる対立が生じうること，

②霊園の墓地使用者を祭祀承継者に限る傾向からその地位取得の争いとなりうること，

③依然として都市部では祭祀財産（特に墓地）の財産的価値が高いことから奪い合いの紛争があり，

④逆に地方では墓地の維持管理に手間と費用がかかることから押し付け合いの紛争も見られること，

⑤近時の傾向として，近親の故人への追憶行為を重んじる者同士の承継者の地位の奪い合いの紛争が多くなってきていること，

などが指摘され，なおこの制度の利用価値は失われていないとする。

そして，二宮教授は，本条は，こうした紛争について，遺族や関係者の協議で解決ができなかった場合に，家庭裁判所が調停・審判を行うことができる規定として機能することができるとしつつ，将来的には「祖先の祭祀」としてではなく，広く葬送に関するトラブルに対応する条文へと純化すべきであるとされる（二宮周平「葬送の多様化と民法 897 条の現代的意義〜沿革と立法のあり方を問う(2)」戸籍時報 699 号（2013）39 頁以下）。

しかし，そうはいっても，葬送の多様化は必然的であり，その画一的個人主義化には限界があり，従来の「祖先の祭祀」としての性格と機能は，そう

簡単には消え去らないものと考えられる。それが証拠に今日の東京地方やその近辺でも，祭祀承継を含めて長子相続的な慣行が色濃く残っていることは，法律相談等で強く感じられる。それを単に古風な封建的思想として一顧だにせず一蹴してしまうことには躊躇を覚える。それぞれの個別的事情をつぶさに検討すべきであり，これまでの裁判例の多くはイデオロギー過剰にならず，当該事案に即した妥当な解決を目指してきたと評価できると思う。

この点に関しては，各論**第4**（299頁以下）を参照されたい。

4　遺産相続と祭祀承継との関係

祭祀承継を定める本条は，前条の遺産相続とは切り離して，まったく別個の承継制度とした結果，両者の関係が問題となる。学説上，祭祀財産の承継と遺産の相続とは以下のような関係になると整理されている（小脇＝二宮・前掲87頁以下参照）。

①祭祀財産は，相続分や遺留分の算定に際して，相続財産の中には算入されず，財産分離が行われた際も相続財産から除かれる。また民法885条（相続財産に関する費用）の適用はなく，祭祀財産の購入費用は，相続財産から控除されない（東京地判平成12・11・24判時1738号80頁）。

②相続は放棄しても，祭祀財産を承継することができる。

③限定承認をした相続人が，同時に祭祀財産を承継したとしても，それらは相続によって得た財産ではないから，責任財産から除外され，相続人の責任の限度を増大させることにはならない。なお，それらは差押禁止物でもある（民執法131条8号・9号）。

④祭祀財産承継者には，祭祀主宰を理由に特別の相続分が与えられたり，祭祀料として当然に他の相続人よりも多くの遺産の分配を受ける権利はない（東京高決昭和28・9・4［裁判例13］）。逆に，祭祀財産承継者に配分される相続財産が，その分だけ減額されるということもない。

⑤もっとも，特別縁故者への相続財産分与（民法958条の3）については，別の考え方がある。すなわち，相続人でない祭祀財産承継者が，祭祀主宰を理由に特別縁故者として相続財産の分与を受けた裁判例がある（横浜家審昭和37・10・29［裁判例23］，大阪高決昭和45・6・17［裁判例67］，

岡山家備前出審昭和55・1・29［**裁判例97**］など。もっとも否定例もあるので注意。例えば松山家審昭和41・5・30［**裁判例44**］，東京高決昭和51・7・8［**裁判例86**］など）。

　この点に関しては，祭祀承継と遺産分割の併合処理について，各論**第3，2，(5)**（293頁以下）を参照されたい。

5　祭祀財産

（本書末尾の「祭祀承継者指定事件一覧表」（303頁以下）を参照されたい。）

(1)　系譜・祭具・墳墓

　民法897条は，祭祀財産として，系譜・祭具・墳墓を挙げる。

　「系譜」とは，歴代の家長を中心に祖先伝来の系統（家系）を表示するものである。掛軸型と帳簿型がある。ほとんどは男系の系統を示すが，中には母方の系統を追い求める女系の系譜もないわけではない。

　「祭具」とは，祖先の祭祀や礼拝の用に供されるもので，仏壇・神棚・位牌・霊位・十字架などが主なものであるが，これに限られない。

　「墳墓」とは，遺体や遺骨を葬っている土地に付着した設備で，墓石・墓碑などの墓標や土葬の場合の埋棺などをいう。それらが設置されている相当範囲の土地も「墓地」として「墳墓」に含まれるか否かが問題とされた。既述のとおり，旧民法財産所得編294条2項では「墓地」とし「墳墓」とはしなかったが，逆に明治民法987条では現行法と同じように「墳墓」と表現して，「墓地」とはしなかった。その理由について起草者は，「墓地」と規定すると，墓地の所有権のみが祭祀財産に含まれることになるが，墓地の所有権は寺や公共に帰属する場合が大多数であることから実情にそぐわないこと，また改葬もありうるから「墓地」を祭祀財産としなかったという。

　松原判事（当時）は，そう指摘した上で，しかし現在の通説・判例（大阪家審昭和52・1・19［**裁判例91**］，広島高判平成12・8・25［**裁判例128**］等）は，祭祀財産には，祭具等の所有権のほか，墓地の使用権も含まれると解されており，「墓地という特定の場所における祭祀に意味があることを考えると，通説に従って，祭祀財産には，墳墓に準ずるものとして，墓地の所有権あるいはその使用権などの用益権も含まれると解すべきである」とされる（松原・

前掲343頁)。支持できると思われる。

　なお，小脇＝二宮・前掲82頁は，従来これらの物件は，子孫をして家柄・血統を誇らしめ，一家の統括や団結のきずなとして大いに役立つものであったが，最近では家制度の廃止と家族集団の事実上の分散化傾向が，これらの物件に対する子孫たちの関心度を低下させつつあることを指摘する。

　法的には，今なお祖先崇拝の用具として特別な感情を具有するこれらの物件は，所有者たちの祖先崇拝保護の見地から，差押禁止の対象となっているが（民執法131条8号・9号），もともとは不融通物ではないので，所有者自らの意思によるのであれば，公序良俗に反する仕方でない限り，自由に処分することができると解されている（大判昭和8・6・14［裁判例5］，大判昭和12・12・7［裁判例8］，広島高判昭和26・10・31［裁判例12］）。

(2) 遺体・遺骨

　この点については，小脇＝二宮・前掲88頁以下に適切な解説があるので，本稿でも主としてそれにならうこととする。

　これまでの学説では，遺体・遺骨を一括して，所有権の客体性・帰属原因・帰属者等を議論してきたが，両者には質的な違いがあるので，個別的に検討すべきという。

　すなわち，遺体の場合は，特別な保存方法を用いない限り腐敗が急激に進行することから，衛生上速やかに火葬など一定の処分をする必要があり，葬送を行う近親者に処分を委ねることが必要であるとする。後述する臓器移植・死体解剖・献体については，遺族の同意あるいは承諾が求められ，意見が分かれた場合の最終判断権者が，後述するように問題となる。この点の裁判例で，子が母の病理解剖と標本化に承諾したが，背骨の一部等の採取を拒否したにもかかわらず採取されたことから，子が遺体全部の返還を受けて手厚く祭りたいとして，遺体標本の返還請求をした事案でこれを認容したものがある（東京地判平成12・11・24判時1738号80頁）。

　判例上現れるのが多いのは，やはり遺骨の引渡請求や遺骨の引取り，あるいは改葬の妨害排除請求等であり，その前提として遺骨の所有権の客体性・帰属者・帰属原因が論じられることになる。

　遺骨に関する戦前の判例の見解の推移をみると，大審院は，遺骨も有体物

として所有権の目的となるとする。

①戸主でない父の死に際して、子が戸主の意に反して家の墓地以外の場所に遺骨を埋葬したため、戸主が家の墓への改葬のために遺骨の引渡請求をしたが、遺骨は所有権の客体となり、子が遺骨を遺産相続したものとして、引渡請求を棄却した（大判大正10・7・25 [**裁判例3**]）。

②入夫入籍をした戸主が、その実家で自死し、遺書に従い実家で埋葬したので、新しく戸主となった継子（妻の実子）が婿養子家の墓に改葬するために遺骨の引渡請求をしたところ、前記同様の相続の論理を用いたが、死者が入夫戸主だったために、前戸主の遺骨は家督相続人の所有に帰属するとして、引渡請求を認容した（大判昭和2・5・27 [**裁判例4**]）。

戦前におけるこのような解決は、所有権＝相続法理の限界を示すものであるとする評価（小脇＝二宮・前掲89頁）を、本稿も支持する。

ところが、戦後の新民法の下では、遺骨についても、所有権＝相続法理から決別して、本条で規定している祭祀承継者あるいは喪主など祭祀主宰者に帰属するという判断手法を採用するものが徐々に増えていった。例えば、

①祭祀財産でない人の祭祀について民法は規定していないから、風俗習慣に委ねているが、それが明らかでないときは裁判所が定めるとし、被相続人の亡夫の連れ子を祭祀主宰者として、亡夫の墓所に埋葬するのが最も自然であるとし、相続人である妹からの遺骨引渡請求を棄却した（東京地八王子支判昭和48・9・27 [**裁判例77**]）。

②夫の死後もその家に止まり祖先と夫の祭祀を行っていた妻が、姻族関係終了届をしたことから、祖先の祭祀を夫の弟に委ね、新たに墓地を購入し夫を改葬するために、夫の母や兄弟に対して、遺骨の引取りと改葬妨害禁止の請求をしたところ、配偶者の遺骨の所有権は、祭祀を主宰する生存配偶者に原始的に帰属し、次いでその子によって承継されるとされた（東京高判昭和62・10・8 [**裁判例115**]）。

③宗教家である被相続人と長年同居していた信者夫婦が遺骨を守っていたところ、相続人たる養子が祭祀主宰者として菩提寺に埋葬するため、遺骨の引渡しを求めた事案において、最高裁判所は、遺骨は慣習に

従って祭祀主宰者とみられる相続人に帰属するとして，これを認容した原審の判断を正当として是認した（最判平成元・7・18［裁判例117］）。
④重婚的内縁の妻が管理している亡夫の遺骨や勲章を，亡夫の妻や子らが引渡しを求めたところ，亡夫の遺志を継いで内縁の妻が亡夫と自分のための墓地を購入して亡夫を埋葬していることから，亡夫の祭祀については亡夫の意思が優先し，亡夫の子が亡夫の遺骨の所有権を取得するものではないとして，引渡請求を棄却した（高知地判平成8・10・23［裁判例126］）。

小脇＝二宮・前掲90頁は，以上の判例の傾向について，判例は，遺骨について所有権の客体になるとしても，祭祀財産の承継と同様に相続の対象とはせず，夫婦・親子関係を主とする近親者に帰属させ，故人を偲ぶモニュメントとして扱う姿勢が明確であり，所有権の客体となることの論理構成について学説上の議論はあるが，その議論の実質的な意義は乏しく，被相続人の祭祀を行う者に管理が委ねられていると見ればよいように思われるとする。そして，人の身体は，生前においても死後においても，遺骨に形態を変えても，人格の反映したものであり，所有権の客体として他者に帰属するという考え方にはなじまないと考えるとされる。正当な指摘であるが，ただ最後の点は，ちょうど子どもの引渡請求の方法について動産類似の直接強制を認める際にも議論されることである。それは正当な結論を得るための法解釈の擬制に過ぎず，人を物扱いにしているわけではないという反論は可能であろう。そして，むしろ問題は分骨請求だとするが，この点は先に指摘したとおりである。

これらの点に関しては，各論**第3，1**，(2)（286頁以下）参照。

(3) **臓器移植・死体解剖・献体**

最近，医学の進歩に伴って，問題とされることが多くなったのが，臓器移植・死体解剖・献体である。この点に関しても，小脇＝二宮・前掲80頁以下に適切に解説されているので，これに見習って問題点を整理しておこう。

移植のために行われる臓器の摘出をするためには，①死亡した者が生前に書面によりその旨を表示していること，②その旨の告知を受けた「遺族」が当該臓器の摘出を拒まないことが必要である（臓器の移植に関する法律6条1項

1号)。また，③①の表示がない場合でも，「遺族」が摘出について書面で承諾しているとき（同項2号）は可能である。

　この「遺族」の範囲については，明文の規定を欠くので解釈で補うほかないが，「『臓器の移植に関する法律』の運用に関する指針（ガイドライン）」の第3では，「死亡した者の近親者の中から，個々の事案に即し，慣習や家族構成等に応じて判断すべきものであるが，原則として，配偶者，子，父母，孫，祖父母及び同居の親族の承諾を得るものとし，これらの者の代表となるべきものにおいて，前記の『遺族』の総意を取りまとめるものとする」が，「前記の範囲以外の親族から臓器提供に対する異論が出された場合には，その状況等を把握し，慎重に判断すること」，「死亡した者が未成年であった場合には，特に父母それぞれの意向を慎重かつ丁寧に把握すること」としている。

　死体解剖を行うには，解剖対象となる遺体について「遺族」の承諾を受けなければならない（死体解剖保存法7条）。献体に関しては，死亡者本人が献体の意思を書面により表示している場合でも，当該死亡者に遺族がいない場合以外は，死亡した者が献体の意思を書面により表示している旨を遺族に告知し，遺族がその解剖を拒まない場合でなければ，実習解剖はできない（医学及び歯学の教育のための献体に関する法律4条）。どちらも遺族とするのみで，その範囲は示されていないが，臓器の移植に関する法律の適用に関する上記指針に準じた扱いになるものと推測されるとする。そのように解するほかなかろう。

　そうすると，臓器摘出・死体解剖・献体のいずれの場合も，上記指針の「遺族」間でそれらの実施について意見が分かれたときに，総意を取りまとめる役割を果たす「これらの者の代表となるべもの」は誰であるかを判断する基準が問題となる。前記指針第3で，近親者の範囲として，配偶者・子・父母・孫・祖父母及び同居の親族が挙げられており，これを代表となるべき者の順位と位置付けることも可能ではあるが，配偶者以外は複数あり得るので，同順位者の協議で定め，協議が調わない場合には，かつての（平成9・10・8健医発1329号厚生省保健医療局通知）上記指針第2を参考に「祭祀主宰者」を「代表となるべきもの」とすべきであるとする小脇＝二宮・前掲91頁の

解釈を支持するほかないと思われる。
　いずれの場合も，慎重に判断すべきことになるが，ごく一部の者の反対があるに過ぎない場合に，絶対に摘出できないとまではいっておらず，例外的にそれでも摘出を実行するということもあり得るということが，以上の解釈の前提であろう。

6　祭祀財産の承継
(1)　生前承継
　祭祀財産の所有者は，自由に生前処分や死後処分（遺贈・死因贈与）をすることができると解するのが一般的である。明治民法時代には祭祀承継が家督相続の特権に属せしめられていた関係上，死後処分はできなかった。その意味で生前処分しかありえなかったわけである。現行法の下では，遺贈の場合，受遺者を被相続人の指定による承継者と解して有効視することができ，もし受遺者と被相続人の指定が別人であるときは，それらを比較し最後の意思表示を尊重して承継者を決すべく，その前後が判明しないときは，諸事情を判断して決すべきであるとし，それらの事情はいずれも被相続人の指定による祭祀主宰者を判断する際の要素となるとする（小脇＝二宮・前掲83頁）。その意味で，生前に遺贈の意思表示をした場合，生前の被相続人による承継者の指定として効力を認めるわけである。

(2)　死亡承継
　民法897条による承継である。本条の承継には，祭祀財産に対する所有権のほか，地上権や墓地使用権などの用益物権や賃貸借・使用貸借などの準物権的債権も含まれる。本条により決定された承継者は，①被相続人の指定・②慣習・③家庭裁判所の審判によって，死亡の時にさかのぼって法律上当然に（それ以上の承認の意思表示や対抗要件など何らの行為を要することなく），祭祀財産を承継する。すなわち，相続の場合と異なり，祭祀承継の承認や放棄のような制度が予定されていないことから，通説は，権利承継を放棄したり，辞退したりすることはできないと解するわけである。もっとも，それらを承認したからといって，祭祀施行義務を負わされるわけではなく（東京高決昭和28・9・4［**裁判例13**］，宇都宮家栃木支審昭和43・8・1［**裁判例57**］），また前述

したように承認後においてはそれらを自由に処分することができるから，放棄・辞退が自由か否かを論ずる実益はない。むしろ，費用負担や高齢等を理由として，承継の辞退や交替などを認めることが現実的でさえある（小脇＝二宮・前掲83頁）。このように，承継者の処分が認められることから，その論理的帰結として，承継者が処分したとしても，その相続人がその返還を求めることはできないことになる（前掲大判昭和8・6・14 [裁判例5]，前掲広島高判昭和26・10・31 [裁判例12]）。

7 祭祀承継者の人数と資格

（本書末尾の「祭祀承継者指定事件一覧表」(303頁以下) を参照されたい。）

この点については，以下のほか，総論前記**第3，2**（31頁以下）並びに各論**第2，4**（275頁以下）及び**第3，3**（295頁以下）を参照されたい。

(1) 祭祀承継者の人数

一般的に，祭祀承継者は，民法897条の趣旨や文言からいって，原則的には1人であるべきだが，祭祀財産の所在地が遠隔地にあるなど特段の事情がある場合等には例外があり得るとするのが判例であり（大阪高決昭和59・10・15 [裁判例106]），通説もこれを認める。祭祀承継は，単独承継が原則だが，特別の事情があれば，共同承継や分割承継も差し支えないとするわけである。

①長年被相続人の家の墳墓地及び系譜・仏壇・位牌等を管理してきた親族に仏壇を承継させ，唯一の相続人である養女に墳墓と墳墓地を分割承継させた事例（東京家審昭和42・10・12 [裁判例51]）。

②墓地の所有形態が甲乙の共有で両家の祖先が埋葬され，「甲乙両家の墓」として代々祭祀が行われ管理されてきた場合には，甲家と乙家の代表者による共同承継を認めるべきだとした事例（仙台家審昭和54・12・25 [裁判例96]）。

③婚姻生活40年に及ぶ後妻を被相続人の祭祀承継者としながら，先妻の子にも墳墓・位牌など一部について承継者とした事例（東京高決平成6・8・19 [裁判例124]）。

④主たる祭祀承継者として三男に墳墓を承継させ，仏壇等を管理している長男には祭具を承継させた事例（奈良家審平成13・6・14 [裁判例

129]）。

(2) 祭祀承継者の資格（相続資格・氏との関係）

　民法897条の明文上，祭祀承継者の資格に特別の制限を加える文言はなく，判例・通説とも，承継者の資格に特別の制限はないと解している。これまで問題とされてきたのが，被相続人との親族関係，特に相続人であることを要するか，また氏を同じくする必要があるか等である。

　この点は，祭祀承継は相続の場合ばかりでなく，祭祀承継者が離婚によって復氏した場合にも祭祀承継者を定め得るとされており（民法769条），この規定は，婚姻の取消しの際（民法749条），生存配偶者の復氏・姻族関係の終了の際（民法751条2項），裁判離婚の際（民法771条），養子縁組取消しの際（民法808条2項），離縁の際（民法817条）にも準用されており，これらの規定は復氏又は婚姻関係の終了によって当事者の意思に関わりなく，強制的に祭祀承継者を定めようとするものであるため，民法は親族関係や氏に実質的な法律効果を与えているとも解されることから，問題となる。

　しかし，判例は，戦後いち早く，民法769条以下のそれらの規定は，単に多くの場合，祭祀主宰者が被相続人の相続人や親族で氏を同じくすることを予定したに過ぎないものであり，承継者の資格として被相続人の親族であるとか氏を同じくする者であることを必要とするものではないと解した（大阪高決昭和24・10・29 [裁判例10]）。すなわち，同高裁決定は，民法897条の規定では，被相続人が祭祀承継者を指定したときは，慣習に従って祭祀主宰者となるべき者よりも優先して祭祀財産を承継する旨を定めており，被相続人は，相続人や親族で氏を同じくする者のうちから指定することを要せず，自由に自分が適当と思う者を指定できるように規定していること，民法769条以下の諸規定は，多くの場合，祭祀主宰者が被相続人の相続人や親族で氏を同じくすることを予想したものに過ぎないことを指摘し，祖先の祭祀承継者は相続人か，被相続人と親族関係があり，かつ，氏を同じくする者でなければならないとする申立人の主張を認めなかったものである。

　そこで，有力説は，民法の氏に関する規定の意義を相対的に低下させ，氏と祭祀財産の承継を結合させることを明確に否定した点でも，立法者が行った妥協を家制度否定の方向で解釈するものであり，祭祀財産の承継や関連す

る氏の規定が家制度の温存・維持につながらないように，家族の民主化という戦後改革の趣旨を生かす姿勢を明らかにした点で，画期的な決定例であり，事実上の先例として機能したとして，前記大阪高裁決定を高く評価する（池田恒男「葬送・死者祭祀及び祭祀財産の承継と相続法体系」鈴木龍也編『宗教法と民事法の交錯』（晃洋書房，2008）167頁，二宮・前掲「葬送の多様化と民法897条の現代的意義」5頁以下）。

　私としては，今後の50年・100年のスパンで考えても，家制度の温存・維持はあり続けるだろうと予測している。現在の都市部でさえ，かなり広く市民の間に浸透しており，おそらく家制度的な側面を完全に否定することが良いかどうかいずれ議論される時期が来るだろうと考えている。いずれにせよ，民俗学や文化人類学あるいは家族社会学等の知恵を借りることになるであろう。

　祭祀承継と親族関係あるいは氏との関係に関する裁判例としては，
　　①親族や氏を同じくする者ではない共同墓地の管理者を祭祀承継者に指定した事例（福岡家柳川支審昭和48・10・11［裁判例78］）。
　　②祭具・墳墓・墓地を事実上管理している被相続人の内縁の夫の孫を祭祀承継者と指定した事例（高松家審平成4・7・15［裁判例121］）。
などがある。

　もっとも，多くの場合，祭祀承継者の指定は，遺産分割の過程で申し立てられることが多く，そのため自然と相続人の誰かが指定されることが多くなる傾向がある（小脇＝二宮・前掲84頁）。非親族が指定されるのは例外的な場合に限られるであろう。

第4　祭祀承継者の決定手続

1　祭祀承継者の決定順位

　民法897条1項・2項によれば，「系譜，祭具及び墳墓の所有権」者，すなわち祭祀承継者は次の順位で決定される。
　第1順位　「被相続人の指定に従って祖先の祭祀を主宰すべき者」
　この者がいない場合には，

第2順位 「慣習に従って祖先の祭祀を主宰すべき者」
この者もいない場合には，
第3順位 「家庭裁判所が定める」
　このようにして，祭祀承継者の指定は，手続的には，通常，関係者の協議・調停・和解などにより相続人その他一定の者に収れんしていくが，中には適当な承継者がいないこともあり得る。その場合には，民法に特に規定が用意されているわけではないので，通常の相続財産に準じて，相続人等がいなければ，最後は民法959条により国庫に帰属すると解するほかないとされている（小脇＝二宮・前掲84頁）。
　祭祀承継制度は，もともとは明治民法施行前からの長年にわたる慣行を経て制度化・立法化されたものであり，「慣習」による決定は，第2順位とはいえ，法文上は民法897条1項本文という最前列に位置しており，この慣習による決定は制度の根幹をなしているとも考えられる。解釈上，この慣習こそあだや疎かにしてはならないと思う。
　そこで，先の順位に従い，順次検討していこう。

2　被相続人の指定（第1順位）

　祭祀承継者について，被相続人の指定があれば，その者が当然に祭祀承継者となる。祭祀承継者の指定の方法について，民法897条等は特に制限していない。そこで，書面によると口頭によるとを問わない。まして，遺言によることを要せず，生前行為として指定することもあり得る。祭祀承継者の指定は，遺言事項ではないので，遺言としての効力が生ずるわけではないが，遺言書に祭祀承継者の指定があれば，それで被相続人による指定としての効力は生ずる。また，必ずしも明示の指定である必要はなく，黙示の指定もあり得ることは，一般の意思表示の場合と異ならない。要するに，いかなる方法によるにせよ，被相続人の指定の意思が外部から推認されるものであればよいと解されている（松原・前掲353頁）。
　裁判例の中には，人の死後に効力を生じる場合が原則の意思表示であるから，表意者の真摯さや表示内容の明確さにおいて，一般の意思表示よりも慎重にその存在を判断すべきものであるとするものもある（前橋家審平成3・

5・31［裁判例118］）。しかし，ちょうど遺贈について遺言有効解釈の原則があるように，この場合も可能な限り被相続人の真意を探求し，黙示の意思表示に関してもその真意を汲み取る努力をすべきであろう。

実務上争われるのは，黙示の意思表示がされた場合である。裁判例によれば，

① 被相続人が家産の全てを長女に贈与した場合，同女を祭祀承継者とする意思を客観的に具現したものと解されるとした事例（名古屋高判昭和59・4・19［裁判例101］）。

② 被相続人が墓碑に建立者として二女の氏名を刻印させていた場合，被相続人は同女に祭祀を承継させる意思を明らかにしていると認められるとした事例（長崎家諫早出審昭和62・8・31［裁判例114］）。

③ 被相続人及びその亡夫は，亡夫が創業した会社の経営の任に当たる息子に墓地が承継されることを望んでいたと推認できるとされた事例（東京家審平成12・1・24［裁判例127］）。

がある。

明示の意思表示にせよ，黙示の意思表示にせよ，このようにして指定された祭祀承継者は，それによって，最終的に確定する。この祭祀承継者の指定は，被相続人の専権事項であって，その性質は遺言と同様に相手方のない単独行為というべきであり，承継者として指定された者の承諾や同意は必要なく，知・不知さえ問わない。それは被相続人の全くの自由裁量行為であって，被相続人の指定という第1順位の祭祀承継者の決定があると，それで祭祀承継者は法的に確定する。第2順位以下の指定方法が出てくる余地はない。

そうすると，被相続人の指定がある以上，家庭裁判所に祭祀承継者の指定の申立てがあっても，もはや家庭裁判所の審判権は失われているのだから，家庭裁判所としては，当該申立ては，本来は，不適法として却下すべきものである。もし祭祀承継者指定の有無について関係者間に争いがある場合には，最終的には民事訴訟で既判力をもって解決を図るべき筋合いのものである。特定の被相続人の祭祀承継者たる地位の確認訴訟，特定の祭祀財産の所有権確認訴訟等可能な訴訟類型はあり得るであろう。

この場合の家事審判と民事訴訟との関係については，後述 **5**（53頁以下）

参照。

3 慣習による指定（第2順位）

　第2順位における民法897条1項に掲げる「慣習」とは，被相続人の住所地や出身地，あるいは当該居住集団（職業や地域特性など）が長年にわたって維持してきたところの地方的慣習を意味する。戦後間もないころの判例に，この慣習は，戦前の旧法時代のそれではなく，戦後の新民法施行後に新たに形成されたものでなければならないとする裁判例もある。すなわち，相続人ではなく内縁の妻を祭祀承継者に指定するに当たって，明治民法下で家督相続人が祭祀を承継するとされてきたのは，法律の規定に基づく法的強制であり，慣習として実行されたものではなく，仮にそうした慣習があったとしても，それは「封建的な家族制度を廃止し個人の尊厳自由等を基礎として制定された」新民法の立法趣旨に反することとなるものであるから，慣習として扱うことはできないとし，「新民法が慣習に従つて祭祀の主宰者を定める律意は，新民法施行後將來新たに育成される慣習に従わせようとするものである」と判示した上，当該事案ではこうした新民法下の社会慣習を認める資料はないから，第3順位の指定方法に従うとした（大阪高決昭和24・10・29 [裁判例10]）。

　その後の裁判例を見ても，当事者の主張する家制度的な慣習の存在を認めたものはなく（鳥取家審昭和42・10・31 [裁判例52]，東京家審平成12・1・24 [裁判例127]，広島高判平成12・8・25 [裁判例128] など），また何らかの地域的な慣習の存在を認めたものはほとんど存在せず，裁判例では，慣習が明らかでないとして第3順位の家庭裁判所の指定による祭祀承継者の審判が続いていると指摘されている（小脇＝二宮・前掲85頁）。要するに，第2順位の慣習の存在を理由として祭祀承継者を定めた裁判例は皆無に近く，その意味では，この第2順位は実際上ほとんど機能していないことになるが，このような解釈がいつまでも続くとは思えない。

　戦後の新民法の制定から70年近くを経過した今日では，それが現在続行中の慣習であれば，その内容が長子承継であろうと，末子承継であろうと，問題はない。長子相続は明治民法下で強制された慣行であるから，現在でも

採用できないというようなイデオロギー過剰な論旨は妥当ではないであろう。慣習の認定と採用にとって，承継者や相続人その他関係者の承諾や同意は必要ない。被相続人の援用も不要である。今後は，各地域の慣習を考慮して第2順位又は第3順位で決定される事例も出てこないとはいえないであろう。

いずれにせよ，慣習の有無や内容に争いがあれば，最終的には権利義務の存否に関する争いとして民事訴訟によって決着を図るほかないことは，第1順位の場合と同様である。

この場合も，審判と民事訴訟との関係については，被相続人の指定の場合と同じような問題がある。裁判例によれば，祭祀承継者指定の審判申立てがあり，被相続人の指定の存否や慣習の存否について審理し，指定の内容又は慣習の内容に従って祭祀財産承継者指定の審判をすべきであるとする（福岡家小倉支審平成6・9・14［裁判例125］）。妥当だと思う。

なお，慣習の問題に関しては，各論**第3，2**，(3)（291頁以下）及び**第4**（299頁以下）を参照されたい。

4　裁判所による指定（第3順位）

第1順位の被相続人による指定がなく，第2順位の適用すべき慣習もない場合は，第3順位の家庭裁判所の審判による指定しかない。この「相続の場合における祭具等の所有権の承継者の指定」（祭祀承継者指定）の申立事件は，家事事件手続法別表第二11項の審判事件である。

(1)　協議による指定

相続人やその他の関係者全員の協議（合意）によって祭祀承継者を定めることができるかに関しては，積極・消極の両説がある。裁判例の中には，被相続人が相続人らの協議によって祭祀承継者を定めることとすると指定しない限り，相続人らが協議して定めた者を祭祀承継者であると認めることはできないとするものもある（広島高判平成12・8・25［裁判例128］）。逆に，民法897条は，祭祀財産をめぐって生起する紛争解決法の最終的な保障として定められたもので，関係者の合意によって承継者を定めることを排除した趣旨とは解されないとして，積極に解する裁判例もある（東京地判昭和62・4・22［裁判例113］）。祭祀承継という事柄の性質上，実際上もほとんどは関係者の

合意・協議によって決めているのが実情である。積極説が妥当であると解するのが通説である（松原・前掲363頁以下）。

(2) **調停による指定**

祭祀承継者指定申立事件は別表第二類型事件であるから，家事調停が可能である。調停の申立ては，祭祀承継者として指定を受けたい者が，相続人その他祭祀承継について利害関係のある者を相手方として，相手方の住所地を管轄する家庭裁判所又は関係者が合意で定める家庭裁判所に対して行う（家事法245条1項）。調停規範は条理である（梶村太市『新家事調停の技法─家族法改正論議と家事事件手続法制定を踏まえて─』（日本加除出版，2012）11頁以下参照）。

ここで，民法897条の条文上あるいは解釈上も，祭祀承継者となるべき者に特段の制限がないことからすれば，祭祀承継者指定申立事件の当事者たるべき者（関係者）の範囲が問題となる。誰が誰を相手として申し立てればよいかという問題である。この関係者の範囲の問題は，調停・審判の共通の課題である。

この点に関しては，裁判例は，当事者は各共同相続人及び当該祭祀財産の権利承継につき法律上の利害関係を持つ親族又はこれに準ずる者と解すべきものとしている（東京家審昭和42・10・12［**裁判例51**］）。学説も同様に解しており，そうするとこれらの比較的広い範囲の者が当事者となり得るわけであり，ここではこれらを含めて「関係者」と呼んでおく。

(3) **審判による指定**

審判の申立ては，調停前置主義の適用はないから，いきなり審判の申立てをすることができる。管轄裁判所は，相続開始地の家庭裁判所である（家事法190条）。もっとも，家庭裁判所は，管轄に属しないと認めるときでも，それを処理するために特に必要があると認めるときは，調停の申立てを受けた裁判所が自ら処理することができるから，事情によっては相続開始地でなくても，申立人の住所地等の家庭裁判所で審理・判断されることがありえよう。

関係者による協議（合意）が成立せず，また調停も不成立となったときは，最後の順位として，家庭裁判所の審判で決するほかはない。協議や調停では，祭祀承継者の指定について公序良俗や強行規定等に違反しない限り，比較的自由に決めることができる。調停規範は，民事調停法1条等に規定する「条

理」であると解してよいであろう。しかし，合意を媒介としない審判においては，裁判所が一方的な裁断で決することになるから，そこには自ずから指定基準が必要である。審判規範は調停規範とは違うのである。

(4) **祭祀承継者決定の判断基準**

この点，審判規範に関する裁判例は，祭祀承継者を指定するに当たっては，承継者と被相続人との身分関係のほか，過去の生活関係及び生活感情の緊密度，承継者の祭祀主宰の意思や能力，利害関係人の意見など諸般の事情を総合して判断すべきであるとしている（大阪高決昭和59・10・15 [裁判例106]）。

そして，最近東京高裁は，以下のようにかなり明確な判断基準を示した。すなわち，「承継候補者と被相続人との間の身分関係や事実上の生活関係，承継候補者と祭具等との間の場所的関係，祭具等の取得の目的や管理等の経緯，承継候補者の祭祀主宰の意思や能力，その他一切の事情（例えば利害関係人全員の生活状況及び意見等）を総合して判断すべき」だとし，続けて「祖先の祭祀は今日もはや義務ではなく，死者に対する慕情，愛情，感謝の気持ちといった心情により行われるものであるから，被相続人と緊密な生活関係・親和関係にあって，被相続人に対し上記のような心情を最も強く持ち，他方，被相続人からみれば，同人が生存していたのであれば，おそらく指定したであろう者をその承継者と定めるのが相当である」とした（東京高決平成18・4・19 [裁判例133]）。

学説上も前記判例と同様に，例えば小脇＝二宮・前掲87頁は，「祖先の祭祀は，今日もはや義務としてではなく，死者に対する慕情，愛情，感謝の気持によってなされるべきものであるから，遠い昔の祖先よりも近い祖先，つまり被相続人と密接な生活関係・親和関係にあって，被相続人に対し上記のような心情を最も強く持つ者を選ぶべきである」とし，松原・前掲360頁以下もほぼ同様に，祖先の祭祀は義務としてではなく，死者に対する愛情や気持ちによって行われるものであるから，遠い祖先より近くの祖先すなわち被相続人と緊密な生活関係にあって，被相続人に対してこのような心情を有するか否かを重視すべきであるとする。

裁判例は既にそれ以前の早い時期から，被相続人との生活関係等を重視する傾向にあったといえよう。すなわち，

①結婚して夫の氏を称している被相続人の妹を排斥して，20年以上も被相続人と生活し，その孫を養子にしている内縁の妻を祭祀承継者とした事例（大阪高決昭和24・10・29［裁判例10］）。

②被相続人と生計を異にしていた長男・二男を排斥して，被相続人と同居して農業に従事し，事実上の跡継ぎである二女を祭祀承継者とした事例（名古屋高決昭和37・4・10［裁判例22］）。

③喪主を務めたが，被相続人と生前別居し，ほとんど行き来のなかった長男を排斥して，被相続人の生前から同居し，その療養看護に当たり，祖先の位牌や被相続人の遺骨を保管していた二男を祭祀承継者と指定した事例（大阪家審昭和52・8・29［裁判例92］）。

などである。

この点に関しては，各論**第3，2**，(1) (288頁以下) を参照されたい。

(5) 祭祀承継事件の審判物と再転相続の場合

ここで気を付けなければならないのは，祭祀承継者指定の審判は各被相続人ごとに個別的に判断しなければならないことである。被相続人ごとに上記判断基準が適用されるということである。この点は，梶村太市「祭祀承継者指定と祭祀承継審判・確認訴訟との関係」戸籍時報722号 (2015) 20頁以下で検討したケース（加戸茂樹弁護士紹介事件）を参考に考察してみよう。残念ながらスペースの関係で詳細に紹介することはできないが，事案の骨子は以下の通りであった。

被相続人A（父）の相続人には，生存する相続人には長女X・二女Y1・妻Y2（成年被後見人）がおり，長男は早世し，二男Y3は調停申立直前に死亡し妻子はいない。Xが被相続人Aの祭祀財産（本件墳墓及び祭具等）の承継者の指定を申し立てたところ，一審の横浜家裁も二審の東京高裁も，被相続人Aの祭祀承継者指定事件のみを審判物として，被相続人Y3の祭祀承継者も同時に審判してしまった。これは被相続人Aとの生活関係の親密性等のみを判断基準として，被相続人Y3との親密性等は一切顧慮することなく，Y3所有の本件墳墓の祭祀承継につき何ら判断することなく，この部分をスルーさせて，Y1を被相続人A及びY3の祭祀承継者として指定してしまったものである。

すなわち，当事者が申し立てていない被相続人Y3の祭祀財産の承継者をも判断してしまったものであるが，これは明らかに不告不理の原則に違反する違法なものであった。本件では，被相続人Aの第一次承継と被相続人Y3の第二次承継は別事件（別の審判物）なのだから，それぞれについて上記判断基準に従って審判すべきであったという当然の基本的な法律問題を誤認した違法な家裁審判であり高裁決定であったというほかない。本件では，前記判断基準に従えば，被相続人A所有の本件墳墓の祭祀承継者は亡きY3，被相続人Y3の祭祀承継者はXとなるべき事案であった。詳しくは上記梶村論文を参照されたい。家事事件手続法制定直後の事件だったから仕方がないともいえようが，新法の当事者権の保障や手続の透明性に配慮した解決の仕方を模索すべきであった。

(6) **指定審判の附随処分（系譜等の引渡命令）**

旧家事審判規則103条・58条及び家事事件手続法190条2項は，家庭裁判所は祭祀承継者指定の審判においては，当事者に対し系譜，祭具及び墳墓の引渡しを命ずることができると規定している。この場合の附随処分としての引渡しには不動産の所有権移転登記手続や墓地使用権者名義変更など当該物体や権利の譲渡に必要な手続を包むと解すべきである（東京家審昭和42・10・12［裁判例51］参照）。

5 祭祀承継者確定の民事訴訟との関係

一般的に考えれば，被相続人による指定がされたときは，それによって祭祀承継者が確定することになるから，祭祀承継者の指定はその要件を欠き，指定を求める審判の申立ては却下（又は棄却）すべきことになり，その指定の有無ひいては祭祀承継者存在の有無について争いがあるときは，後述するように，地方裁判所において祭祀承継者存否の確認を求める訴訟によって解決を図るほかないことになりそうである。しかし，それでは手続上迂遠な解決となることは明らかである。そこで，訴訟経済と当事者の便宜とを考慮して，このような場合でも，家庭裁判所は当事者間に存する指定の有無に関する紛争を解決するため，祭祀承継者指定の審判をすることができると解すべきである。祭祀承継者指定審判手続の中で，被相続人による祭祀承継者指定

の有無を検討し，指定があると判断すれば申立てを却下し，指定がないと判断すれば次の第2段階の慣習の有無の検討に移行するのである。

　もちろん，審判の前提問題として指定の有無を判断しても，それには既判力はないから，それに不満な当事者はなお民事訴訟によって解決を図る手続を選択することは可能である。しかし，多くの場合，民事訴訟を選択しても同じ結論になることが見通せる以上，当事者はそんな無駄な訴訟選択の道を選ぶことは稀であろう。それで審判が確定すれば，既判力がなくても事実上紛争は解決するのである。だから理論的に見ても問題はなく，実務的に見ても，古くからそれを肯定する審判例は存在し，実務は一般にこれを肯定している（前橋家審平成3・5・31［**裁判例118**］，福岡家小倉支審平成6・9・14［**裁判例125**］。学説では古くは沼辺愛一「祭祀財産の権利承継者の指定に関する諸問題」東京家庭裁判所身分法研究会編『家事事件の研究(2)』（有斐閣，1973）232頁，松原・前掲354頁以下など多数）。そのような実務処理及び学説を支持する（梶村太市「祭祀承継者指定と祭祀承継審判・確認訴訟との関係」戸籍時報722号（2015）24頁以下参照）。

第2編 各論

第1　戦前戦後の全裁判例一覧

No.1　死体改葬手続請求事件
大判大正 4・2・27 民録 21 輯 198 頁

―― 事案のポイント ――

　死体改葬手続請求事件において，明治維新前にあっても，包括名義をもって他家の墓地をその宅地等ともに譲り受けることは有効であったものとされた事例。

―― 判決理由 ――

　……按するに明治維新前に在りても相續に因りて墓地其他の地所を承繼することは當時の法制に於て認めたる所なると同しく，本件の如く包括名義を以て他家の墓地を其宅地等と共に譲渡を受くることは亦禁止せられさりし所にして明治 5 年以後に至り地所永代賣買の禁を解きたるか爲め之に依りて其以前に於ては一切の地所譲渡を禁止したることを推斷す可きものにあらす。又明治 6 年第 355 號太政官達に依りては從來猥に墓地を設置することを許されさりしことを知り得るに止まり之を以て從前より既設墓地の譲渡をも禁止したるものと論斷することを得す。然れは，原院か明治維新前に於ける本件墓地の譲渡を認めたるは相當にして不法にあらす故に本論旨は理由なし。

No.2　土地所有権確認等請求事件
大判大正 5・7・28 民録 22 輯 1522 頁

―― 事案のポイント ――

　土地所有権確認及び登記抹消請求事件において，民法施行前において，

墳墓の所有権は慣習法上家督相続の特権に属するものであって，戸主が隠居をするにあたりそれを留保することを許さないものとされた事例。

―――― 判決理由 ――――

……墳墓は古來家督相續と相離るへからさる關係を有し，民法施行前に於ても其所有權は慣習法上家督相續の特權に屬したるものにして戸主か隠居を爲すに當り之を留保するか如きは亦慣習法上許ささりし所なりとす。故に同趣旨に出てたる原判決は正當なり。所論の如き墳墓か家督相續開始前に既に處分せられたる場合は隠居の場合に於ける留保と同視す可きに非す。其他所論の如き本件墓地の經歴に關する事情は，如上慣習法の適用に毫も影響を及ほすことなきを以て本論旨も採るに足らす。

No.3 遺骨引渡請求事件
大判大正 10・7・25 民録 27 輯 1408 頁

―――― 事案のポイント ――――

遺骨引渡請求事件において，明治民法 987 条（現行民法 897 条）は，被相続人に属した系譜祭具及び墳墓の所有権が家督相続人に当然に移転し遺贈の目的とならないことを定めたに過ぎないから，明治民法 987 条（現行民法 897 条）の規定を引いて，家族の遺骨が戸主の所有に属し若しくは戸主の管理に属するものと解することはできない，とされた事例。

―――― 判決理由 ――――

上告論旨は原判決は「（前署）控訴人に於ては戸主の同意なくして家族か屍骨を戸主の墓地外に埋葬するは公序良俗に反すと論すれとも，上來説示の如く遺子は屍骨埋葬の首位義務者なるか故に埋葬の場所選定に關しても，亦最も遺子の意思を重んするを相當とすへく遺子か戸主の意思に從さる事實あるのみを以て直に公序良俗に反すと爲すは其謂はれなきものなれは右論辯は妥當ならす」と判決せられたり。然れとも葬儀は人生の大禮なり戸主か家族

のために之を執行するは，我國固有の家族制度に於ける慣例にして之れ有るか爲めに家族制度の美風を維持することを得へし。遺子か葬儀及ひ埋骨の首位義務者なりと原判決か論定せられたるも遺子數人有り。而かも他家に縁組したる者等に於て之れか義務者たるの觀念を以て費用を負擔したるものあることを嘗て聞きたることなし。唯同一家籍內に於て近親たるの故を以て遺子か埋葬の事務を擔當するもの有りと雖も費用其他一切の責任擔當者は戶主たりしことは從來の慣例に於て一般に承認せられたる事實なりとす。家督相續人は民法第988條に依り墳墓の所有權を特權として之を取得し，而かも其墳墓內には家族の埋骨し在るも尚ほ其墳墓の所有權を取得するを以て見れは，戶主の墳墓內に埋葬せられたる家族の屍骨は戶主の所有及ひ管理に屬すること疑ひなしとせさるへからす。恰も生前に於て家族か戶主の戶主權に服從し戶主と共に同居するの義務あり（民法第749條）。離籍の如きは戶主の權利としては之を行使し得へきも，家族の權利としては之を請求することを得さるか如く。家族の屍骨は戶主に於て管理し皆其墓所を一にして同一螢域內に永眠すへきことは法制及習慣の認めたる所なりと云はさるへからす。若し原判決の如く遺子か戶主の意思に反し擅に墓所を選定し埋葬をなすことを得るとすれは，戶主權は，此點に關して絕對に行使することを得。祖先の墳墓に埋骨することを得すして個人主義の實現を見るに至り，戶主も家族の葬儀を爲すの義務なく又自己の墓地內に埋骨を拒絕することを得へしと論するを得へく且ツ家族の遺子數人有りたる場合に於て共有の觀念を以て互に其管理を爭ひ墓地の選定も各自に其理由を主張するときは如何にして之を一定することを得へきか。或は裁判所の判決を得て其葬儀埋骨等の方法を決せさるへからさるに至らんか原判決の旨趣を推究するときは論理の結果として如此論爭あることを認めさるへからさるに至らん。畢竟原判決か民法第749條及ひ第987條の規定並に我國古來の公序良俗たる家族制度の眞髓を誤解したる違法あるものと云はさるへからすと云ふに在り。

　……民法第987條は被相續人に屬したる系譜祭具及ひ墳墓の所有權か家督相續人に當然移轉すへく遺贈の目的とならさることを定たるに過きさるを以て，同條の規定を援て以て家族の遺骨か戶主の所有に屬し若くは戶主の管理に屬するものと解するに足らす抑も生存者の身體は人格者を構成するものな

るを以て人格者の身體其自體を所有權の目的と爲すことを得されとも，身體の一部を成せるものも身體と分離したるときは有體物として所有權の目的と爲すことを得へく其所有權は先占者に屬すと爲さんよりは其分離前之を其身體の一部と爲せし者の所有に屬すと爲すを以て寧ろ條理に適するものと爲すへきものにして法律上何等の明文なけれとも，其精神亦是にありと解するを相當とす。遺骨も亦之と同しく有體物として所有權の目的と爲ることを得へきも既に遺骨となれは之を身體の一部と爲せし人格者なるもの存せす。故に其遺骨は其相續人の所有に歸す。從て家族の遺骨は其遺産相續人の所有に歸し其遺産相續人に於て之か管理を爲す權利あるものと解するを相當とす。民法第 308 條に於て葬式費用の先取特權は遺産の上に存するものとし，相續税法第 3 條に於て相續財産より葬式費用を控除して課税價格を定むるものとしたるも亦遺骨は相續人の所有に歸し從て被相續人の葬式は通常相續人之を營むものと爲すの旨趣に出てたるものと解することを得へし。而して右の解釋は，我國古來の家族制度の精神に反することなし。然らは，原判決か家族の遺骨は其相續人たる被上告人（被控訴人）に於て之を埋葬するの權利ありとし戸主たる上告人（控訴人）に之か管理權なしとして上告人の本訴請求を排斥したるは相當にして本件の上告は其理由なきを以て民事訴訟法第 452 條及ひ第 77 條に則り主文の如く判決を爲したり。

No.4 遺骸引渡請求事件

大判昭和 2・5・27 大民集 6 巻 307 頁

―― 事案のポイント ――

遺骸引渡請求事件において，遺骸に対する所有権は，それを放棄することを許さないものとされた事例（別冊ジュリスト No.37（1972）宗教判例百選 72 事件）。

―― 判決理由 ――

遺骨は有體物として所有權の目的と爲ることを得へきものにして其の所有

権は相續人に歸屬するものなることは當院の判例（大正10年㈠第212號同年7月25日第2民事部判決參照）とする所なるを以て，前戸主の遺骸も亦其の家督相續人の所有に歸屬し，從て其の家督相續人に於て之か管理を爲す權利を有するものと解せさるへからす。然れとも，遺骨又は遺骸に對する所有權は事物の性質上他の財貨に對する所有權と大に趣を異にし，特殊の制限に服すること論を俟たす。蓋遺骨又は遺骸は單に埋葬管理及祭祀供養の客體たるに止り之か所有權を認むるも實は叙上の目的を達するか爲に外ならす。從て遺骸の所有者は他の財貨の所有者と異り其の所有權を抛棄するか如きは之を許さゞるものと云はさるへからす。何となれは遺骨又は遺骸の所有權を抛棄するときは祖先の祭祀供養を廢することと爲り善良の風俗に反するを以てなり。然らは原判決か論旨摘錄の如く判示し上告人の前戸主亡江尻寬の遺骸を埋葬するに方り上告人家の墓地に埋葬すへきか，或は被上告人家の墓地に埋葬すへきかに付意見の衝突ありしも親族協議の結果被上告人家の墓地に埋葬することに決定し上告人も之に同意し異議なく其の葬儀に列したるものにして上告人は之に依り亡寬の遺骸に對する所有權を抛棄したるものなりと爲して右遺骸の所有權に基く上告人の本訴請求を排斥したるは失當にして論旨は孰れも理由あり。

No.5 土地所有権確認等請求事件

大判昭和8・6・14法律新聞3576号9頁

— 事案のポイント —

墳墓はいわゆる不融通物ではなく，その所有者が相続開始前に売買・贈与若しくは担保権設定のような処分行為をすることは，その自由の権能として是認されるべきものとした事例。

— 判決理由 —

……墳墓は所謂不融通物にあらず。その所有者が相続開始前之に対し売買贈与若は担保権設定の如き処分行為を為すことは其の自由の権能として是認

せらるべきものに属す。民法987条に於て墳墓の所有権は家督相続の特権に属する旨規定せるは唯戸主が之を以て遺贈の目的と為し、若は隠居の際之を留保し得ざる旨を鮮明せるに止り、前陳の如き相続開始前に於ける生前処分をも禁ずるの趣旨にあらずと解するを相当とするが故に、叙上と異る見地に立脚して原判決を非難する本論旨採用に値せざるものとす。

No.6 不動産競落許可決定再抗告事件
大決昭和9・12・19 法律新聞3796号9頁

―――― 事案のポイント ――――

明治民法987条（現行民法897条）は被相続人に属した系譜・祭具及び墳墓の所有権は家督相続人に当然移転し遺贈の目的とならない旨を定めたものに過ぎず、墳墓したがって墓地の不融通物としての譲渡等の生前処分を禁じたものではないとして、競落許可決定を適法とした事例。

―――― 決定理由 ――――

……民法第987条は被相続人に属したる系譜祭具及墳墓の所有権が家督相続人に当然移転し遺贈の目的とならざる趣旨を定めたるものに過ぎざるが故に、同条を援て墳墓従て墓地を不融通物なりとし譲渡其の他の生前処分を禁ぜられたるものと為し難く、且他に私有墓地の処分を一般に制限したる法規なし。加之墓地を処分するも別段の事情あれば格別、単に其の処分の一事のみに因り必ずしも当該処分を公序良俗に反する無効の行為と解せざるべからざるものに非ず。然らば、原決定が本件墓地を包含する土地を目的として抗告人の設定したる抵当権を有効なるものとし之に基く競売手続に於て東京区裁判所が競落許可決定を与へたるを正当とし抗告を棄却したるは結局相当なるに帰し本件抗告は理由なし。

No.7 約束手形金請求事件
東京控判昭和 11・9・21 法律新聞 4059 号 13 頁

— 事案のポイント —

遺族として当然に営まなければならない葬式費用の支出は、道義上必然の行為であって明治民法 1024 条 1 号（現行民法 921 条 1 号）のいわゆる相続財産の処分に該当しないとした事例。

— 判決理由 —

……遺族として当然営まざるべからざる葬式費用に相続財産を支出するが如きは道義上必然の所為にして、民法 1024 条第 1 号に所謂相続財産の処分に該当せず。従って之れを以て控訴人が単純承認を為したるものと看做さることなく、被控訴人の右各主張は孰れも理由なし。

No.8 占有権回復請求事件
大判昭和 12・12・7 法律新聞 4223 号 7 頁

— 事案のポイント —

墳墓の所有者は、相続開始前に売買・贈与等の処分行為をすることができる。明治民法 987 条（現行民法 897 条）は相続開始前の処分行為を禁止する趣旨ではないとされた事例（別冊ジュリスト No.37（1972）宗教判例百選 61 事件）。

— 判決理由 —

……墳墓が所謂不融通物にあらずして、其の所有者は相続開始前売買贈与等の処分行為を為すことを得べく、民法第 987 条相続開始前に於ける以上の如き処分行為を禁止するの趣旨にあらざることは当院の判例とする所にして（昭和 8・6・14 判決参照）、此の判例は何等之を変更するの要を見ざる所なり。

又民事訴訟法第570条第10号第11号は神体仏像其他礼拝の用に供する物及系譜に対する差押を禁止したるに止まり，此等の物件の処分行為を禁止したる規定にあらず。又墳墓を売買譲渡する行為は必ずしも善良の風俗を害するものと謂ふを得ざるを以て論旨は理由なし。

No.9 土地所有権取得登記抹消手続請求事件
大判昭和15・6・15 法律学説判例評論全集29巻民法918頁

― 事案のポイント ―

一家伝来の位牌又は仏壇のような礼拝の用に供される祭具は，祖先の霊の奉祀と密接な関係を有するが，これらの物の所有者たる戸主がこれを他に売買贈与その他の処分をできないものではないとされた事例。

― 判決理由 ―

……一家伝来の位牌又は仏壇の如き礼拝の用に供せらるる祭具は祖先の霊の奉祀と密接なる関係を有するを何て固より単なる器具と同一視すべきものにあらず。さればこそ民事訴訟法第570条は之を差押禁止物件と為し又民法第987条は此等祭具の所有権が家督相続人の特権に属する事を明記し特殊の取扱を為したるものなるも之が為め此等の祭具が絶対的に不融通物となるものにあらず。従て此等の物の所有者たる戸主が之を他に売買贈与其の他の処分を為し得ざるものにあらず。唯一家伝来の位牌は祖先の霊位に外ならざればもし祖先の祭を放棄するが如き趣旨に於て処分行為が為さるることありとせば乏は我国古来の崇祖の善良なる風俗に悖るを以て無効なれども，此等の物の所有者たる戸主が他の親族にして事実上父祖の名跡を継ぎ家産の大部分を其の戸主より譲受け祖先の祭祀を為さんとする者に対し丁重なる祭祀を為さしむることを内容として之を贈与するが如きは毫も祖先の祭祀を放棄するの趣旨にあらざるを以て公序良俗に反することなく，従て斯くの如き贈与契約は無効と解すべきものにあらず。

No.10 祭祀承継者指定事件

大阪高決昭和24・10・29家月2巻2号15頁

―― 事案のポイント ――

① 新民法は封建的な家族制度を廃止し個人の尊厳自由を基礎に制定されたものであるから，祭祀の承継について新民法の精神と相容れない戸主中心主義による慣習があったとしても，これをもって祭祀の主宰者を定める慣習として取り扱うことはできない，とされた事例。

② 民法769条以下の規定は，単に多くの場合祭祀の主宰者が被相続人の相続人や氏を同じくする親族であることを予想したに過ぎず，被相続人は民法897条ただし書により祖先の祭祀を主宰すべき者があるときは，慣習によらず自ら指定することができる，とされた事例（別冊ジュリストNo.37（1972）宗教判例百選64事件，同No.109（1991）宗教判例百選（第二版）85事件）。

―― 決定理由 ――

抗告理由㈠㈹及び㈡について。

抗告人等は前記○野○郎の相続人の一人でその妹である抗告人○藤○しが習慣に従つて，○郎の祭祀の主宰者となつたと論じ，この慣習の根拠として，旧民法が施行されて以来50余年間常に家督相続人が祭具等の所有権を取得して祭祀の主宰者となつて居り，法定や指定の家督相続人のない本件の場合に選定家督相続人の資格ある同抗告人が家督相続人に選定され前記の主宰者となることは順位上当然で，このことは旧民法下において例外なく履践され，それ自体が立派な慣習であるというように主張するが，抗告人等が慣習として論ずる所は，これすべて旧民法そのものが適用されたもので，慣習として実行されたのでなく，法律の適用と慣習とははつきり区別されなければならぬ。してみれば，抗告人等所論の慣習があつたものとすることはできす，そればかりでなく，新民法は封建的な家族制度を廃止し個人の尊厳自由等を基礎として制定されたものであるから，この新民法の精神と相容れない戸主中

心主義の行われた旧民法時代に若しなんらか抗告人等の所論に副うような慣習があつたとしても，これを祭祀の主宰者を定める慣習として取扱うことは，新民法の立法主旨に逆行することとなるものであつて新民法が慣習に従つて祭祀の主宰者を定める律意は，新民法施行後將來新たに育成される慣習に従わせようとするものであると，解釈するのを相当とする。しかも今の所かような社会慣習の成立を認めるに足りる資料がないから，結局この抗告理由も失当である。

　抗告理由(二)一ないし五について。

　一見すれば民法第769條，第71條，條第749條，第751第2項，第808條第2項，第817條等から，祖先の祭祀を主宰すべき者は相続人であるとか，被相続人と親族関係がありかつ氏を同じうすることを必要とするように解せられるようではあるが，決してそうではない。というのは，同法第897條第1項は相被続人は祖先の祭祀を主宰すべき者を指定することができ，この指定のあつたときは指定された者は慣習に従つて祭祀の主宰者たるべき者に優先して主宰者となり系譜，祭具等の所有権を承継する旨を定め，同時に被相続人は必らずしも前記の主宰者を相続人や親族で氏を同じうする者の内から指定することを要せず，自由に自分が適当と思う者を指定できるように規定しているからである。思うにこのように規定したのは，被相続人に一人の親族もなく，またたとえ親族があつても信頼するに足りる者がないような場合に，他人の内から適当の者を指定できるようにする必要があるためであろう。それからまた同條第2項の場合に家庭裁判所が主宰者を指定するに当つても，被相続人の前記指定と同様に自由に適当な者を指定することができるようにしたのも，大体前同様の理由によつたのである。そうして見れば，前記民法第769條以下の諸規定はひつきよう單に多くの場合祭祀の主宰者が被相続人の相続人や親族で氏を同じうすることを予想したのに過ぎないものと，解釈するのを相当とする。そこで本件での問題は原審が〇野〇郎の祭祀主宰者として抗告人〇藤〇しを排して申立人〇野〇か（旧姓中川）を指定したことの当否だけになる。それで本件記録中の右申立人の戸籍謄本，原審証人〇野房〇，〇野〇子，〇野〇か（右申立人は抗告人両名との関係で証人として尋問された）の各証言から，申立人は大正12年3月頃〇野〇郎と事実上婚姻し20余年間

も同棲して来たので世間ではこの二人が夫婦であることを疑う者が一人もなかつたこと，右○郎及び申立人は昭和20年10月26日頃申立人の孫に当る○田○子と事実上養子縁組を結び，三人が事実上の親子として円満に暮して来たが，申立人が単身戸主で手続が面倒であつたため婚姻届を怠り，また○子との養子縁組届も前述の婚姻届出後にする積りで放任中右○郎が死亡したこと，かようなわけで○郎と申立人とは深い関係があるので，申立人は○郎並びにその祖先の祭祀を主宰することを切望し，この目的のために原裁判所の許可を得てその氏を○野と変更し，また○郎の遺志を貫行して申立人及び右○子から昭和24年4月6日養子縁組の届出があつたことが認められる。そうしてみれば，単に○郎や申立人の不注意から正式の婚姻届を怠つたというだけで，不幸にして申立人が法律上○郎の配偶者となることができなかつたため，抗告人両名に前記のように○郎の遺産を相続されるという憂き目に会つたことは，法律上まことに止むを得ない結果とはいえ，大いに○郎の素志に反するものといわなければならぬと共に，原審が同人及び祖先の祭祀を主宰しようとして○野と氏を変更までした申立人を右祭祀の主宰者に指定したのは，○郎の意志に合致した適切な処置といふべく，これがために抗告人○藤○しの右主宰者指定の審判申請を却下したのもまた止むを得ない所であるといわなければならないから，結局この抗告理由も排斥を免れない。

No.11 氏変更事件
大阪高決昭和24・12・15家月5巻5号143頁

---- **事案のポイント** ----

祭祀承継を理由とする氏の変更申立てが認められなかった事例。

---- **決定理由** ----

案ずるのに，抗告人等夫婦の氏を「網谷」に変更許可申立の理由とする所は，要するに，㈠網谷家は抗告人一郎の母の実家でかつて同抗告人が同家の養子となったことがあり同抗告人と深い関係のあること，㈡網谷氏の現在の

戸籍筆頭者である網谷敏男は身持が悪く目下行方不明であるから，同抗告人が網谷氏の祖先の祭祀に当りたい，という二点に帰着することは，本件記録上疑のない所である。所が祭祀の主宰者は離婚や離縁とかその他特定の場合でなければ変更できないことは，民法第769条第771条第749条第751条第2号等によつて明らかで，抗告人等の主張するような場合は右の特定の場合に包含されていないばかりでなく，本件記録中の網谷敏男の戸籍謄本によると，同人には長男勝雄（昭和5年4月22日生）のあることが認められるから，たとえ若年ではあつても同人が事実上父敏男に代つて網谷氏の祭祀を行うことができるものと考えられ，又敏男に万一の事があつても特別の事情のない限り勝雄が同人の相続人として右祭祀の主宰者たる地位を承継することが推定されるのである。して見れば，同抗告人は仮に氏の変更を許されたにしても網谷氏の祭祀を担任することは全然不可能で，それでは折角の氏変更の目的を達する余地はなく改姓は無意味となるものといわなければならぬ。従つて抗告人等の氏変更許可の申立をやむを得ない事由のないものとして却下した原審判は相当で，少しも事実を誤り許可すべきものをしなかつたのではないから，本件抗告は理由がない。

No.12 仏壇所有権確認請求事件

広島高判昭和26・10・31高民4巻11号359頁

事案のポイント

仏壇の所有者が相続開始前にこれを売買，贈与する等の処分行為をしても，民法90条により無効であるとはいえない，とされた事例。

判決理由

上告理由第一点は要するに上告人の先代岩松が旧民法施行当時その所有の本件仏壇をその生前法定推定家督相続人であつた上告人を排して他家の家族である被上告人に贈与したことは我が国古来の醇風美俗に反し従つて民法第90条によつて無効であると謂うに帰するので，この点にいて先づ按ずるに，

祖先を崇拝し祖先の祭祀を重んずることは我が国古来の醇風美俗であり，従つて旧民法第 987 条が系譜，祭具等の所有権は家督相続の特権に属すると定めた所以である。即ち此の法意は被相続人の死亡又は隠居によつて系譜，祭具等の所有権を承け継ぎ祖先の祭祀を行うことを家督相続の特権と定めたのであり従つて家督相続人はこれらの物の相続による承継を放棄することは出来ないし戸主がこれらの物を遺贈の目的としたり隠居の留保財産にしたりすることは法の禁ずるところであるが，一旦承継したこれらの物を相続人が他人に譲渡し又は廃棄し或は戸主がその生前又は相続開始前に他人に売買し贈与する等の処分行為をすることは所有者の自由な権能であつて生前処分を禁ずるものではない（大審院昭和 8 年 6 月 14 日判決参照）。けだしそのいわゆる特権に属すというのは華族の世襲財産に於けるが如く之を世襲的のものとして随意に処分することを許さないとの意ではない。只これらの物件が相続開始当時存在し戸主の所有に属する場合には家督相続人をして必ず之を保有せしめ祭祀を存続せしめんとするのであつて戸主が既に生前他人に処分した後に於ては相続人は如何ともなし難いのである。即ち戸主がこれらの物を生前処分することは法の許容するところと解せられるのであつて，これを以て直ちにわが国の善良の風俗に反すると解すべきではないから民法第 90 条によつて無効と解することも出来ない。

　従つて原判決が本件仏壇の生前贈与を無効にあらずと判断した事は相当であつて論旨は理由がない。

　上告理由第二点について。

　本件贈与が旧民法第 987 条によつて禁止されないことと公序良俗に反するかどうかは別の観念であること所論の通りであり，原判決の措辞稍不明確ではあるが結局原判旨は本件仏壇の贈与は旧民法の右法条によつて禁止されないから従つて善良の風俗にも反しないと判示して居ると解せられるので結局第一点説示と同様の趣旨を以て公序良俗に反しないと判断しているのであつて論旨は理由がない。

No.13 遺産分割事件
東京高決昭和28・9・4高民6巻10号603頁

――― 事案のポイント ―――

祭祀主宰者は祭祀施行義務を負うものではなく，遺産分割の審判にあたり，共同相続人中祖先祭祀主宰者に対して，祭祀料というような意味で特に多くを与えるべきでない，とされた事例。

――― 決定理由 ―――

抗告理由第一一点について。

……また，相続人は，祖先の祭祀をいとなむ法律上の義務を負うものではなく，共同相続人のうちに祖先の祭祀を主宰するものがある場合他の相続人がこれに協力すべき法律上の義務を負うものでもない。祖先の祭祀を行うかどうかは，各人の信仰ないし社会の風俗習慣道徳のかかわるところで，法律の出る幕ではないとするのが現行民法の精神であつて，ただ祖先の祭祀をする者がある場合には，その者が遺産中祭祀に関係ある物の所有権を承継する旨を定めているだけである（民法897条第1項）。したがつて，利害関係人両名が本件家屋内において，仏壇その他を整えて被相続人サノの祭祀を行つているからといつても，抗告人らにおいて利害関係人らの行う右祭祀に協力し，將来これを継続するに要する費用を分担すべき法律上の義務あるものではない。原審判が抗告人らに分割すべき本件遺産中から將来の祭祀料として金5万円を控除したことは不当といわなくてはならない。

No.14 氏変更事件
長野家上田支審昭和29・12・6家月6巻11号34頁

――― 事案のポイント ―――

祭祀承継者となり得るが，旧法上の家名にとらわれ絶家再興と似た結

果をもたらすような立場にある者の氏の変更は認められない，とされた事例。

―― 審判理由 ――

……従つて申立人等の先祖である一明は津村政次の二男として血族関係があつたが，木村左門の養子となつたため木村氏となり，爾来申立人等に至るまで137年の永きに亘つて木村氏を称して来たものというべく，申立人等が述べるように現に先祖の家系図，宗門帳等を所蔵しており，その祖父政治以来先祖の墓地の手入れ祭祀を引継いで行い申立人等に及んでいるとすれば，その祖先の祭祀の主宰者となり得る筈である。これを要するに本件申立は本来夫婦，親子の団体名であるべき氏が旧法上の家名にとらわれ恰も絶家再興と似た様な結果を求めようとするものなることがうかがわれ，戸籍法第107条第1項にいわゆるやむを得ない事由があるものとは認められないから，本件申立は却下すべきである。

No.15 遺産分割事件
東京高決昭和30・9・5家月7巻11号57頁

―― 事案のポイント ――

被相続人に葬式費用があったとしても，これは法律上当然にその遺産相続人がその法定相続分に応じて分割承継するものであって，遺産分割の対象となる相続財産を構成するものではない，とされた事例。

―― 決定理由 ――

（略）

No.16 遺産分割審判事件
福岡高決昭和 30・10・21 高民 8 巻 8 号 572 頁

―― 事案のポイント ――

　被相続人の遺した農業資産を分割するにあたり農地の零細化を防止しうる場合においては，同人の生前から一家農業経営の中心となって農耕に従事した共同相続人の 1 人に遺産たる農地の全てを取得させないで裁判所が一切の事情を斟酌の上，給料生活を営む他の相続人（未婚の女子）に農地の一部を取得させても必ずしも不当な遺産分割の方法ということはできないとし，本件のうちを耕作者たる抗告人に取得させることが父祖の祭祀を無事に営みゆくことができるとする抗告理由を排斥した事例。

―― 決定理由 ――

（略）

No.17 不当利得金等請求事件
甲府地判昭和 31・5・29 下民 7 巻 5 号 1378 頁

―― 事案のポイント ――

　葬式費用は施主（葬祭主宰者）が負担すべきものとされた事例（別冊ジュリスト No.37（1972）宗教判例百選 62 事件）。

―― 判決理由 ――

　次に控訴人の相殺の仮定抗弁につき一括して判断する。（証拠）によると，控訴人が亡敦郎の葬式費用として金 4 万円位の出捐をした事実はこれを認めることができる。控訴人は右葬式費用は元来被控訴人の負担すべきものであつて控訴人は同人の委任により立替たものであると主張しているが右委任の事実を認め得る証拠はない。むしろ前掲各証拠によると亡敦郎の葬式は被控

訴人には全然諮ることなく控訴人が施主となつて行つたもので，従て香典等も総て控訴人がこれを受けていることが認められるから，委任関係を前提とする控訴人の右主張はその理由がない。更に控訴人は右委任関係がないとしても不当利得の返還請求権を有すると主張するのであるが，何人が葬式を行い又その費用を負担すべきかについては特に法律の定めがなく，従て専らその地方又は死者の属する親族団体内における慣習若は条理に従て決するのは外はない。民法第897条も右とその趣旨を同くするものと解せられる。本件においても亡敦郎の葬式費用はその配偶者である被控訴人だけが当然にその総てを負担すべきものとする根拠はない。当審における証人小中沢トシヱ及び控訴人本人の各供述によれば，被控訴人等夫婦は未だ控訴人と同一世帯に在つたもので，従て前認定のように被控訴人の意思に関りなく世帯主であり且つ父親である控訴人が施主となつて挙式したのであつて，右は地方乃至親族間の慣習に従いしかも控訴人自らの意思に基いて行われ被控訴人の為にする意思を以てなされたものではないことが認められるから，被控訴人に対し不当利得としてその費用返還を請求すること到底許されない。よつてこの点についての抗弁も亦排斥を免れない。

No.18 遺産分割事件

東京家審昭和33・7・4家月10巻8号36頁

---- 事案のポイント ----

葬式費用は相続財産の負担とし，祭祀承継は別個処理すべきとして遺産分割の審判をした事例。

---- 審判理由 ----

……葬式費用については相続財産の負担に帰するを相当とすべきところ，その葬式費用として相手方甲子郎は15万円を支出したと言い，相手方景子は3万円にすぎないと争つているところであるが，本件被相続人の葬式については，それ相当の香典収入もあつたこと，その他諸般の事情，殊に横浜及

び千葉の2ヶ所にて葬儀が挙行せられたこと等を参酌して相続財産の負担に帰すべき分として前記預金の解約金から○○銀行に対する債務5万円を支払つた残額7万余円の程度を相当とする。従つて仮りにそれ以上支出があつたとしても，それは支出者において負担すべきものとする。而して本件については相手方甲子郎がその葬式について主宰したものであり，その費用も前記(ハ)の預金を以て支払つたものであるから，右預金解約金銭を超える分については，同人において分担すべきものとする。

九，祭祀承継，債務の承継割合，その他

祭祀承継については遺産分割と別個に処理せられるべきものであるから，本件遺産分割については祭祀承継に関する事情を特に考慮しない。殊に申立人定子は遺産分割として仏壇の取得を希望していたが，仏壇は被相続人の遺産ではなく，祭祀承継者において取得すべきものであるから，勿論のことながら仏壇は本件遺産分割の対象より除外した。又債務の承継割合については，本件遺産分割においては葬式費用の一部と前述の○○銀行債務に限り，これを遺産分割において斟酌したが，その他については，本件分割事件とは別個に処理さるべきものとした。

No.19 遺産分割事件

大阪家堺支審昭和35・8・31家月14巻12号128頁

事案のポイント

葬祭費用等は遺産分割の対象としなかった事例。

審判理由

(2) 相続財産が支弁すべき葬祭費用等

葬祭費用等（いわゆる葬式費用の外それに附随して要した費用及び被相続人の死亡前後に要した費用）としては，相手方が述べるように10万円要したものと認められるところ，被相続人の社会的地位その他からみてそれ相当額の香典等に併せて上記富士銀行の預金10万円と現金若干を以てまかなわれたとみるの

が相当である。（相手方は上記10万円を引出して後自宅で保管中葬式の混雑にとりまぎれ2回にわたり合計7万5千円を盗まれたと述べるが，被害事実の有無及び被害額が必ずしも明かでないので，上記のように判断した。）

No.20　氏変更事件
神戸家審昭和36・2・21家月13巻5号152頁

―― 事案のポイント ――

　父方祖先の祭祀を主宰するため必要であるとの理由で，子の氏につき死亡した父の氏への変更を申し立てた事案において，消極説・積極説の問題点を詳細に検討し，新民法下の子の氏変更の制度的意義等について詳細に検討した上，これを許可した事例。

―― 審判理由 ――

　……よつて考察するに上記認定事実によれば本件において申立人は死亡した父の氏を称することの許可を求めているので先ず死亡した父又は母の氏を称することが許されるか否かの点を検討しなければならないが，この点については従来積極説消極説の両説があり消極説が多数の意見である。そこで先ず消極説の論拠に対する批判を試みよう。
㈠　消極説の中には民法第791条の文理解釈から死亡した父又は母の氏を称することを否定する見解があるが，民法第791条の文理解釈のみから子が死亡した父又は母の氏を称することを否定するのは困難である。
㈡　次に消極説の中には旧法の所謂家名としての氏から単なる個人の呼称にすぎなくなつた新民法の氏の性格上父母死亡後の子の氏変更は許されないとする有力な見解があるが，この見解は二様に解釈される。氏は単なる個人の呼称であるから父母死亡後は子が称すべき父母の呼称自体消滅するとの意味に解するならばそれは余りにも形式論にすぎる。
　恐らくこの見解は氏は単なる個人の呼称であるから父母死亡後の子の氏変更を認めると氏に旧法の所謂家名観念を与えるおそれがあるとの意味に

解すべきものと思われるが，果して新民法における氏が単なる個人の呼称にすぎないものといい切れるであろうか。

又新民法における氏から家名的観念が完全に払拭されたといえるであろうか。氏の呼称性即ち氏が個人の同一性認識のための表象であるという点のみを捉えるならば成程氏は個人の呼称といえるであろう。だが氏の持つ呼称性は時代と場所を問わない氏の通有性であつて，旧法における氏も新民法における氏もこの点においては何ら異ならないし又この点では氏と名との間にも異なるところはない。従つて新民法における氏が単なる個人の呼称にすぎないと解する見解もかかる論拠に立脚するものでないことは明かである。

新民法における氏が単なる個人の呼称にすぎないとの見解は恐らく改正親族制度が個人にまで分解され完全に個人制度化したとの論拠に立脚するものと思われる。成程新民法の下においては家族制度は法的に解体され夫婦親子は家の拘束から解放され夫婦親子間も各自平等同権の関係となつている。従つてかかる観点からすれば改正親族制度は最早完全に個人制度化されたようにもみえる。だが他面新民法の下においても夫婦は互に同居し協力扶助すべき義務を負い又親子の間も未成熟子と親との生活保持的，保育的関係は成熟子と親との関係と本質的に区別されている。かかる意味においては改正親族制度も未だ個人単位に分解されることなく夫婦の扶助的生活共同態と未成熟子と親との保育的生活共同態を基本単位とする小家族の段階に止まつているとも解される。だがいずれにしても改正親族制度は基本的には旧い家族主義的色彩が払拭され個人的性格がかなり高度に顕現されていることは否めない。従つて改正親族制度の基本的性格乃至構造（以下実質面と略称する）から氏の意義乃至性格を理解する限り新民法における氏は最早家名的性格乃至観念を持たないものといえるであろう。そしてこのように親族制度の実質面から氏の意義乃至性格を理解しようとする態度は氏が元来親族制度の名であり形式である点よりすれば確かに正しい方法であり，従つて又氏に関する実定的規定の立法もその時代の親族制度の実質面に符合するよう為されるべきものであろう。だが現実の立法となるとしかく簡単にはゆかない。親族制度の実質面と形式面である氏の実定的

規定との間に発展史的，時代的ずれを生じることがある。改正親族制度はその形式面たる氏及び戸籍の面において伝統的国民感情との間にかなりの妥協をしていることは周知の事実である。

　従つて改正親制度もその実質面と形式面にかなりのずれを生じている。そこで実質面を重視するか形式面を重視するかによつて新民法における氏の理解にも著しい相違を生じる。新民法における氏の理解について証論が紛糾する原因もここに存するものと思われる。仮に改正親族制度が完全に個人制度化されているものと解し氏を単なる個人の呼称にすぎないものとすると夫婦の別氏を許さず親子の別氏も婚姻，縁組等特別の事情がない限り認めないとする法律の規定は理解し難いものとなる。又改正親族制度が夫婦の扶助的生活共同態と未成熟子と親との保育的生活共同態を基本単位としていると解し氏をこれらの共同態の呼称だと理解したとしても氏及び戸籍の実定的規定の上では親子同氏が未成熟子と親の保育的生活共同態に限られていないという難点に逢督する。従つて氏及び戸籍に関する実定的規定の面からは夫婦同氏，親子同氏の原則によつて氏は個人の呼称であると同時に夫婦，親子の名称であると解せざるを得なくなる。しかのみならず改正親族制度の実質面からすれば氏は最早家名的性格乃至観念を有しないものと解せられるにも拘らず氏と戸籍の実定的規定の上では氏から家名的性格乃至観念を否定することはある。新民法は「個人の尊厳と両性の本質的平等」の原理に基いて家族制度を廃止しながら家名としての氏に執着する伝統的国民感情を無視し得ずこれを妥協的に容認したといわれる。従つて家名として適用して来た「氏」は意味内容を異にしつつもそのまま新民法に引継がれている。個人名となるべき氏について依然として夫婦同氏，親子同氏の原則が維持され，親と子が氏を異にするときはこれを同じくする途を拓き，かくして親から子へ子から孫へと同一の氏が存続するように仕組まれている。又家籍として通用して来た「戸籍」もそのまま引継がれ，夫婦毎，親子毎別戸籍，夫婦，親子同氏者同戸籍の制度が採られている。

　婚姻，縁組の解消の場合の復氏の制度に至つては余りにも旧い家籍復籍制度に直結しすぎている。復氏には祭祀返還の効果も結びつけられている。かくして氏及び戸籍の実定的規定の上からは夫婦，親子に関する限り新民

法の氏は旧法の氏とあまり変らないもの，いいかえるならば夫婦，親子の関係に縮小された意味での家名，家籍的性格乃至観念を有するものといわざるを得なくなる。成程家族制度を廃止し高度に個人的性格を顕現している改正親族制度の実質面からすれば氏に家名類似の性格を与えることは極力避けるべきであろう。だが新民法が氏と戸籍の形式面において家族主義的現実と妥協している限り少くとも形式面においては氏から家名的性格を払拭し去ることはできない。氏は実を失つた家族制度の脱け殻だと評されているが実を失つても脱け殻が残つている限り氏から家名的観念を抜き去ることができないのは当然であろう。改正親族制度の実質面を重視し氏を個人主義的に理解しようとする見解が氏の実定的規定の解釈についてもその態度を貫こうとして結局立法論的解釈に陥つたり新民法の妥協的態度の非難に終つているのはこの故であろう。そしてこのような革新論者の立場こそ却つて国民の抱く法的確信に背き，ひいては裁判に対する国民の不信を招く結果となりはしないだろうか。立法は所詮妥協である。家の名を残したいという国民感情を全面的に阻止するような法律をつくつてみたところでこのような国民感情は容易に窒息するものではなく，却つて刺激を受けて何らかの脱法的手段を見出したり或は因襲的威力を利用してその目的を達するようになる。このような意味において新民法が原則として氏から法律効果を切離し家族制度廃止の精神を実質的に無意味ならしめないような配慮をした上で因襲的国民感情を妥協的に容認した態度は已むを得ないものとはいえても決して非難されるべきものではあるまい。かように新民法の妥協的態度が非難されるべきものではない以上我々は妥協を妥協として容認し静かに因襲的国民感情の清算を待つほかはないであろう。

　以上述べた如く氏及び戸籍の実定的規定の上から氏の家名，家籍的性格を否定し得ず而も新民法の妥協の趣旨からもこれを容認せざるを得ない以上父母死亡後の子の氏変更も氏に家名的観念を与えるおそれがあるとの理由でこれを拒否することはできまい。父母死亡後の子の氏変更が氏に家名的観念を与えるおそれがあるから許されないとするならば同一呼称で異氏の関係にある親子間の子の氏変更が許されるのは一体何故であろうか。同一呼称で異氏の関係にある親子間の子の氏変更こそ旧い家籍観念に基くと

しか考えられないのに実務上はかかる場合の子の氏変更が認められ又消極説（父母死亡後の子の氏変更についての前掲消極説，以下同様）もこれを容認している。尤も消極説の中にはかかる場合の子の氏変更を許されない見解もあるがかかる場合の子の氏変更を拒否することは現行法の解釈上困難である。又消極説の中にはかかる場合の氏変更は子を親の戸籍に入れたいという以外に実益のある場合に限るべきだと解する見解もあるが，子を親の戸籍に入れたいという以外の実益は考えられない。家名的観念を与えるおそれのある子の氏変更は許されないとする消極説の矛盾を示す一例であろう。

(三) 次に消極説の中には民法第791条が設けられたのは通例の場合親と子は現実に一の生活共同態を構成しており，従つて同一の氏を称することが自他共に便宜だとの趣旨によるものであるから現実に生活を共にし得ない亡父母の氏に変更することを許す必要はないと解する説があるが，民法第791条の立法趣旨をそのように狭く解することには疑問がある。……

(四) 最後に消極説の中には民法第791条は戸籍法第98条の入籍届に備えた規定であり，而も死亡によつてその戸籍から除かれ現に戸籍の存しない父又は母と同籍するための入籍は戸籍法の予定しない無意味なことだとして父母死亡後の子の氏変更を否定する見解があるが，これは論理の順序を誤つた見解である。……

No.21　氏変更事件
盛岡家審昭和37・2・10家月14巻5号178頁

―――― 事案のポイント ――――

現在まで続けてきている親族関係を基礎として隣保扶助・祖先祭祀の精神を一層深めていくために必要であると申し立てた事案において，父が事実上の養子となり，その後事実上その分家の関係にあるとしても，いまだ氏変更の申立てにつき，「やむを得ない事由」があるとは認められないとした事例。

---- **審判理由** ----

……よつて審案するに，申立人らが川村一族と深く交際して来たこと，申立人島田繁造が両眼失明し，川村家の援助を受けていることなどから申立人らの氏を川村に変更したいという気持は十分理解されるところであるが，そもそも，人の氏名は，その生涯を通じその人を特定し，その同一性を明かにする重要なものであるから，一旦定まつた氏名は濫りに変更を許すべきものではなく，殊に氏は夫婦親子共同体を表わすものとして，これを祖先に承け，子孫に伝えるもので，その変更の効果はその人だけに止らず同一戸籍内の者や子々孫々にまで及ぶもので社会的に影響するところは極めて大きいものがある。されば戸籍法107条1項は氏の変更はやむを得ない事由のある場合に限る旨を規定しているのである。ここにやむを得ない事由とは著しく珍奇なもの，甚だしく難解なもの，外国人と紛しいもの，その他その氏の継続を強制することが社会観念上甚だしく不当と認められるような場合であると解されるところ，申立書添付の戸籍及び除籍の謄本によれば，申立人の先代島田市太郎は，明治40年6月17日父与八死亡により戸主となり，島田氏を承継し，申立人島田繁造は明治44年3月25日その長男として出生し，父島田市太郎が昭和6年12月30日死亡によりその家督を相続し，既に永年島田の氏を称していたことが明白であつて今日にいたり申立人らがその実情として述べるような事情があつたとしても，これをもつては未だ氏の変更をするについてのやむを得ない事由があるものとは認められない。

No.22 祭祀承継者指定申立事件
名古屋高決昭和37・4・10家月14巻11号111頁

---- **事案のポイント** ----

祖先の祭祀を主宰すべき者を事実上の家の後継者たる二女と定めた事例。

―――― 決定理由 ――――

一，抗告人は原審判中「系譜，祭具及墳墓の承継人を上野春子と定める。」とある部分を取消し「系譜，祭具及境墓の承継人を上野左助と定める。」との裁判を求めた。

二，当裁判所も原審と同一の理由により系譜，祭具墳墓の承継人を上野春子と定める。特に，之を変更して上野左助又は上野次郎と定むべき理由を発見できない。

その他職権を以て記録を精査するも原審判を取消すべき点を発見できないから本件抗告を棄却し家事審判規則第18条，家事審判法第7条，非訟事件手続法第25条，民事訴訟法第414条，第384条を適用し主文の如く決定する。

No.23　相続財産分与事件
横浜家審昭和37・10・29家月15巻5号114頁

―――― 事案のポイント ――――

民法958条の3の規定に基づき，被相続人の後継者として祭祀を承継してきた者の妻を特別縁故者として相続財産の分与をした事例。

―――― 審判理由 ――――

㈣　かくて申立人夫婦は爾来上記家屋敷に転住し，被相続人の後継者として同家の祭祀を主宰してきたが，昭和26年10月29日申立人の夫進が病死したので親族の高石タネ（被相続人の従兄高石勇の妻）高石三郎（被相続人の従兄），大沢正（被相続人の従兄）をはじめ，その他親戚である高石みち，柳田強，今泉利男らが協議した結果，申立人に従前とおり被相続人の後継者として被相続人らの祭祀の承継並びに財産の維持をするように懇請があり，申立人もそれを承諾した。

㈤　その後，上記家屋は老朽して使用に耐えられなくなつたので申立人が取

壊し，その場所に申立人が亡夫進の死亡退職金などを資金にして現在の家屋（申立人名義，木造亜鉛葺平家，住家建坪一三坪）を新築し，引続きこれに居住し今日に至つている。

(六) 次いで，上記遺産中，原野一畝一〇歩が国鉄西寒川駅用地として寒川町に買収されることになり，そのため被相続人の相続財産の管理人が必要になつて，申立人は横浜家庭裁判所へ同管理人の選任を求め（昭和35年（家）第2264号事件），昭和35年9月1日同裁判所によつて申立人がその管理人に選任された。爾来，申立人は管理事務を遂行し，昭和35年12月6日相続債権申出の公告をなし，更に申立人の申立によつて同裁判所が昭和36年4月13日相続権主張の催告をなし（昭和35年（家）第3864号事件）昭和37年4月13日同催告期間が満了したが，相続人の申出はなかつた。

(七) その間，上記原野一畝一〇歩については申立人が昭和35年10月20日上記裁判所の相続財産管理人権限外行為許可の審判をうけ（昭和35年（家）第2265号事件），寒川町に金56,000円で売却しその旨所有権移転登記を完了した。なお，上記売却代金は申立人が保管していたが，昭和37年7月16日前記裁判所において管理人の報酬として申立人に付与された。（昭和37年（家）第1105号事件）

(八) 申立人は上記のように被相続人との間に特別な縁故があるものであり，今次民法の一部改正によつて，かかる場合には家庭裁判所で相続財産の付与を受けられることを知つたので本申立に及んだものである。

そこで，当裁判所は（記録）を調査し，かつ，申立人，大沢正，高石タネ並びに高石三郎について各審問したところ，申立人陳述の上記各実情が認められ，かつ，本件は民法第958条の3所定の期間内に適法に申立てられており，その期間内に申立人以外の者から同趣旨の審判申立はなく，又当裁判所の調査したところでは申立人以外に被相続人の特別の縁故者はないものと認められる。

よつて，本件被相続人の相続財産である主文記載の不動産は申立人を民法第958条の3にいわゆる被相続人の特別の縁改者として，これに与えることが相当である……。

No.24 賃借権確認請求事件

最判昭和 37・12・25 民集 16 巻 12 号 2455 頁

―― 事案のポイント ――

家屋賃借人の事実上の養子として待遇されていた者が賃借人の死後も引き続き家屋に居住する場合，賃借人の相続人らにおいて養子を遺産の事実上の承継者と認め，祖先の祭祀も同人に行わせる等の事情があるときは，その者は，家屋の居住につき，相続人らの賃借権を援用して賃貸人に対抗することができる，とされた事例。

―― 判決理由 ――

（上告理由）第二，三点について。

亡清原コマの有していた本件家屋の賃借権は，同人の死亡による相続により，原判示塚本しん外5名の相続人等に承継された旨の原審の判断は正当である。また，原審が確定したところによれば，被上告人は，昭和17年4月以来琴師匠の清原コマの内弟子となつて本件家屋に同居してきたが，年を経るに従い子のなかつたコマは，被上告人を養子とする心組を固めるにいたり，晩年にはその間柄は師弟というよりはまつたく事実上の母子の関係に発展し，周囲もこれを認め，コマ死亡の際も，別に相続人はあつたが親族一同諒承のもとに，被上告人を喪主として葬儀を行わせ，コマの遺産はすべてそのまま被上告人の所有と認め，同人の祖先の祭祀も被上告人が受け継ぎ行うこととなり，コマの芸名中石絃代の襲名も許されたというのであり，叙上の事実関係のもとにおいては，被上告人は清原コマを中心とする家族共同体の一員として，上告人に対しコマの賃借権を援用し本件家屋に居住する権利を対抗しえたのであり，この法律関係は，コマが死亡し同人の相続人等が本件家屋の賃借権を承継した以後においても変りがないものというべきであり，結局これと同趣旨に出た原審の判断は，正当として是認できる。

No.25 相続財産分与事件
横浜家審昭和38・1・16家月15巻5号117頁

――― 事案のポイント ―――

民法958条の3の規定に基づき，被相続人の祭祀承継者に指定された特別縁故者に対し相続財産を与えた事例。

――― 審判理由 ―――

申立人実は，昭和37年10月23日の調停（横浜家庭裁判所昭和37年（家イ）第969号）の結果，被相続人の祖先の祭祀を主宰すべき者に指定され，被相続人夫婦の系譜，祭具及び墳墓の所有権を取得した。（後略）
四　申立人等は上記のように被相続人と特別の縁故があるものであるから，相続財産の付与を受けられるものとして本申立に及んだものである。
と述べた。
当裁判所は，（各記録等）により申立人の述べる実情を認めた。よつて相続財産管理人井田幸雄，同金山藤男の意見を聞き，かつ上記各資料を参照したうえ，申立人等両名を民法第958条の3にいわゆる被相続人の特別の縁故者として，両名に主文一記載の宅地2筆を持分各2分の1宛の共有として与え，申立人実に主文二記載の家屋及び同三記載の電話加入権を与えることを相当とし，主文のとおり審判した。

No.26 遺産分割事件
高松高決昭和38・3・15家月15巻6号54頁

――― 事案のポイント ―――

遺産分割審判に対する抗告事件において，相続財産の範囲について一部脱漏があるとして，これを取り消し，自ら審判に代わる裁判をした事例。

―――― 決定理由 ――――

(3) 遺産分割の方法について。
　……なお相続財産から支払われる葬儀費用 6 万 0,577 円（実際の費用 7 万 1,477 円から香典 1 万 0,900 円を差引いたもの）は相手方齊田隆一，同齊田明子が立替支出しているので各相続分に応じ右債務から差引かれることになる。したがつてその支払うべき金額の計算は左のとおりになる。
　相手方斉田隆一が支払うべき債務から葬儀費用のうち同人の立替分（6 万 0,577 円の 18 分の 1 に当る 3,365 円）を差引いた残額　9 万 7,165 円
　相手方斉田明子が支払うべき債務から前記葬儀費用立替分を引いた残額 18 万 1,032 円，
　つまり，相手方斉田隆一はそれぞれ 9 万 7,165 円ずつ相手方斉田明子はそれぞれ 18 万 1,032 円ずつを他の 4 名に支払う債務を負担することとなる。

No.27　遺産分割事件
高松高決昭和 38・4・1 家月 15 巻 7 号 94 頁

―――― 事案のポイント ――――

　遺産の全部を被相続人の葬祭費等もほとんど全部負担した相続人の 1 人の所有名義にするとの当事者間の意思の合致があったとして，原審判を取り消し，遺産分割の申立てを棄却した事例。

―――― 決定理由 ――――

　(略)

No.28 遺産分割事件

仙台家古川支審昭和 38・5・1 家月 15 巻 8 号 106 頁

---- 事案のポイント ----

葬式費用は相続人全員の負担であるが香典から賄われ，墓石費用は相続財産に関する費用ではないとして，遺産分割審判がされた一事例。

---- 審判理由 ----

(二) 葬式費用等

　葬式は相続人のうち何人がしなければならないとの定めはないから自ら慣習条理に従うほかなくそのため費用を要したとすれば共同相続人の全員負担と考えるのが相当（相続財産からとしても同じこととなろう）である。

　被相続人の葬式は邦男が主宰して行つたものであるがその費用は香典として受けた現金，米によつて補われたものと認められ，墓石についての費用は相続財産に関する費用ではないばかりか共同相続人の共同負担すべき費用とも考えられない。

No.29 祭祀承継者指定事件

東京家審昭和 38・7・16 家月 15 巻 10 号 143 頁

---- 事案のポイント ----

墓地所有者は生死不明であるが，高齢（現に生存しているとすれば 142 歳）のため，既に死亡しているものとして承継者を定めた事例。

---- 審判理由 ----

　申立人は主文同旨の審判を求めたので，考えるに，本件記録添付の不動産登記簿謄本および土地台帳謄本によれば，主文記載の墓地（以下本件墓地という。）の所有者は本間庄蔵である事実が認められる。そこで，まず，本間庄

蔵につき相続が開始したかどうか，すなわち同人が死亡したかどうかについて考えるに，本件記録添付の戸籍謄本，戸籍抄本，東京都練馬区長作成の「証明書」と題する書面，当裁判所調査官遠藤富士子の調査報告書，申立人審問の結果，その他の証拠資料を綜合すれば，次の事実が認められる。

　本間庄蔵は，文政3年（西暦1802年）8月6日出生したものであるから，昭和38年7月1日現在において生存しているものとすれば満142歳の高齢に達しているものであるところ，東京府北豊島郡上練馬村大字上練馬〇〇〇番地から他へ転籍したことによる同人の除籍簿が昭和33年2月22日づけ東京法務局長の許可に基き東京都練馬区長によりすでに廃棄処分されているため，現在，本間庄蔵の戸籍関係を追及することが極めて困難である。そして庄蔵の身分関係は別紙身分関係図記載のとおりであるところ，同人の親族或いは姻族にあたる，申立人，本間太郎，本間吉蔵，山口さく，大橋宇門，大橋正雄および本間よねは，いずれも，庄蔵，同人の妻かつ（文政12年4月15日生）および同人の娘すま（安政5年5月14日生）については何らの消息を有していない。

　以上の事実が認められる。

　そして，上記認定の事実に，昭和30年度国勢調査の結果による，当時生存男子の最高年齢は満111歳であるという事実（この事実は当裁判所書記官森千恵子の電話聴取書により認められる。）を併せ考えると，本間庄蔵は，昭和38年7月1日現在において，生存している可能性が全くないもの，すなわち死亡しているものと考えるのが相当である。もつとも，死亡の時期は不明であるが，墳墓の承継者指定を求める本件に関する限り，死亡の時期の確定は必要でない。

　そこで，次に本件墓地の承継者として誰が適当であるかについて考える。

　本件墓地の所在する東京都練馬区において，祖先の祭祀を主宰すべき者についての慣習は明らかでない。

　当裁判所調査官遠藤富士子の調査報告書，申立人，本間太郎，本間吉蔵，山口さくに対する各審問の結果によれば次の事実が認められる。

　本間庄蔵らの身分関係は前記認定のとおりであるところ，本件墓地には，申立人の祖父本間八郎らが埋葬され，いわゆる「本間家の墓」として代々続

いてきたものであるが，大正 7 年 3 月 10 日本間邦蔵（申立人らの父で八郎の子）が死亡した時は，場所的関係から当時新宿区角筈にあつた長楽寺に埋葬された。

そして，申立人は，昭和 26 年以来本件墓地へ墓参し，事実上本件墓地の管理をしており，同人以外に本件墓地へ墓参する者としては，本間太郎位で庄蔵の子孫らは管理又は墓参することはない。

なお，本間太郎は前記長楽寺にある墳墓を承継しており，本件墓地を申立人において承継することに同意している。

以上の事実から考えれば，本件墓地は申立人において承継するのが最も適当である。

No.30 相続財産分与事件

長野家伊那支審昭和 38・7・20 家月 15 巻 10 号 146 頁

事案のポイント

民法 958 条の 3 の規定に基づき，特別縁故者に対し，墓地を与えた事例。

審判理由

（一件記録）を総合すると次のような事実が認められる。

すなわち，申立人林盛一と被相続人林太郎とは申立の要旨一記載の続柄にあり，被相続人は明治 33 年 5 月 17 日朝鮮において死亡したが，同人には相続人がなく，被相続人家は申立人家の本家の関係に当るが，同人が朝鮮へ渡るころはすでに没落し，家屋敷もなく，ただ主文掲記の墓地を有するに過ぎなかつた。（本件墓地は 12 名の共有地になつておるが現状は各共有者が区分して使用しており，将来分割登記をする予定である。）そこで被相続人は朝鮮へ渡るころ（年月日不詳）上記墓地の管理や，同家に属する先祖の祭祀等を申立人の父次郎に依頼して行なつたので，申立人家では父の代から現在まで引続き管理をし，被相続人の位牌も申立人方で保管し，申立人において被相続人家の祭祀を行

なつておる。

さらに申立人の祖父林五郎および父次郎も本件墓地に埋葬され，同一家系の墓地として使用しておる現況にある。

そして，当裁判所は申立によつて相続財産管理人を選任し，申立の要旨三記載のような手続を経たが相続人である権利を主張するものがなく，所定期間の経過によつて，相続人並びに管理人に知れなかつた相続債権者及び受遺者はその権利を失つた。

以上認定した事実によれば申立人は民法第958条の3にいう特別の縁故があるものと認められ，かつ，同人に決て本件墓地を所有し，祖先の祭祀を行なうことが被相続人の意思にも合致するものと認められるから，本件申立を認容し，主文のとおり審判する。

No.31 相続財産分与事件
東京家審昭和 38・10・7 家月 16 巻 3 号 123 頁

事案のポイント

被相続人の葬儀を営み菩提を弔う内縁の妻に対し，民法958条の3の規定に基づき，相続財産を与えた事例。

審判理由

申立人は主文同旨の審判を求め，その実情として，申立人は大正14年5月以来被相続人中島次郎と事実上の夫婦として同棲生活をしてきたところ，同人は昭和29年4月12日脳卒中で死亡したが同人には相続人がなかつたので申立人が同人の葬儀を営み菩提を葬つてきたのであるが，被相続人の唯一の遺産である主文記載の家屋はもと申立外山村弘が所有しこれを被相続人が賃借し居住していたものであつて，山村弘が昭和22年6月10日これを財産税のため物納したので，被相続人が国から払下げを受けることになりその代金は被相続人及び同人の死亡後は申立人が分割払で完済しているので，この際被相続人と特別の縁故関係にある申立人に被相続人の遺産たる上記家屋を

分与されるよう本申立に及んだと述べた。

　よつて調査するに、（一件記録）を綜合すると次の事実が認められる。

(1)　申立人は被相続人中島次郎と大正12年頃から事実上の夫婦として内縁関係を結び生活を共にしてきたところ両人の間に子供も生れないまま被相続人は昭和29年4月12日脳卒中で死亡した。被相続人死亡当時、戸籍簿の記載によれば同人の母中島かつ（明治6年5月12日生）、兄中島亀男（明治25年2月21日生）、妹中島さく（明治31年5月28日生）、妹中島タキ（明治38年2月28日生）及び弟中島文男（大正4年8月4日生）が生存しているように記載されていたが、同人らは既に長期にわたつて生死が不明であつたので昭和34年11月17日本件申立人より同人らについて失踪宣告の申立がなされ（昭和34年（家）第13303～13307号）所定の手続を経た上昭和36年3月15日それぞれ失踪宣告がなされ、同人らはいずれも昭和5年9月1日死亡したものとみなされた。

　そして、被相続人にはこれ以外に相続人たりうべき者はいなかつた。そこで申立人は被相続人の唯一の身よりの者としてその葬儀を営み菩提を葬う等一切を行なつてきた。

(2)　被相続人の遺産である主文記載の家屋はもと申立外山村弘の所有であつてこれを被相続人が賃借し申立人と共に居住していたものであるが、昭和22年6月10日家主たる山村弘は財産税の納付のためこの家屋を物納し家屋所有権は国に移転した。そこで被相続人は昭和26年2月28日国からこの家屋を1万1,375円で払下げを受け、代金は分割払でその死亡までに5,862円を支払い、残額5,513円は被相続人の死後申立人が立替て支払い昭和30年3月31日その支払を完了した。そして、被相続人の死後も申立人はひき続き本件家屋に居住している。

(3)　上記の如く被相続人は相続人なく死亡したので、申立人は昭和34年7月7日当庁に利害関係人として相続財産の管理人選任を求め（昭和34年（家）第8339号）、昭和36年12月8日東京都武蔵野市吉祥寺〇〇〇番地河上竹雄が管理人に選任された。爾来管理人河上竹雄は相続財産の管理に当り昭和37年6月1日相続債権申出の催告を公告し、更に同管理人からの相続人捜索の公告の申立により（昭和37年（家）第10160号）、当庁は昭和

37年11月27日相続権主張の公告をなしたが，催告期間が満了した昭和38年6月30日までに相続権を主張する者はあらわれなかつた。そして，申立人は上記催告期間満了後3ヵ月以内に被相続人と特別の縁故関係にあつたものであると主張し遺産たる本件家屋の付与を求めて適法に本申立に及んだのであるが，申立人以外には上記3ヵ月以内に被相続人との特別縁故関係を主張して相続財産の分与を求めたものはいなかつた。

以上認定の諸事実に相続財産管理人河上竹雄の意見を参酌すれば，申立人を民法958条の3にいわゆる被相続人の特別縁故者として本件被相続人の相続財産たる主文記載の家屋を与えることが相当であると認められるので，本申立人を認容し主文のとおり審判する。

No.32	相続財産分与事件
	鹿児島家審昭和38・11・2家月16巻4号158頁

――― 事案のポイント ―――

被相続人の生前その看護に尽くし，死亡後は葬祭一切を執行しさらに相続財産管理人として管理事務を遂行してきた5親等の血族関係にあたる申立人に特別縁故者として相続財産を分与した事例。

――― 審判理由 ―――

同旨の審判を求め，その実情として
一 申立人佐川直吉は，亡佐川武男と亡同愛の二男として明治35年1月5日出生し，海軍兵学校を卒業して海軍将校に任ぜられ，以来長らく軍歴にあり，今次戦争においては内，外地に転戦し海軍大佐で終戦を迎え，復員後は郷里にあつて旧軍人関係の団体役員に就任して現在に至る。
二 被相続人亡佐川テルは，申立人の祖父亡佐川隆の弟亡佐川進と亡同タツの二女として明治13年10月31日出生し，師範学校を卒業して教員となり，以来約40年にわたつて小学校に奉職した。
三 被相続人の兄佐川直一（元銀行員）は，父進の死亡に因り明治42年9月

10日家督相続により戸主となり、佐川家を継承したが昭和20年1月10日死亡した。当時同人に独身で妻子なく、かつ、母タツ（昭和8年6月12日死亡）姉シノ（昭和12年10月7日死亡）らも既に死亡していたので、本件の被相続人佐川テルが選定家督相続人として家督相続し（昭和20年5月30日届出），上記各不動産の所有権を取得した。

四　しかしながら、被相続人は結婚の機会に恵まれず生涯を独身でとおし、その兄直一死亡後は誰も身寄りがなく、恩給と上記家屋を他人に賃貸して生計を維持して来たが、たまたま昭和26年3月27日林一郎なる者を養子として迎え入れたが同年10月31日協議離縁した。その後は申立人が被相続人と五親等の血族関係から何かにつけて老後の相談相手となりその世話をして来たが、被相続人はかねてから心臓病を患らい、それが漸次悪化するに及び申立人とその妻良子がひたすら看護に尽したけれどもその甲斐もなく遂に昭和30年7月29日心臓衰弱で死亡した。

　死亡後，申立人が被相続人の葬祭一切を執行し、現在まで同家の祭祀を主宰して来たし今後も継続する積りである。

五　被相続人は上記のように、相続人が存在しないまま死亡したので、申立人が上記不動産を事実上管理してきたが、その相続財産の処理につき相続財産管理人を置く必要を認め、申立人は鹿児島家庭裁判所に同管理人の選任を求め（昭和37年（家）第895号事件）昭和37年10月15日同裁判所によつて申立人がその管理人に選定された。

　爾来申立人は管理事務を遂行し、昭和37年10月31日相続債権申出の公告をなし、更に申立人の申出によつて同裁判所が昭和38年2月26日相続権主張の催告をなし（昭和38年（家）第96号事件）、昭和38年9月30日同催告期間は満了したが相続人の申出はなかつた。

六　申立人は上記のように被相続人と特別の縁故があるものであるから相続財産の付与を受けられるものとして本申立に及んだものである。
　と述べた。
　当裁判所は（関係事件記録等）により申立人主張の実情及び他に特別の縁故者と認むべき者のいない事実を認定する。
　よつて，民法第958条の3に則り申立人を被相続人の特別の縁故者として

主文記載の不動産はこれに与えることが相当であると認め主文のとおり審判する。

No.33 相続財産分与事件
岡山家玉野出審昭和 38・11・7 家月 16 巻 4 号 161 頁

――― 事案のポイント ―――

被相続人の生前，生計を共にし，その療養看護に努めたほか，死後は祭祀を主宰し，相続財産の管理，保存，納税の支払を行ってきた叔父に特別縁故者として相続財産を分与した事例。

――― 審判理由 ―――

本件申立の要旨は被相続人藤田昌男に相続人が存在しないことが判明したので，被相続人の特別の縁故者である申立人に主文記載の相続財産を分与する審判を求めると言うにある。

そこで，（一件記録等）を調査等をした結果，次の事実を認めることができる。

一 申立人は被相続人の叔父である（被相続人の父亡藤田利松（昭和 4 年 3 月 22 日死亡）は申立人の長兄）。

二 主文記載の各不動産は被相続人の兄亡藤田利男が所有権を取得していたところ（上記不動産中，居宅および附属建物である物置は被相続人の祖父亡藤田次郎（申立人の父）の所有名義になつているが，藤田次郎が昭和 14 年 8 月 7 日死亡したため，藤田利男が法定家督相続人として同年同月 10 日家督相続届出をしている），藤田利男は昭和 16 年 4 月 28 日死亡したため，選定家督相続人となつた被相続人が家督相続し（昭和 17 年 6 月 6 日届出），上記各不動産の所有権を取得した。しかし，被相続人は昭和 20 年 7 月 31 日戦死したが，当時被相続人には法定，指定並びに選定家督相続人がなく現在に至つている。

三 申立人は藤田次郎，藤田利男，被相続人の近親で生前は生計を同一にして次郎，利男の療養看護に努めたほか，利男被相続の親代りとして一切の

世話をし，上記の者の死後はその墓碑を建立し祭祀を主宰し相続財産の管理，保存，納税の支払をなしてきた。

四　申立人は相続財産の整理のため，岡山家庭裁判所玉野出張所へ相続財産管理人の選任を求め，昭和37年8月30日同所裁所によつて玉野市玉〇〇〇〇大田嘉一がその管理人に選任された。管理人は同年10月6日相続債権申出の公告をなし，更に同人の申立により同裁判所は昭和38年1月19日相続権主張の催告をなし昭和38年8月1日同催告期間が満了したが，相続人の申出はなかつた。

よつて，相続財産管理人大田嘉一の意見を聞き，申立人を民法第958条の3にいわゆる被相続人の特別の縁故者としてこれに主文記載の各不動産を与えることを相当と認め，主文のとおり審判する。

No.34　相続財産分与事件
大阪家審昭和39・3・28家月16巻7号72頁

―― 事案のポイント ――

被相続人の叔母にあたる特別縁故者に対し，知事の許可があることを条件として，農地を与えた事例。

―― 審判理由 ――

上記認定の実情によつて明らかな申立人と被相続人三郎との特に親密な親族関係，生活状況，療養看護の実情からみて，申立人が，被相続人と生活を同じくしかつ療養看護に努めてきた者として，被相続人の特別縁故者に該当すること明らかである。よつて進んで分与すべき財産の程度について検討するに，すでに認定したように，三郎の相続財産が，すべて家督相続および遺産相続によつて取得した農地と家・屋敷等であつて，いわば南田家の家産とみるべきものであること，申立人が昭和18年以降現在まで引きつづき実質的に南田家の一員として遺産である家屋に居住し，相続財産全部を管理し，その一部の農地を自作しその余を小作に出すなどして南田家の家計を維持し

てきたこと，三郎死亡による相続開始後も，引きつづき申立人において相続財産を管理し，三郎の葬祭を主宰し今後も三郎のみならず南田家の祖先の供養等をつづけるものであること，その他本件に現われた諸般の事情を考慮すると，申立人に被相続人三郎の相続財産の全部を分与するのが相当である。なお相続財産のうち農地については，この特別縁故者への相続財産分与が遺産分割でなく，したがつて農地法第3条第1号但書に該当しないことが明らかであるから，その所有権移転につき知事の許可を受けなければならない。

No.35 相続財産分与事件
大阪家審昭和 39・7・22 家月 16 巻 12 号 41 頁

―― 事案のポイント ――

特別縁故者たる地位は相続されるか，被相続人と特別縁故者とは同時に存在することを必要とするか，の問題は肯定的に解しつつ，相続開始後分与申立てまでの期間と分与の相当性の点から特別縁故者として相続財産を分与することを否定し分与申立てを却下した事例。

―― 審判理由 ――

(略)

No.36 氏変更事件
広島高決昭和 39・8・17 家月 17 巻 3 号 48 頁

―― 事案のポイント ――

離婚により復氏した夫が，離婚前と同じ生活関係を持ち，かつ婚姻中の氏を永年使用しその氏の祭祀を行うなど社会的経済的地位を築いてきた等の事情がある場合には，戸籍法 107 条 1 項所定の「やむを得ない事由」があるとして，婚氏への変更を許可した事例。

---── 決定理由 ──---

　抗告人が昭和38年10月24日幸子との法律上の離婚により，「浦辺」の氏に復するのは民法第767条の定めるところであるが，離婚後における事実上の生活関係は，右に認定したとおり従前と格別変わるところはなく，現住居（京子所有の家屋）にとどまつて，「平田」の氏を称する2児を養育し，幸子のただ一人の姉である京子とも引き続き親族としての交際を続け，同人より依頼されて平田の祖先の祭祀を行なう等，実質上なんら従前と異なるところのない家庭生活を送つているのであるから，法律上の離婚（離婚の届出）がなされたということのみによつて，抗告人に「浦辺」の氏の使用を強いることは，抗告人の家庭的生活関係にそぐわないところであり，しかも抗告人はこれまで10余年の久しきにわたり社会的経済的生活の全領域において「平田」の氏を称し，パルプ業界にも相当の個人的信用をえているので，抗告人の氏を「浦辺」より「平田」と変更するにつき，戸籍法第107条1項に定めるやむをえない事由があるものと言うことができる。

No.37　遺産分割事件
福岡高決昭和40・5・6家月17巻10号109頁

---── 事案のポイント ──---

　相続人の1人が遺産たる不動産に設定された被相続人の抵当債務を弁済し，さらに被相続人及び他の共同相続人の扶養と被相続人の葬式費用の負担にあたった等の事情は遺産分割にあたり考慮すべきでない，とされた事例。

---── 決定理由 ──---

　按ずるに家庭裁判所が審判により遺産の分割を行なう場合においても民法906条に定める基準にしたがつて分割をなさなければならないのは当然であるが，共同相続を建前とし各相続人の相続分を法定した現行相続法規の趣旨

にかんがみれば右基準は分割の方法をいかにするかについて考えるべきものであつてこの点につき審判官にある程度の自由裁量が許されるとしても，各相続人そのものを右基準によって変更することは許されないものと解する。よって当裁判所は右の見解の下に以下抗告理由について順次判断を加える。

(中略)

(三) 抗告人が被相続人清治および共同相続人を扶養し清治の葬式費用等を支出した事実に基づく主張

かような事実については，記録上その疎明がないし，遺産の分割およびその対象につき以上に説示した見解に立つ限り前段の債権の有無は遺産の分割にあたつて考慮すべきではなく，後段のそれは特段の事情がない限り共同相続人の負担とするのが相当であるから，これも亦分割にあたり考慮の外におかるべきである。

No.38 相続財産分与事件

東京家審昭和40・8・12家月18巻1号96頁

―― 事案のポイント ――

宗教法人が申し立てた相続財産分与申立てに対し，被相続人の相続財産のうち，金33万5,000円及び仏壇1個等を特別縁故者として申立人に分与するとした事例。

―― 審判理由 ――

(4) 申立人方境内には，本家林田家，分家林田家の2基の墓が建立してあり，被相続人は生前時折墓参に来ていたが，その際申立人方住職に対して，右墓が無縁墓とならないよう永代供養料を上納した上で往生を遂げたい旨申し述べていた。しかし前記のとおり，突然病に倒れ，意識を恢復しないまま永眠したものである。また被相続人は，申立人の本堂再建懇志として，昭和30年頃金2万2,500円の寄進を申し出で（内金1万1,500円は昭和36年頃納入）更に追加分として昭和36年頃金2万円の寄進を申し出ていた（こ

れら未納金3万1,000円については，一種の贈与契約の未払金として，別途管理人から支払われる予定である）。

　ところで，右認定事実に照し，申立人が果して被相続人の特別縁故者に該当するかどうかについては若干の疑問なしとしないが，少くも被相続人が生前に遺言をしたとすれば，申立人に対して遺贈の配慮をしたであろうと期待できることは間違いないであろう。仏法信奉者にとつては，誰しも来世の冥福を願わぬ者はないであろうし，特に被相続人は信仰の念が篤かつたものと思われるからである。他方，被相続人は1,200万乃至1,500万円の財産を遺し，これを国庫に帰属せしめて国に貢献するものであるから，国としてもその霊位安堵のため供養等につき配慮するのは極めて当然であり，かりそめにもその墓が無縁墓となつて取り片付けられることのないようにすることが必要である。したがつて，民法第958条の3の規定の解釈上，被相続人の菩提寺をもつて特別縁故者とすることには若干の疑義がないでもないが，他に被相続人の供養をする適当な者がいない以上，菩提寺たる申立人をもつて被相続人の特別縁故者とし，これに相続財産の一部を分与するのが相当である。

　そこで進んで，申立人に分与すべき財産とその程度につき検討する。当裁判所の釈明に対し，申立人代表役員は次のとおり今後の供養等に必要な費用を提示した。

(イ)　被相続人の三五日忌納骨より五〇回忌までの法要費金6万5,000円（一法要当り5,000円として一三法要の費用）

(ロ)　被相続人の祖母，母，弟等の三七回以降五〇回忌までの法要費金3万5,000円（一法要当り5,000円として七法要の費用）

(ハ)　両彼岸，盆，暮，正月香華料金17万5,000円（一香華料当り700円として年間3,500円の50年分）

(ニ)　護寺会費金6万円（月額100円として年間1,200円の50年分）

以上計33万5,000円は，被相続人の相続財産に照らし，申立人に分与すべき金員としてはまことに適当であると認める。次に，申立人は林田家の位牌（又は過去帳）を預りたい旨申し出ているが，右位牌は相続財産中仏壇の中に安置されており，そして右仏壇は申立人に保管せしめるのが最も適当であるから，右仏壇1個をも申立人に分与することとする。

No.39 遺産分割事件・祭祀承継事件

広島高決昭和40・10・20家月18巻4号69頁

―――― 事案のポイント ――――

　共同相続人間に感情的な対立があって，共有を欲しないにもかかわらず当該相続人間の共有による分割方法を定めることは，例え共有者が欲するならばいつでも分割請求の訴えを起し得るとしても，いたずらに将来に紛争の禍根を残すこととなり遺産分割を家庭裁判所に行わせることとした法の精神に反するとした上，同時にした祭祀承継者指定の審判も違法であるとして，両事件とも原審差戻しとした事例。

―――― 決定理由 ――――

　原審は，原審判添付遺産分割表第一記載の不動産を石渡敏男，石渡正男，田中ツユコ，大平明の共有とし，同第二記載の不動産を石渡敏男，石渡正男，石田恵子，石渡享，石渡美子，石渡圭子の共有とし，同第三記載の不動産を石渡敏男，石渡正男の共有とする旨定めたのであるが，本件記録によれば，抗告人石渡正男を除くその余の抗告人等は，右正男の酒癖悪く乱暴な性格を嫌つて，同人との共有を望まず，原審以来感情的に対立しており，このままの状態ではいつ融和するとも見通しのつかない情況にあり，前示共有者とせられた各相続人は大平明を除きいずれも，前記各不動産の共有に反対していることを認め得る。このように，共同相続人間に感情的な対立があつて共有を欲しないにも拘らず，当該相続人間の共有による分割方法を定めることは，たとえ，原審判の説く如く，共有者が分割を欲するならば，何時でも分割請求の訴を起し得るとしても，いたずらに将来に紛争の禍根を残すことは明白であつて，遺産分割を家庭裁判所に行わしめることとした法の精神に反し，結局，原審判は，民法第907条及び分割方法決定の基準を明示した民法第906条の規定に違反するものといわねばならない。

　次に，原審は，本件遺産分割の審判にあたり，被相続人石渡邦彦の死後，その祖先の祭祀を主宰すべき者を共同相続人の一人である石渡正男と定め

が，本件記録によれば，原審は右指定をなすにつき，旧民法の家の観念にとらわれて審理不尽のきらいがあり，しかも，原審のなした祖先の祭祀を主宰すべき者の指定に関する審判は，実質的にみて，本件遺産分割の審判と一体不可分の関係においてなされたものであると考えられるから，本件遺産分割の審判についてすでに違法が存し，あらためて本件遺産につき分割の審判をなすべきものである以上，右の祖先の祭祀を主宰すべき者の指定についても更に審理を尽し，右分割の審判と同時にこれを定めるのが相当である。したがつて前記指定の審判もまたこれを取消すべきものである。

No.40 遺産分割事件・祭祀承継者指定事件

大阪家審昭和40・11・4家月18巻4号104頁

事案のポイント

申立人等両名は遺産分割事件において，被相続人の遺産につき共同相続人間の分割協議に代わる審判を求め，申立人は祭具等の承継者指定事件において，上記被相続人の祭具及び墳墓の所有権につきその承継者指定の審判を求めた事例。

審判理由

（遺産分割関係略）

四，祭具及び墳墓の承継者指定申立について

祖先の祭祀を主宰すべき者につき，被相続人の指定なく，又之を定むべき慣習も明かでない本件においては，祭祀財産の承継者は裁判所が之を定めなければならない。

ところで，相手方及び原田宗心の各供述によれば，(イ)岡本家累代の位牌を安置した仏壇は被相続人の生存中から相手方が保管して回向を行ない，その回向料はすべて相手方が負担したこと及び(ロ)岡本家の墳墓は天王寺区〇〇町の〇〇寺境内にあるが，その維持費年間1,000円は昭和30年以来相手方が負担し滞りなく支払つていることが認められるから，相手方は被相続人の生

前同人の委託を受けて祖先の祭祀を司つていたものといわなければならず，かつ被相続人が右の委託を取消す意思を表示した形跡はない。以上の事実と相手方が前叙の通り被相続人の葬儀を主宰した事実，及び現在被相続人の位牌をも前記仏壇に合せ祀つている事実を併せ考えると本件祭祀財産の承継者を相手方とするのが相当である。被相続人はその晩年相手方とは不和の間柄にあり，むしろ申立人時男を頼りとしていた事実，及び相手方が最近10年間墓参を怠つているのに反し，申立人時男が昭和38年以来毎年盆毎に墓参し，その都度1,000円の回向料を納めている事実も右の判断を左右する根拠とはならない。よつて本件祭祀財産の承継者として相手方を指定することとする。

No.41 相続財産分与事件

長崎家審昭和41・4・8家月18巻11号73頁

事案のポイント

葬儀その後の諸事万端及び初盆，墓所管理等被相続人等のために行った申立人等の行為が，精神異常者たる被相続人にとって必ずしも快く受け入れられなかったとしても，被相続人の生前の意思を推測するにつき，上記のような事情を常人の場合と同様に考慮することは相当でないとして特別縁故者である申立人等に分与を認めた事例。

審判理由

(二) 次に，(関係記録) によると，申立人らと被相続人とは，前掲申立の要旨に記載のような親戚関係にあつて，従来から申立人ら方と本家筋にあつた被相続人方とは親しく行き来し，この関係は，昭和18年に被相続人の父小松吉男が死亡した後も前同様続けられてきたものであること，しかし，申立人らが，昭和27，8年頃被相続人の母小松フユ (右吉男の妻) のところに右吉男の父小松八郎 (申立人ミサコの父，同和男の祖父) が生前三男良三に財産分けをしながら登記未了のまま死亡していたことを告げ，右良三死

亡後の妻久子のために，右登記をするように懇請したところ，フユからすげなく拒絶されたことから，被相続人方との交際が疎遠になつたこと，しかし昭和32年10月頃被相続人と右母コユがともに精神に異常を呈するようになり，他人に700坪近くの土地を無償で贈与した話が近隣のうわさになり，また耕作物の収護も放置してしなかつたり，昭和33年11月頃には被相続人ら親子が多数の貸地の賃料を賃借人から全く受け取らず，無償で貸すなど言い出し，そめたの賃借人らが困り果ていることを聞き知るに及んで，申立外松本俊男と相談のうえ，被相続人方に近い申立人小松和男が土地賃貸料を集金し，右フユのところに持参することになつたが，右フユが被相続人と共に家を閉め切つてとじこもり，人を中に入れないため，右申立人が賃料の保管をすることになつたこと，その後被相続人親子の異常性は増大し，家財道具は鍋釜に至るまで屋外に放げ出し，或いは夜具，衣類等を屋外で焼き捨て，はては被目板を焦したりしたため申立人らは右松本俊男と協議し，種々手を尽したあげく，昭和35年2月頃被相続人ら親子を長崎市内の精神病院に入院（精神分裂病の疑いの診断）せしめたこと，しかし，入院以来被相続人らが食事を拒んだため，右病院から退院を命ぜられ，20日足らずで連れ戻つたこと，その後も被相続人らは，麦，煮干魚，醤油，少量の野菜のほか食せず，またこれらの食物は，申立人らが提供しても受け取らず，特定の食料品店以外のものは受け入れないため，申立人らにおいて右食料品店に差入れを依頼し，その代金は，保管中の賃料から支出していたこと，そのような方法で右被相続人親子を看視し続けていたところ，同年11月5日夜たまたま申立人小松良男が被相続人宅に様子見に行つた際，右フユが栄養失調で死亡しており，続いて捜索の結果，被相続人も右フユの死亡後自宅の井戸に投身自殺していたことが判明したこと，そこで申立人らは，松本俊男と共に親戚えの通知，葬儀等諸事万端の世話をし，親戚との話し合いで，申立人田村ミサコが被相続人ら親子の位碑を保管し，初盆等の祭事を行い，また被相続人の死亡によつて絶えた祖先伝来の墓所の管理祭事を続けていること，また申立人小松和男は，本件相続財産管理人が選任された相続財産の管理に着手するまでの間，右土地賃料の取立て保管をなして来たことが認められる。

以上の事実によつて考えると，申立人らは，被相続人と特別縁故者の関係にあるものと認められ，申立人らに対して相当程度の相続財産の分与を認めるのが相当である。もつとも，申立人らが，被相続人ら親子のためになした以上の世話も，生前の被相続人親子には必ずしも心よく受け入れらなかつたことを前掲資料によつて窺われるところであるが，これは被相続人ら精神異常者にあり勝ちな自閉症ないし拒絶症状のあらわれと見ることができ，いわゆる被相続人の生前の意思の推測をするについて，右のような事情を，常人の場合と同様に，本件において考慮することは相当でないと考える。

No.42 遺産範囲確認請求事件

大阪地判昭和41・3・30判時464号41頁

---- 事案のポイント ----

　葬祭費用にあてたとの点は預金債権の遺産範囲確認の判断に影響を及ぼさないとされた事例。

---- 判決理由 ----

㈢，預金債権について。

　別紙目録記載預金債権が亡一郎死亡当時その相続財産に属していたことは当事者間に争ない。被告は，これは別表記載の葬祭費用に充当したと主張し，《証拠略》によりその主張に副う事実が認められ，他にこれに反する証拠はない。そして被告は別表記載の葬祭費はいずれも相続財産より支弁さるべきものであるから，これは相続財産から除外さるべきであると主張するが，現実に出捐した葬祭費用をいずれの相続人が，いずれの割合で負担するかは遺産分割手続の過程において決せられるべき事柄であり，仮に，右費用が取敢えず本件預金から支弁され，それが被告において，事務管理としてなしたものであっても，後に精算手続においてその債権債務の帰属が決せらるべきものであり，抽象的にある資産が被相続人死亡当時の相続財産を構成していたことの確認を求める本訴請求においては考慮する必要のない事柄であり，ま

して，葬祭費に支出した以上さかのぼって相続財産から除外されるという被告の主張は容易に首肯し難い。

よってこの部分について，それが亡一郎の相続財産に属することの確認の求める原告の請求は理由がある。

No.43 氏変更事件
長野家審昭和41・4・20 判時445号41頁

―― 事案のポイント ――

祖先の財産を引き継ぎ，祖先の祭祀を承継するために自らの氏を祖先の氏に変更する申立ては，変更をしなければ著しく社会生活上不都合を生じるとは考えられないので，「やむを得ない事由」にあたるものとすることはできず認められないとして，氏変更申立てが却下された事例。

―― 審判理由 ――

……氏の変更は戸籍法107条1項により，「やむを得ない事由」のある場合に限って許されるものである。それは，氏が社会生活上個人の同一性の象表としての意義を有することから，それが，例えば難解，珍奇，他人のそれと混同しやすいなどの理由により，社会生活上その使用に不都合が生じる場合，あるいは営業その他の社会生活上の重要な部面で永年使用され，その人の同一性のために必要であるというような場合にのみその変更を許す趣旨にほかならない。

ところで，申立人らは，祖先の財産を引継ぎ，祖先の祭祀を承継するというが，そのために自らの氏を祖先の氏に変更しなければ著しく社会生活上不都合を生じるとは考えられない。かえって，当裁判所の調査したところによれば，申立人らの居住部落31戸の半数以上はいずれも坂田の氏を称しているのであるから，呼称としてはむしろ混同を招くおそれさえあるのである。なるほど，申立人らおよびその居住部落民の中においては，未だ家に対する習俗，感情が残存し，従って祖先の家名の存続を強く望んでいることは調査

の結果からも了知しうるけれども，かかる習俗のために氏を変更するということは，各個人の自由および尊厳を維持するために，戦後家の制度を廃止した法の趣旨に反するのであって，かかる事由をもって，前記法条にいう「止むことを得ない事由」に当るものとすることはできない。

No.44 相続財産分与審判
松山家審昭和41・5・30家月19巻1号59頁

―― 事案のポイント ――

特別縁故者は被相続人の生前において被相続人と縁故関係があったものを指し，その資格は一身専属的で相続の対象とならないとして，相続財産分与審判の申立てを却下した事例。

―― 審判理由 ――

しかしながら民法第958条の3の規定に基づき，被相続人の相続財産から分与をうける資格のあるものは，被相続人と生計を同じくしていた者，被相続人の療養看護に努めた者その他被相続人と特別の縁故があつた者など，すくなくとも被相続人の生前において被相続人の縁故関係があつた者を指すのであり，この資格は一身専属的であつて，相続の対象となるものではないと解すべきところ，本件においては，申立人が被相続人の生前，被相続人と面識があり，または何らかの縁故関係があつたとの資料は何ら存しないから，たとえ申立人が被相続人の死後その祭祀を行ない，かつ被相続人の相続財産を管理してきた事情があつたとしても，特別縁故者として，申立人に相続財産を分与することは相当でない。

No.45 氏変更事件
和歌山家審昭和41・9・2家月19巻3号72頁

事案のポイント

亡母の後えいたることをあらわす者がないので，その姓に改氏したいとの申立てを，「やむを得ない事由」があるとして，改氏許可の審判をした事例。

審判理由

……ところで申立人の申立つる改氏事情の当否についてはその父神林民二が養父母の死亡後これと離縁して神林の氏を棄てて村田の氏に復し，然もこれと同時に民二と亡咲子との間に生れた申立人を含む子女等に於ても氏を村田に変更したので亡神林咲子の後えいたることをあらわす者一人だになきに至った現況を遺憾とする旨の申立人のその心情は裁判所諒察に難からざるところであり，申立人が改めて神林と改氏し以て母の慰霊をしたいと謂うにおいてはこれを戸籍法第107条第1項に言う「已むを得ない事由」あるものとしても敢て妨ぐるところなしと思料するので仍って本件申立を認容することとし主文の通り審判する。

No.46 氏変更事件
東京家審昭和41・9・19家月19巻5号85頁

事案のポイント

母方亡祖母に後継者がいないので，祖母の遺志及び母の希望を汲み自らも同家祖先の祭祀を行いたいとの理由からなされた氏変更の申立てを却下した事例。

―――― 審判理由 ――――

　以上認定の事実によれば，申立人は，その母方の祖母亡藤森ヤスの遺志および母矢頭タマの希望に添い，藤森家代々の墓地を管理し，同家祖先の祭祀を行なうため，また右亡藤森ヤスの死亡により絶えた藤森家を継いで右祖母の遺志および母の希望をかなえてやり，自らも精神的安定をえたいため，戸籍上の氏「矢頭」を「藤森」に変更することの許可を求めているのであるが，いずれの事由も未だもつて氏を変更するやむを得ない事由に該当するものとはなし難い。けだし，現行民法は，家の制度の廃止に伴ない，旧民法におけるが如き家督相続を認めず，相続はすべて遺産の相続となし，系譜，祭具および墳墓の権利は遺産から除外し，別個に被相続人の指定，慣習または家庭裁判所の指定により，その権利の承継者を定め，その承継者が祭祀を主宰することとしているのであるが，この権利の承継者は必ずしも被相続人と氏を同じくすることを要しないものと解されるのであつて，この点からすれば，申立人が藤森家代々の墓地を管理し，祖先の祭祀を行なうために，法律上その戸籍上の氏「矢頭」を「藤森」に変更しなければならない必要は毫末も存しないし，また右の如く氏を変更しないと事実上も祭祀財産を管理し，祭祀を主宰するのに重大な支障があるもとうてい考えられないからである。もし申立人が事実上かかる重大な支障があると考えているとすれば，これは余りに従来の家の観念にとらわれ過ぎているものというべきであろう。

　また申立人のいう絶えた藤森家を継いで，精神的安定をえたいということは，家制度を認めない現行法律制度の下において，氏変更の事由となすことができないことは，詳言を要するまでもなく明らかである。

No.47	遺産分割事件
	大阪高決昭和41・10・21家月19巻4号63頁

―――― 事案のポイント ――――

　後妻の単独所有とする原審の分割方法を，後妻に対する使用貸借関係

の設定を期待するとして，支払能力のある長男の単独所有債務負担の分割方法に変更し，その際仏壇は祭祀用財産であるから遺産分割の対象としないとされた事例。

―― 決定理由 ――

（略）

No.48 相続財産分与事件
広島家尾道支審昭和41・12・23家月19巻8号107頁

―― 事案のポイント ――

父の代より引き続き被相続人の祭祀を行いかつ相続財産に関する公租公課の納税にあたるなどして，被相続人の死亡後23年にわたり相続財産たる宅地の占有を継続してきた等の事情は，法的秩序を考慮した場合，いわゆる特別縁故者に該当するものとして，その所有権を申立人に帰属させるのが当然であるとして，相続財産分与申立てを認めた事例。

―― 審判理由 ――

一，被相続人亡太田ヤスの実父亡太田良三と申立人の父方の祖父亡太田多一郎とは兄弟であり，従つて申立人と被相続人亡太田ヤスとは5親等の親族であり，太田ヤスの生存中同人は，申立人の父太田栄一，母ハルミと親交していた間柄であり，右被相続人亡太田ヤスが昭和18年8月8日死亡するや，太田栄一が喪主としてその葬儀を執行し，その霊を祭つたが，太田栄一が昭和19年1月14日死亡するに至り，申立人は太田栄一の家督相続人として被相続人亡太田ヤスの祭祀を行う地位を承継しているものである。

二，よつて当裁判所はこれを審案するに，本件記録……等を綜合すれば，申立人主張の各事実はこれを認めるに充分であり，且つ本件相続財産の占有について，申立人の占有と，これに同人の父亡太田栄一同母亡太田ハルミの占有を併せると，被相続人亡小林マツの死亡後23年の永きにわたつて

占有を継続しており，申立人のその占有が適法であるとはいえないが他に本件相続財産につき，所有権を主張する利害関係人がなく，一般社会人は本件相続財産は申立人の所有であることを信じているのが実情であり，申立人主張の各事実と相俟つて相続財産を一般社会の法的秩序よりみれば，本件相続財産は，法的に国庫に帰属せしめるよりは申立人の所有とすることが妥当であり，これに反する措置こそ却つて法的秩序を乱すこととなる。してみれば一刻も早く本件相続財産の所有権を申立人に帰属せしめることが必要であり，かかる実情にある以上申立人を民法第958条の3に所謂特別縁故者に該当するものと認め得べくよつて主文のとおり審判する。

No.49 遺産分割事件

盛岡家審昭和42・4・12家月19巻11号101頁

事案のポイント

遺産の範囲確定，特別受益の算定，相続人の寄与分の考慮等について判断をした上，農地の細分化を避け，現金に関しては葬儀費用にあてたとして除外し，遺産分割をした事例。

審判理由

（略）

No.50 相続財産分与事件

熊本家天草支審昭和42・8・11家月20巻3号88頁

事案のポイント

被相続人の生存中いまだ出生していなかったということは，被相続人の特別縁故者となることの妨げにはならないとして，同人の祖父の時代より現在まで引き続き被相続人の遺産を管理し，墳墓の管理・祭祀を行

なってきた被相続人の従姪に対し相続財産の分与をした事例。

───── 審判理由 ─────

……，このような事情の下で申立人を被相続人の特別縁故者と認め之に本件遺産を分与することの当否について按ずるに，そもそも昭和37年民法の改正により同法958条の3が設けられた趣旨は，相続人なき相続財産についてはなるべく国庫に帰属せしめるということをさけて相当と認められる縁故者がいるならばその者に帰属させることが被相続人の意思にもそうゆえんであり，かつ又国家社会のためにもなるという配慮から設けられたものと考える。この場合被相続人の意思の合致の観点からのみみれば被相続人の意思の範囲は被相続人と同時に存在していなかつた者には及ぶ道理はないともいえるが，相続財産分与の制度はそのような場合も含めて遺産の帰属者がない場合なお諸般の事情を考慮して相当であれば特別縁故者に帰属せしめる趣旨と解するを相当と思料する。従つて，申立人が被相続人の生存中未だ存在しなかつたということは本人が被相続人の特別縁故者となることを妨げることにはならない。

No.51 祭祀承継者指定事件
東京家審昭和42・10・12家月20巻6号55頁

───── 事案のポイント ─────

祭祀財産の権利承継者指定審判事件の当事者は，各共同相続人及び当該祭祀財産の権利承継につき，法律上の利害関係を持つ親族又はこれに準ずる者と解すべきであり，一般的には系譜，祭具及び墳墓の承継者は1人に限られるが，特別の事情があるときは，これらを分けて指定しても差し支えないとした事例。

───── 審判理由 ─────

四，以上認定の事実によれば，本件墳墓地は，登記簿上亡小田のぶの所有名

義となつているが，真実は小田家代々の墳墓地であり，系譜および祭具とともに代々の戸主によつて承継所有されたものであり，ただ右亡小田清二の隠居後の戸主が本籍地を離れて生活したため，本件墳墓地，系譜および祭具の管理を亡小田清二および右亡前川勝三並びに参加人前川照延が担当してきたものとみるべきであり，参加人前川照延が昭和7年2月12日隠居し，申立人の父小田友三郎が同年同月同日その家督を相続したのであるから，本件墳墓地は，系譜および祭具とともに亡小田友三郎が昭和32年1月4日死亡する迄，これを所有していたものと認められる。したがつて，本件における墳墓，系譜，祭具の権利の承継者の指定は，被相続人亡小田のぶの墳墓，系譜，祭具の権利の承継者の指定としてではなく，被相続人亡小田友三郎の墳墓，系譜，祭具の権利の承継者の指定としてこれを行なうべきであるといわなければならない。

五，そこで，本件において被相続人亡小田友三郎の所有した墳墓，系譜および祭具の権利の承継者として誰を指定するのが相当であるかを検討するに，家庭裁判所調査官寺戸由紀子の調査報告書並びに申立人および参加人前川照延に対する審問の結果によると，被相続人亡小田友三郎の唯一の相続人であり，父母である亡小田友三郎および亡小田まさが本件墳墓地に埋葬されておるところから，今後本件墳墓地を所有管理していく意向をもつている申立人と，昭和30年1月9日以来，昭和41年6月頃申立人に引渡すまで本件墳墓地を管理していた参加人前川照延以外に承継者として適当なものは見受けられず，しかも，前記認定事実によれば，本件墳墓地に隣接する申立人所有の約八畝の畑地を通らずには，本件墳墓地に行けないことや，本件墳墓地を管理維持するためには相当の費用を要し，従前参加人前川照延は，右畑地を無償耕作できたので，本件墳墓地を管理維持しえたのであるが，申立人がこれを所有している以上，同参加人が本件墳墓地を前川家の墓地（参加人前川盛義，同前川実も本籍地を離れ，末弟である参加人前川照延が管理している）のほかに自らの費用で管理維持することもできないところから，既に管理を断念してこれを申立人に引渡して返還したものであつて，これらの点その他一切の事情を考慮すると，本件墳墓および墳墓地に関する被相続人亡小田友三郎の所有権承継者としては，申立人を指定するのが

妥当であると解せられる。しかしながら，申立人および参加人前川照延に対する審問の結果によれば，参加人前川照延は長い期間本件墳墓地のほか，小田家の系譜および祭具（仏壇および位牌）を管理しており，今後引続いてその管理をすることを切望しており，しかも申立人も，参加人前川照延が本件墳墓地を引渡して返還してくれた以上，小田家の系譜および祭具まで返還することを要求せずこれを同参加人が所有権の承継者となつて管理を続けることには異議はないことを表明しているのであるから，系譜および祭具の所有権の承継者としては参加人小田照延を指定することが相当である。

ただかくの加く系譜，祭具および墳墓の所有権の承継者を二人に分けて指定することは許されないのではないかとの疑問が存する。しかし当裁判所は，一般に系譜，祭具および墳墓の所有権の承継者は一人に限られるべきであろうが，本件の如き特別の事情があれば，祭祀財産を分けて，別箇にその所有権の承継者を指定することも差し支えないと解する。

よつて，本件においては，墳墓および墳墓地の所有権の承継者を申立人に，系譜および祭具の所有権の承継者を参加人前川照延にそれぞれ指定することとする。

ところで，前記認定の如く，本件墳墓地は，登記簿上亡小田のぶの所有名義となつているのであるが，この保存登記がなされたときには既に右小田のぶは死亡しているのみならず，本件墳墓地は真実は，小田家代々の戸主の所有に属したのであり，最後は被相続人亡小田友三郎が所有したものであり，その所有権の承継者として申立人が指定せられたのであるから，本件について法律上利害関係ある者として参加を命ぜられ，右亡小田のぶの相続人である弟亡小田清二の相続人である各参加人は，本件墳墓地について申立人のため所有権移転登記手続をすべき義務があるといわなければならない。もつとも，家事審判規則第103条により相続の場合における系譜，祭具，および墳墓の所有権の承継者の指定に関する審判に準用される同規則第58条は，家庭裁判所は，右所有権の承継者を指定する審判においては，系譜，祭具または墳墓の引渡を命ずることができることのみを規定しているので，本件審判においては，本件墳墓地の所有権移転登記を命

ずることはできないのであつて，申立人は別箇に訴訟を提起しなければならないのではないかとの疑問が存する。しかしながら，右規則は，一般に墳墓は個人の所有財産となつている場合が稀有であるため，登記義務の履行について触れなかつたに過ぎないものであり，右規則の「引渡」という文言はただ単に現物の占有を移転するのみならず，登記名義をも移転させることをも含むものと解する余地もあるので，当裁判所は同規則の類推適用により本件の墳墓および墳墓地の所有権の承継者を申立人と指定する審判において，とくに各参加人に対して申立人のため本件墳墓地について所有権移転登記をなすべきことを命ずるものとする。

No.52 祭祀承継者指定事件

鳥取家審昭和42・10・31家月20巻5号129頁

事案のポイント

家督相続人が祭祀財産の承継者になるという明治民法の定めを現在においても慣習として是認することには疑問があるとして，被相続人の意思，その生前における生活状況等を考慮して，被相続人の妻を祭祀財産の承継者に指定した事例。

審判理由

一，本件記録によれば，本件申立の要旨中一，二項の事実（被相続人の死亡，相続人の存在），被相続人元一の祭祀財産として系譜（申立人保管中），仏壇，位牌，木魚，鐘（藤木とし子保管中），墳墓として墓石23基および墓地10坪（鳥取市服部字津浪道○の○○○番の○所在，被相続人の祖母藤木まつ所有名義）のあること，被相続人は祖先の祭祀を主宰すべき者について，格別，指定をなさなかつたことが認められる。

二，ところで，被相続人が祭祀主宰者の指定をしていないとすれば，慣習によつて祭祀財産の承継者を決定すべきところ，旧法当時においては，家督相続人が承継者となるべきことと定められ，一般にも，約50年の長きに

わたつてこれが継続したことは否定できないが，これは法律適用の結果であつて，これを現行法のもとでも，なお，慣習として是認することはいささか疑問であつて，現行法施行後にもなお，旧法当時と同様に，長男子において祭祀を主宰する習慣が鳥取地方において存在するかは明らかでない。そうだとすれば，祭祀財産の承継者を決定するに当つては，これが祖先の祭祀を主宰すべきものであることに鑑み，また，一方で現行民法親族編，相続編制定の趣旨に徴し，いたずらに，家制度の復活乃至家父長制度の維持助長となることを避けるべきであつて，被相続人との血縁関係，被相続人の意思，祭祀承継の意思及び能力，職業，生活状況その他一切の事情を斟酌することとなるが，これを本件についてみるに，調査の結果，被審人藤木とし子，同笹原万治，同草野大助の各審問の結果によれば，被相続人元一は最初の妻文子と離婚する前から事実上，二番目の妻原安と同棲生活をしていて，文子との間の子上記与志，春子，特に申立人との間の仲が悪く，申立人自身，勉学や勤務の関係で鳥取県下を離れて生活し，他の子も他家に嫁して，いずれも元一と生活を共にすることはなくなつたこと，元一は，原安との婚姻中である昭和28年頃から，藤木とし子と同棲（その間に正夫が生れてからは同人を加えて）するようになり，上記与志，春子および申立人に対しては全く期待をよせず，身辺の世話一切をとし子にまかせ，仏壇や位牌を手許において祭祀を主宰し，死亡前頃には自己の死後の祭祀主宰についてもこれをとし子に託していたこと，元一死亡後の昭和39年11月頃，元一の遺産について申立人，与志，春子の間で分割協議をなし，その際，祭祀の主宰者を申立人とすることと定め，その旨，とし子にも伝え同月26日，とし子もやむなくこれに同意したが，その後，申立人において，さきに自己に分割協議された以上の相続分を与えられなければ祭祀の主宰者とならないと申出て，祭祀財産の受領に応じなかつたこと，祭祀の主宰については与志，春子においてはこれを承継する意なく，とし子においてその意のあることが認められる。もつとも申立人審問の結果中，以上認定に反する部分があるが，上記被審人の審問の結果と対比して容易に信じられない。

三，以上認定事実によれば，元一の意思，同人の生前における生活状況，相

続人の祭祀承継の意思，職業等の点において藤木とし子をもつて元一の祭祀財産の承継者と指定することが相当であると解せられる。

No.53 相続財産分与事件
大阪家審昭和42・11・21家月20巻6号65頁

──── 事案のポイント ────

被相続人一家の支柱となりその療養看護や葬祭主宰等を担ってきた，戦死した長男の嫁に対し，特別縁故者として相続財産の全部を分与した事例。

──── 審判理由 ────

……さて上記認定の実情によると，申立人は被相続人幸一と姻族一親等の関係にあつたのみならず義理の叔父姪関係にあつたものであり，しかも年少のときそのもとに引きとられ同人の死亡に至るまで，家族として生活をともにし，ことにその晩年，一家の支柱としてよく家計を支えまた嫁としてしゆうとである幸一の療養看護につくしその葬祭を主宰したものであり，このような事情のほか本件に現われた一切の事情をあわせ考えると，申立人が被相続人と生計を同じくしまたその療養看護に努めた者として特別縁故者にあたることは明らかでありなお分与すべき財産の程度については，本件相続財産を全部分与するのが相当である（ちなみに本件相続財産は，申立人に秀幸との間に子がおれば，その子が代襲相続により法律上相続すべきものであり，また妻たる申立人に代襲相続権が認められておれば，同人が相続すべきものであつた。──なお申立人のような立場にある妻に代襲相続権を認めるべきであるとの立法論があることは周知のとおりである）。

ところで本件相続財産である農地の分与については，この特別縁故者への分与が遺産分割ではなく，したがつて農地法第3条第1号但書に該当しないこと明らかであるから，その所有権移転につき知事の許可を受けなければならない（農地法第3条第4項）。

No.54 遺産分割事件
松山家審昭和42・12・22 家月20巻7号57頁

―― 事案のポイント ――

墓地を遺産分割の対象から除外した事例。

―― 審判理由 ――

(略)

No.55 相続財産分与事件
福島家郡山支審昭和43・2・26 家月20巻8号84頁

―― 事案のポイント ――

被相続人の看護にあたり，死後は葬儀一切を執り行い，法事をし，その墓を守っているなどの申立人に相続財産の分与を認めた事例。

―― 審判理由 ――

各記録（等）を総合すれば，

㈠ 被相続人は昭和3年3月○○医科大学附属薬学専門部を卒業して同年5月薬剤師の免許をうけ，以来○○県下の病院，○○県○○県の警察部衛生課，医薬品会社等につとめ，昭和19年7月退職して本籍地に帰り，本件相続財産である家屋に居住して薬剤の研究に従事していたが，後妻に入つて隣家に住んでいた母の外には全く交際はなく，孤独な生活をしていたが，昭和27年母が死亡してからは，一層その度を加え，本人の特異な性格から身なりを構わず，弊衣をまとい乞食同然の恰好をしていたこと，

㈡ その頃，申立人の父は多少被相続人を世話したことがあつたが，申立人は父が死亡した昭和35年頃から被相続人の世話をし，同人が年来の希望である薬局を開業したいといつて資金の援助を求めてきたので，数回に亘

つて，合計19万4,000円を貸し与えて昭和38年頃薬局を開業させ，その外しばしば食事や食物，衣類を与えてその生活の面倒をみた。そして，被相続人は申立人から資金を借りたことについて，そのうち一部の借金について「返済できないときは宅地の名義書換をする」旨の借用証を入れ，又日頃「自分が死んだら財産は申立人に全部呉れるが，他人に渡してはいけない」といっていたこと，

(三) 申立人は被相続人が脳軟化症で倒れるや，医師の手当をうけさせてその看護に当り，死亡後は親戚代表となつて葬儀一切をとり行い，法事をし，その墓を守つている外，相続財産管理人が選任されるまでは遺産の管理保存に当り，被相続人の残した債務合計約15万円（薬の未払代金，農業協同組合に対する借受金，怠納税金，木炭，牛乳，新聞電気等の代金）を支払い，申立の要旨(四)記載のとおり法定の手続をとつて催告期間満了後3ヵ月内に適法に本件申立をしたこと，

(四) そして，被相続人の相続財産は別紙のとおり（但し，家屋は廃居であつて焚物程度の価値しかない）であつて，相続人は存在しないことが認められる。
してみれば，申立人は特別縁故者に該当すると認められる……。

No.56 相続財産分与事件

大阪家堺支審昭和43・3・17家月20巻9号103頁

―― 事案のポイント ――

被相続人の従兄の申立人が被相続人の石碑の建立や供養等を行ったとして，被相続人の従兄に相続財産を分与した事例。

―― 審判理由 ――

（略）

No.57 遺言取消事件

宇都宮家栃木支審昭和 43・8・1 家月 20 巻 12 号 102 頁

事案のポイント

祖先の祭祀を主宰する者と指定された者は，死者の遺産のうち系譜，祭具，墳墓のように祭祀に関するものの所有権を承継することがあるだけで，それ以上の法律上の効果がないものであり，受遺者がたまたま祭祀を主宰する者に指定されたからといってこれを負担付遺贈を受けた者とすることはできず，葬式費用の負担者については，その地方又は死者の属する親族団体における慣習若しくは条理に従って決せられるべきであって，祭祀を主宰する者と必ずしも一致するものではないとして，遺言取消しの申立てを却下した事例。

審判理由

……記録（等）によれば，被相続人矢島トリは昭和 35 年 4 月 5 日宇都宮地方法務局所属公証人引間米市公証役場において遺言公正証書を作成し，その中で同人は本件建物二棟を相手方に遺贈するとともに相手方を被相続人方の祭祀を主宰するものに指定したこと，右トリは昭和 43 年 1 月 29 日死亡して相続が開始し申立人らが相続人となりまたこれにより右遺言がその効力を生じその結果相手方は右建物につき昭和 43 年 2 月 22 日付遺贈を原因として所有権移転登記をなしたこと，相手方は被相続人トリの甥ではあるがその相続人ではないこと，右トリの相続人は申立人夫婦のみであつて同人が生前有していた財産は同人が亡夫吉之輔から相続した持分 3 分の 1 を有する申立人夫婦との共有地 125 坪と本件建物 2 棟およびその敷地 45 坪に対する借地権とであることを認めることができる。

思うに，かように祖先の祭祀を主宰する者と指定された者は死者の遺産のうち系譜，祭具，墳墓のように祭祀に関係あるものの所有権を承継する（民法 897 条）ことがあるだけでそれ以上の法律上の効果がないものと解すべきである。すなわちその者は被相続人の道徳的宗教的希望を託されたのみで祭

祀を営むべき法律上の義務を負担するものではない。その者が祭祀を行うかどうかは一にかかつてその者の個人的信仰や徳義に関することであつてこれを行わないからといつて法律上これを強制することはできない。

従つて受遺者が偶々祭祀を主宰する者に指定されたからといつてこれを負担付遺贈を受けた者とすることはできない。また祭祀を主宰する者と葬式費用負担者とは別個の観念であつて必ずしも一致するものではない。葬式費用は何人がこれを負担すべきかにつき法律の規定はないがこれはその地方または死者の属する親族団体における貫習若しくは条理に従つて決定さるべきであつて，概ね共同相続人がその相続分に応じて負担するのを通例とする。右によれば相手方は受遺者ではあるが包括受遺者（民法990条）ではないから相続人と同一の権利義務を有しないこと勿論であるので葬式費用を負担すべき義務のないこと明らかである。

従つて相手方が祭祀を主宰する者として負担付遺贈を受け葬式費用を支弁すべき義務あるに拘らずこの義務を尽さないことを原因とする本件遺言取消の申立は失当として棄却を免れない。

No.58 子の氏変更事件
函館家審昭和43・10・8家月21巻2号171頁

―― 事案のポイント ――

永年にわたって何等の実体もない家名の存続のため以外に，氏変更の必要性，あるいは呼称上の便宜等は全く見られず，さらに将来にわたってもその家名を維持するため申立人が現在予定する養子縁組等に対し好ましくない結果を生ずるおそれがないではない場合には，子の氏変更を許可するのは相当でないとされた事例。

―― 審判理由 ――

そこで本件申立について判断するに，上記のような手段をとつてまで家名を存続しようとする申立人の母ツネの家名に対する執着およびこれを思う申

立人の心情は十分考慮に価するのではあろうが，しかし又ひるがえつて考えて見ると，既に永年に亘つて何等の実体もない家名の存続のため以外に，氏変更の必要性あるいは，呼称上の便宜等は全く見られず又変更によつて一般社会の蒙る不利益の点を暫く措くとしても，上記申立人の今後の意向に照し，更に将来にわたつてもその家名を維持するため，現在申立人の予定する養子等に対し好ましくない結果を生ずる虞れがないではない等の事情を勘案すると本件申立は，これを許可することは相当でないと認めて却下することとし，主文のとおり審判する。

No.59 養子縁組許可事件

福岡家小倉支審昭和 43・12・23 家月 21 巻 6 号 59 頁

―― 事案のポイント ――

家名存続，祖先の祭祀を主たる目的とし，未成年者を引き取り監護養育することを考えない養子縁組は，例え未成年者に多少の財産上の利益があるとしても，民法 798 条が未成年者養子縁組について家庭裁判所の許可を要すると定め，養親の利益を図ることを排斥し，養子となる者の幸福を期待している趣旨に反するとして，縁組許可申立てを却下した事例。

―― 審判理由 ――

……民法第 798 条において，未成年者の養子縁組について家庭裁判所の許可を要すると定められているのは，家名存続や養親となる者の利益を図る養子縁組を排斥するとともに，養子となる者の幸福が期待し得る養子縁組を認容するためであると解されるところ，本件について考えてみるに，上記認定のように本件申立は家名存続，祖先の祭祀を主たる目的とするものであり，且申立人等は未成年者を引取り監護養育することは考えていない。

結局本件申立は家名存続，祖先の祭祀という目的のために形式的に未成年者を養子にしようとするものであり，本件縁組により未成年者に多少の財産

上の利益があるとしても，未成年者の監護教育幸福という面からみると適当ではなく，民法第798条の趣旨に反するものといわざるを得ない。

No.60 遺言取消事件
東京高決昭和44・2・26 東高民20巻2号45頁

―― 事案のポイント ――

遺言による祭祀承継者の指定によって祭祀を営むべき法律上の義務を負担するものではなく当然に葬式費用の負担者となるものではないとして，遺言の取消しを認めなかった原審判を是認した事例。

―― 決定理由 ――

当裁判所も，原決定理由説示と同様，相手方が本件遺言公正証書により，抗告人らの被相続人田村テイから同人の祭祀を主宰するものに指定されたものと認めることはできるが，右指定によつて相方手が同人の祭祀を営むべき法律上の義務を負担するものではなく，祭祀の主宰者が当然に葬式費用の負担者となるものではないと判断する。また，本件公正証書中の「遺言者が死亡した後の遺言者の祭祀は受遺者松本栄一郎にお願いする。」との文言が，右の祭祀主宰者たることの指定の外に，相手方にテイの葬式を行なう義務を生ぜしめあるいは祭祀，葬式の費用を負担させる趣旨，性質のものとは解せられない。

No.61 氏変更事件
京都家園部支審昭和44・3・31 家月21巻11号158頁

―― 事案のポイント ――

祖先の祭祀家名継続のため離婚後も婚姻中の氏を称し，それについて同家の親類縁者の承諾をえて日常社会生活をしていることなど判示事実

が認められても，それのみでは改氏の法定要件たる「やむを得ない事由」にあたらないとして，氏変更申立てを却下した事例。

―――― 審判理由 ――――

申立人らは，その氏玉置を吉川に変更することの許可を求めるが，その理由は，申立人玉置茂は昭和35年1月12日，吉川愛子と婚姻し，吉川の氏を称していたが，昭和41年8月23日，同女と協議離婚（同43年10月9日届出）し，婚姻前の玉置に復氏したが，同女の母しずと吉川家をたてるとの約束で愛子と婚姻していたため，離婚後も婚姻当時の肩書住居地に居住し，吉川姓を称し，官公署はもとより，世間一般人も申立人らを吉川と呼んでいる。なお，申立人薫は茂の妻である（昭和43年10月9日婚姻届出）。

以上の次第であるから，申立人らの氏が戸籍上玉置であることは日常生活において不便であるというにある。

本件記録によると，申立人らが，吉川家の親類縁者の承諾を得て，同家の祖先祭祀家名相続のため，吉川姓のもとに日常社会生活をしていることなど申立の実情たる事実は認められるも，上記事実は改氏の法定要件たる「やむを得ない事由」には該らない。

No.62 遺産分割事件
東京家審昭和44・5・10家月22巻3号89頁

―――― 事案のポイント ――――

東京消防庁職員共助規約に基づく慰霊金及び同庁職員互助会規約に基づく退職記念品代はいずれもいわゆる香典として，被相続人の葬儀に関連する出費に充当することを主たる目的として相手方になされた贈与とみるべきであって，遺産には属しないとして遺産分割の対象から除外された事例。

―― 審判理由 ――

(略)

No.63 養子縁組無効確認事件
大阪地判昭和 44・9・17 判時 578 号 72 頁

―― 事案のポイント ――

　かなりの高年齢者間の成年養子縁組においては，親子らしい情愛の交流を軸とする生活実態よりも，永世への願望を秘めた養親側の財産ないし祭祀の養子側への承継をもって，親子関係の標識とすることが社会通念であるというべきであるから，縁組当事者間に情交関係が存在したとしても，ただそのことによって，当然に縁組意思まで否定されなければならないとする推論も成り立たなければ，事実上の牽連関係も認められないので，縁組届出にあたり，当事者双方に縁組意思の欠缺を認めることはできないとされた事例。上告審判決は No.70。

―― 判決理由 ――

　最後に，縁組当事者間に届出による縁組意思が認められるが，当時情交関係が存在した場合には，その縁組が公序良俗違反として無効とならないかを検討する（かような場合に，およそ身分法には民法総則は適用されないから，民法 90 条による有効無効を論ずることは意味をなさないとの説もあろうが，同条を適用ないし準用することを一概に排斥するのは疑問であるので，ひとまず論をすすめることとする）。先ず，もしいかなる態様にせよ情交関係が存在しさえすれば，当然絶対的に縁組が公序良俗違反の評価をうけるべきものとすることの相当でない所以は，情交の事実がたまたま一回の過ちにすぎなかつた場合を想定すれば直ちに前肯し得るところであろう。それ故問題は，当事者間の情交関係の存否ではなくてその態様であり，更に言えば，そのことによって特徴づけられる両者の生活関係自体なのである。即ち，もしそれが，そこに養親子関係（但しさき

にみたように，その標識は多様である）の成立を認めるならば，強い反倫理的感情を一般人に催させる程度のものである場合は，縁組自体まさに公序良俗違反として無効とされねばならない（或いはさかのぼつて縁組意思自体の欠缺を認め，民法802条1号に則つて無効とすることも可能なこともあろう）が，その程度に達しない場合には，一概にそこまでの帰結を導くのは相当でないというべきである。蓋し，養親子関係，とりわけ成年者間の縁組によるそれは，嫡出親子関係を創出するけれども，所詮擬制されたものであつて，そこに自ら一定の合理的な型があるとはいえ，多様な目的による多様な生活関係を必然的に容認するものであり，従つて右の程度に達しない情交関係の存在によつては，かげりを与えられても死を意味しない場合があるからである。これを本件についてみると，一夫と被告との年令，被告が一夫のもとに同居し，これを継続した事情，縁組の目的と縁組に至るまでの両者の生活態様等は前認定のとおりであつて，成程一夫と被告とは叔父姪の間柄にあり，その情交関係もたまたま一回のあやまちということではないことが窺われるけれども，他面反覆継続してはばからないといつた類いのものとは異り，むしろ叔父と姪という間柄からくる自制の面がおもてに出て，一夫死亡に至るまで，養親子然たる振舞もなかつたかわりに，事実上の夫婦然たる生活関係も遂に形成されなかつたことが，本件にあらわれた全証拠及び弁論の全趣旨を綜合した帰結と断じ得る。以上を勘案すれば，一夫と被告との右の如き情交関係の存在を以てしては，本件縁組が一般人に強い反倫理的感情を催させるものとはいい難く，未だ公序良俗違反として無効とするには至らないものというべきである。

No.64 相続財産分与事件
大阪高決昭和 44・12・24 家月 22 巻 6 号 59 頁

―――― 事案のポイント ――――

民法958条の3は，特別縁故者の範囲を例示的に掲記したに止まり，その間の順位に優劣はなく，家庭裁判所は，被相続人の意思を忖度尊重し，被相続人との自然的血縁関係の有無，生前における交際の程度，被

相続人が精神的物質的に庇護恩恵を受けた程度，死後における実質的供養の程度その他諸般の事情を斟酌して分与の許否及びその程度を決すべきである。また，自然的血縁関係が認められる場合はそのこと自体切り離すことのできない因縁であって縁故関係は相当に濃いものと認めるのが相当であるとして，4,400万円の遺産につき，諸般の事情を斟酌の上，認知を受けていない子，被相続人の父から認知を受けていない異母妹，被相続人を永年看護した女中，内縁の妻等にそれぞれ特別縁故者として財産分与をした事例。

―― 決定理由 ――

（略）

No.65　相続財産分与事件
鹿児島家審昭和45・1・20家月22巻8号78頁

―― 事案のポイント ――

民法958条の3にいわゆる特別縁故者とは，被相続人の生前において特別の縁故関係にあった者に限定され，被相続人の死後，その葬儀，供養等をしたとしても，その事実は，生前の特別縁故関係の存否程度を推測させる事情となり得るに止まり，それ自体は特別縁故性を具有するものではない。申立人による葬儀，供養は主として農村を支配する社会的習俗及び同族感情に由来するものと考えられるから，このような死後縁故は生前の特別縁故関係を推測させる事情としては希薄であるとして，申立てを却下した事例。

―― 審判理由 ――

……上記認定の事実によれば，まず遠隔地にあつた申立人徳次のなした行為が親類としての通常の交際の範囲を出ないことは勿論，申立人セツ，同サトのなした前記各行為も，近隣に住む親類として通常の交際の域を出ず，し

かも，この関係は久しきにわたつて跡絶えていたことでもあり，したがつて，この程度の関係があつたからといつて，これを民法第958条の3のいわゆる特別縁故者に該当するものといえないことは明らかである。次に申立人定夫についていえば，同人は，亡ミツの生前唯一の血縁者として妻ミヤとともに，精神的，経済的に援助の手をさしのべてきたことがうかがわれるが，これとても，近隣に住む親族として道義的，人情的にみて通常の協力扶助の域を出ないものというほかはない。加うるに，亡ミツが前記のような申立人定夫夫婦から与えられる生存への幾何かの希望も，死への誘惑の前には，ついに抗しえなかつたわけであり，かかる死因の異常性からみても，当裁判所としては，生前の特別縁故関係につき否定的判断に到達せざるをえない。亡ミツは，その死亡当時精神的，物質的なより強力な接助を必要としていたものと思われるが，若しも，申立人定夫において亡ミツを自己のもとに引き取るなどの方法を講ずることにより，生計を同じくする状態をつくり出し，又はその療養看護に心を致したならば，亡ミツとしては，自から死を選ぶようなことはしなかつたであろうと考えられないわけではないからである。

　問題は，申立人定夫が自己の出捐により亡ミツの死後その葬儀をとり行ない，墓を建立して供養に努めるなどの行為をしている事実が，果して特別縁故関係を構成するかどうかである。ところで，民法958条の3の規定によれば，被相続人の相続財産を分与される資格ある者として掲げるところは，被相続人と生計を同じくしていた者，被相続人の療養看護に努めた者その他被相続人と特別の縁故があつた者に限られ，その例示内容からみて，被相続人の生前において，被相続人と特別の縁故関係にあつた者に限定する要旨趣旨と解するのが相当であるから，申立人定夫が被相続人の死後葬儀，供養を行なつた事実があつても，その事実は，生前の特別縁故関係の存否又は程度を推測させる事情となりうるに止り，それ自体は特別縁故性を具有するものではないといわなければならない。しかして，前掲証拠によれば，亡ミツの葬儀等については，申立人セツ側において行なうつもりであつたところ，申立人定夫から同人において執行するとの申出があつたため辞退したといういきさつが認められ，かかる事実からすれば，申立人定夫が葬儀，供養をなしたという事実も，主として農村を支配する社会的習俗及び同族感情に由来する

ものと考えられ，生前の特別縁故関係を推測させる事情としては，いささか稀薄というべきであろう。

No.66 子の氏変更事件
徳島家審昭和45・2・10家月22巻8号39頁

―― 事案のポイント ――

母方実家の家名を存続させ，その祭祀を行わせる目的で婚姻共同生活関係を終了させる意思がないのに，父母が協議離婚届を出して母が復氏した上，妻子を有し独立の生計を営んでいる子から，復氏した母の氏への変更許可を申し立てた事案について，個人の尊厳，両性の本質的平等の理念に背馳する結果をもたらさず，かつ民法791条1項の立法趣旨に反しないとして，申立てを許可した事例。

―― 審判理由 ――

(証拠) によると，(イ)申立人の母佳子は父篠崎均，母同サヨ間の六女として生れ，後に右均の家督相続人である実姉篠崎イソの養女となつていたが，昭和22年頃明石薫と婚姻し申立人をもうけたこと，(ロ)申立人の父母は昭和44年7月3日に合意の上で協議離婚の届出をしたが，これは申立人母の実家に生存者が絶えたため，離婚により母が一旦復氏し，しかる後申立人の氏を母の氏に変更させて篠崎家の祭祀を行なわせその家名を残したいとの目的に出たものであつて父母の婚姻共同生活関係は前記離婚届の前後を通じ変動がないことの諸事実を認めることができる。

以上の事実関係に基づいてなされた本件申立は，現行民法が家の制度を廃止したことや，その想定する氏の概念に抵触するきらいがないではない。

しかしながら家名を尊重しその存続を望む国民感情を全く非合理的なものとして一概に排斥することは少くとも現時点においてはためらわざるを得ず，また家名によつて象徴される世代を超えた親族集団の一員としての自覚が今なお社会道義の維持に貢献している面のあることも否定できないところであ

る。このように考えると，本件のような動機に出た子の氏変更もそれにより個人の尊厳とか両性の本質的平等という法の基本理念と現実に背馳する結果をもたらさず，かつ民法第791条第1項の立法趣旨に反しない限り許容されるべきものと解する。

　本件において申立人父母の協議離婚は前記のような方便としてなされたものであるけれども，必ずしもこれを無効と見ることはできず，前掲証拠によれば申立人は既に23歳に達し妻子を有し自動車整備工として父母と独立の生計を樹てており，その妻も本件申立に同意していることが認められるのであつて，親に扶養されている子の福祉を考慮することを主たる趣旨とする前記法条の規制対象としては軽度の意味しか持たず，その他本件氏の変更により前段説示のような不都合を生ずべき事情は見当らない。

No.67　相続財産分与事件
大阪高決昭和 45・6・17 家月 22 巻 10 号 94 頁

―― 事案のポイント ――

　被相続人に財産があって特にその生前金銭的な世話をした事実がない場合でも，幼少時より身近な親族として絶えず交際し，死亡後は葬儀，納骨，法要等遺族同様の世話を行い，今後も被相続人の祭祀回向を怠らぬ意向である者は，民法958条の3にいう「その他被相続人と特別の縁故があった者」に該当するとされた事例。

―― 決定理由 ――

　……さて，民法958条ノ3は，相続人のない遺産を国庫に帰属せしめるよりは被相続人と特別縁故のある者に相続させた方が至当とする場合にはこれに分与するため，昭和37年に追加規定されたもので，そこにある被相続人と生計を同じくしていた者，被相続人の療養看護に努めた者というのは例示であり，その他特別の縁故があつた者というのは，右の例示の程度に縁故のあつた者を指すということであれば，抗告人の出損労力によつて被相続人が

育てられ，学費等を出してもらつたとかいう事実の証拠のない本件においては，抗告人を特別縁故者とすることはできないという解釈が成立つが，財産があつて特に被相続人が生前金銭的に世話を受けた事実がない場合でも幼少時より身近な親族としてたえず交際し，死亡後は葬儀，納骨，法要等遺族同様の世話を行ない，今後も被相続人の祭祀回向を怠らぬ意向である者もこれに含めた方が同条の立法の趣旨や故人の意思に合致すると推測され，これに異護を述べる者がない場合はこれを含めてよいと解されるところ，前記認定の事実によれば，抗告人と被相続人との関係は，右の場合に該当するといえるのであり，被相続人が再度外地に赴いた際抗告人に財産の管理を依頼して出発したという直接の証拠はないが，他にこれを管理したという人もなく，その管理を依頼して出発したものと推定できる本件においては，この事情をも含めて抗告人を以て民法958条ノ3にいう特別縁故者というを妨げないものというのを相当とする。

No.68 祭祀承継者指定事件

東京家審昭和 46・3・8 家月 24 巻 1 号 55 頁

―――― 事案のポイント ――――

祭祀承継者指定の審判において，被相続人との血縁関係，親族関係，共同生活関係，祭祀承継の意思及び能力，被相続人との親和関係等については，養女である申立人と，被相続人の前妻の生存中から被相続人と婚外関係にあり前妻の死後に婚姻して妻となった相手方との間に差異はないが，本件墳墓取得の目的，管理等の経緯からすると養女を祭祀承継者とするのが相当であるとした事例。

―――― 審判理由 ――――

三　ところで，相手方阿部すみ江は，被相続人は生前に同相手方を祭祀主宰者に指定しており，したがつて同相手方は祭祀主宰者として本件祭祀財産の権利を承継しているものであつて，本件祭祀財産の権利承継者指定の審

判を要しないと主張しているので，この点について判断する。

　本件記録添付の検認済の遺言書の写しによれば，被相続人は昭和43年2月4日付の自筆遺言証書を作成しているが，この遺言では相手方阿部すみ江を祭祀主宰者に指定していないことが認められ，またその他の証拠によつても，被相続人が同相手方に前記墓地の使用許可証の保管方を委託していたことは認められても，生前に同相手方を祭祀主宰者に指定したことを認めることはできない。もつとも，相手方阿部すみ江および参加人阿部三男は，審問の際それぞれ相手方阿部すみ江の右主張に副うが如き供述をしているが，この供述はたやすく措信しがたい，そうだとすれば，この点についての相手方阿部すみ江の主張を採用することはできない。

四　次に，申立人らは，被相続人が居住していた東京における一般的な慣習では，子が祭祀主宰者となるのであつて，したがつて被相続人の唯一の子である申立人阿部ヒロ子が祭祀主宰者として本件祭祀財産の権利を承継すべきであると主張しているが，かかる一般的な慣習があることを認めるに足る証拠はなく，この点の申立人らの主張も採用することができない。

五　そこで，当裁判所は，本件各当事者の被相続人との血縁関係，親族関係，共同生活関係，祭祀承継の意思および能力，職業，生活状況その他前記認定事実から窺われるその他一切の事情を考慮して，各当事者中最も祭祀財産の権利承継者として適当である者を指定すべきであるが，本件においてとくに留意すべきは，前記認定事実から明らかなように，本件の祭祀財産の権利承継者指定の紛争の背後には被相続人の生前からの前記○○の経営をめぐる紛争およびこれに引き続く被相続人死亡後の遺産をめぐる紛争が存し，これらの紛争をいかにして解決すべきかということも事実上考慮する必要のあることである。

　前記認定事実によれば，参加人両名は，被相続人の死亡の直前に被相続人の養子となつたものであり，しかもその養子縁組の効力が申立人らによつて争われているものであり，この点から祭祀財産の権利の承継者としては適当でなく，また申立人阿部政一は，被相続人から事実上○○の経営を委ねられており，祭祀財産の権利の承継の能力を有しているが，同申立人は自らこれを承継する意思がないことを表明しているので，この点から，

祭祀財産の権利の承継者として適当でなく，結局のところ，被相続人の養子である申立人阿部ヒロ子と妻である相手方阿部すみ江のいずれが祭祀財産の権利の承継者としてより適当であるかということになる。

　前記認定事実によれば，被相続人は，相手方阿部すみ江と婚姻する旨表明してから，申立人ら夫婦との仲が悪化し，ついにそれまでの申立人ら夫婦との同居先を立ち去り，相手方阿部すみ江の許に赴いて，同女と同居するに至つたのであつて，それ以後被相続人はとくに申立人阿部ヒロ子に対し悪感情を抱き，病状が悪化し，病院に入院してから死亡するまで，相手方阿部すみ江が附添い，専ら看病に当つたのであり，被相続人が生前この時期に祭祀主宰者を指定したとすれば，恐らく相手方阿部すみ江を指定したであろうと推測され，生前のこの時期の被相続人との同居生活の事実，被相続人との親和関係等のみに着目すれば，相手方阿部すみ江を祭祀財産の権利の承継者として指定するのが適当であると一応思料される。

　しかしながら，かく被相続人が申立人阿部ヒロ子に対し悪感情を抱くに至つたのは，被相続人が相手方阿部すみ江と婚姻する旨表明した後，申立人阿部ヒロ子が，同相手方が自己と同年輩で，養母亡阿部ふさの生前から被相続人と婚外関係にあつた女性であることから，不快の念を抱き，被相続人が相手方阿部すみ江と婚姻するならば，申立人ら夫婦と別居してほしいと云つたことに端を発し，前記○○の経営をめぐつて申立人ら夫婦と被相続人との間に互いに他の言動に対し疑心暗鬼が生じたことによることは，前記認定のとおりであり，それまでは，被相続人は申立人阿部ヒロ子を幼少の時から実子同様に養育し，同申立人が成人し，申立人阿部政一と婚姻してからも，円満に申立人らとの同居生活を続けていたものであり，被相続人としても，相手方阿部すみ江との婚姻後の申立人ら夫婦との紛争がなければ，申立人阿部ヒロ子に対しかく悪感情を抱くこともなく，妻として相手方阿部すみ江に対すると同様に，子として申立人阿部ヒロ子に対しても愛情を抱いていたものと思われる。申立人ら夫婦と，被相続人ら夫婦とは，互いに他の言動に疑心暗鬼した結果，ますます両者の関係は悪化し，紛争が激化したものであり，もし被相続人の病状が悪化することなく，両者の親族関係の調整が計られたならば，自ら前記会社の経営の後継者は申

立人阿部政一と申立人阿部ヒロ子とし，その代わりに申立人ら夫婦が被相続人ら夫婦の将来の生活を保障することに落着したものと思われる。かく考えるならば，被相続人がその死期前の申立人らとの紛争，これに続く病気の悪化による異常な状態の下においてでなく冷静に合理的な判断ができる状態であつたならば実子同様に長年養育した申立人阿部ヒロ子を指定することも十分想定しうるのである。

そうだとすれば，被相続人との血縁関係，親族関係，共同生活関係，祭祀承続の意思および能力，被相続人との親和関係等においては，申立人阿部ヒロ子と相手方阿部すみ江との間に差等はないというべきであり，ただ，本件墳墓がもともと被相続人の先妻亡阿部ふさの遺骨を埋葬し，かつ，今後の被相続人や申立人ら夫婦を含む家族の墳墓として取得された点，取得された後も被相続人が死亡するまで長く被相続人に代わつて事実上申立人阿部ヒロ子がこの墳墓を管理して来た点を考慮に入れると，申立人阿部ヒロ子の方が，相手方阿部すみ江に比しより適当であるといいうるであろう。

かような訳で当裁判所は，本件墓地の使用権，本件墓地に建設されている墓石の所有権並びに申立人らの住居に存する仏壇（位牌を含む）の所有権等被相続人亡阿部幸男が有した祭祀財産の権利の承継者としては申立人阿部ヒロ子を指定するものとし，この指定に伴い，家事審判規則第103条，第58条により相手方は申立人阿部ヒロ子に対し本件墓地およびその使用許可証を引き渡すとともに，墓地使用権の名義書替手続をすべきことを命ずることとする。

No.69 相続財産分与事件

福島家審昭和46・3・18家月24巻4号210頁

―― 事案のポイント ――

申立人は，その両親と共に被相続人所有の家に同居していたが，申立人の兵役中被相続人は死亡し，その後復員して両親の許に戻り，両親死亡後も同所に居住して被相続人の遺産を占有管理し，納税義務者ともな

り，両親死亡後被相続人の祭祀を主宰している（死後縁故）など判示事情の下においては，民法958条の3の「その他被相続人と特別の縁故があった者」に該当すると解するのが相当であるとされた事例。

―――――――― 審判理由 ――――――――

……，申立人は被相続人の遠縁に当り，10年余被相続人と生活を共にし，申立人の両親死亡後これに代つて被相続人の祭祀を承継主宰しているから，被相続人の死後における特別の縁故者といえるが，特別の縁故が被相続人の死後にできた場合民法第958条の3に該当するかどうかにつき，即ち，被相続人と特別縁故者とは同時に存在することを必要とするかどうかにつき，同法条は，前記の如く生存中の縁故関係の例示のほか，「その他被相続人と特別の縁故があつた者」と規定するだけで，これに何等言及してないが，同法条が相続人のない相続財産の全部又は一部を国庫帰属前に恩恵的に分与することと定めた点を考慮すると，被相続人の生存中特別の縁故がなかつたとしても同人がその生存中死後のことを予測できたならば，これにつき遺贈，贈与等の配慮を払つたに違いないと思われる場合には，被相続人の死後における特別の縁故を認め，同法条の「その他被相続人と特別の縁故があつた者」に該ると解するのが相当であるといわなくてはならないから，前認定の如く，被相続人の遠縁に当り，10年余生活を共にした申立人が，被相続人の祭祀を承継主宰していることを，被相続人が生存中予測していたとすれば，必ずや申立人に対し遺贈，贈与等の措置にでたと推測されるからこの場合には，申立人を同法条の「その他被相続人と特別の縁故があつた者」として，被相続人の特別縁故者に該当すると解さなければならない。そして，申立人に相続財産を分与することは，まさに，被相続人の意思にも合致するものということができる。

然して，被相続人の遺産が申立人所有家屋の敷地の一筆だけで，現に申立人がこれを使用している事実その他前認定の事実等諸般の事情を考慮すると，本件遺産はこれを全部申立人に分与するを相当とするから，相続財産管理人田中真寿夫の意見を聴き，主文の通り審判した。

No.70 養子縁組無効確認事件

最判昭和46・10・22民集25巻7号985頁

―― 事案のポイント ――

　養子縁組の当事者である甲男と乙女との間に，たまたま過去に情交関係があったが，事実上の夫婦然たる生活関係が形成されるには至らなかった場合において，乙は，甲の姪で，永年甲方に同居してその家事や家業を手伝い，家計をも取り仕切っていたものであり，甲は，既に高齢に達し，病をえて家業もやめたのち，乙の世話になったことへの謝意をもこめて，乙を養子とすることにより，自己の財産を相続させ，あわせて死後の供養を託する意思をもって，縁組の届出に及んだものであるなど判示の事実関係があるときは，甲乙間に縁組を有効に成立させるに足りる縁組の意思が存在したものということができる，とされた事例。No.63の上告審判決。

―― 判決理由 ――

　上告代理人江谷英男，同藤村睦美の上告理由について。

　原判決（その引用する第一審判決を含む。以下同じ。）の認定したところによれば，被上告人（大正10年生）は，吉見一夫の姪で，昭和29年終り頃から，2児を連れ，一夫およびその内縁の妻松股サヨと同居して，一夫方の家事や建築請負業の事務の手伝に従事し，同31年八月頃サヨが病臥してからは，同人の看護にあたるとともに，一夫方の家計をとりしきるようになり，同33年1月にサヨが死亡した後も一夫との同居生活を続けていたこと，一夫は，明治29年生れで，昭和39年7月10日に本件養子縁組の届出をした当時は，すでにかなりの高令に達していたばかりでなく，病を得て，建築請負業をもやめ，療養中であったものであり，被上告人に永年世話になったことへの謝意をもこめて，被上告人を養子とすることにより，自己の財産を相続させあわせて死後の供養を託する意思をもつて，本件縁組の届出に及んだものであること，なお，縁組前に一夫と被上告人との間にあつたと推認される情交関

係は，偶発的に生じたものにすぎず，人目をはばかつた秘密の交渉の程度を出なかつたものであつて，事実上の夫婦然たる生活関係を形成したものではなかつたこと，以上の事実が認められるというのであつて，この事実認定は，原判決挙示の証拠に照らして，肯認することができる。そして，かかる事実関係のもとにおいては，養子縁組の意思が存在するものと認めることができ，かつ，右の過去の一時的な情交関係の存在は，いまだもつて，あるべき縁組の意思を欠くものとして，縁組の有効な成立を妨げるにはいたらないものであるとした原判決の判断は，正当として是認することができる。原判決の認定・判断に所論の違法はなく，論旨は採用することができない。

No.71 氏変更事件
仙台高決昭和 46・12・15 家月 25 巻 2 号 90 頁

―― 事案のポイント ――

　祖先の祭祀の権利承継者となるために被相続人の氏に変更する必要があるとの理由は，戸籍法 107 条 1 項の「やむを得ない事由」にあたらないとされた事例。

―― 決定理由 ――

　抗告人杉本浩治が亡吉野信之助の長男であることからみて，抗告人ら夫婦がその信ずる信仰により抗告人浩治の父方の祖先の祭祀を主宰したいとする心情は，もつともなことと考えられる。しかしながら，祖先の祭祀の権利承継者となるには必ずしも被相続人と氏を同じくすることを要しないのであつて，抗告人杉本浩治が，父方の祭祀を承継するために，その戸籍上の氏を「吉野」に変更しなければ重大な支障があるものとは考えられない。

No.72 相続財産分与事件

熊本家審昭和 47・10・27 家月 25 巻 7 号 70 頁

―― 事案のポイント ――

　民法 958 条の 3 にいう特別縁故は，被相続人と親族とが友人など単なる縁故だけでは足りず，縁故に加えて被相続人に関連する客観的事実を要求しているものであって，死後縁故を含まないと解する理由はなく，被相続人の親族という縁故に加えて，被相続人の祭祀や遺産管理をしている者は，特別縁故者にあたる，とされた事例。

―― 審判理由 ――

②　申立人はみよが死亡した当時まだ出生していなかつたがみよの六親等血族にあたりみよの供養を曾祖父松之助から順造をへて受け継ぎ現在に至つており昭和 45 年にはみよの墓を申立人家の墓に合祀し，なお本件宅地の管理もしている。

　そこで申立人のように被相続人と親族ではあるが生前縁故はなく被相続人の祭祀や遺産の管理など死後縁故だけしかない者が民法 958 条の 3 にいう特別縁故者にあたるかを判断する。同法条には「被相続人と生計を同じくしていた者」や「被相続人の療養看護に努めた者」を例示しているところからみると「その他被相続人と特別の縁故があつた者」というのは死後縁故を含まないようにも考えられるが，特別縁故というのは被相続人と親族とが友人などというたんなる縁故だけでは足りず縁故に加えて被相続人に関連する客観的事実を要求しているものであつて該事実には死後縁故を含まないと解する理由はないと思料し，そうとすれば被相続人と親族という縁故があるのに加えて被相続人の祭祀や遺産管理をしている申立人は被相続人であるみよの民法 958 条の 3 にいう特別縁故者にあたる。

No.73 相続財産分与事件

名古屋高決昭和48・1・17家月25巻6号139頁

---- 事案のポイント ----

抗告人は被相続人の唯一の血縁者（従兄）であり，被相続人の葬儀を他の者と共に営み，その位牌を自宅に安置して祭祀を主宰していること，抗告人が被相続人の生前，被相続人に対し経済的援助，農業の手伝いなどをしなかったのは，生活に窮していたり住居が遠方であったりしたためであって，その意思は有していたこと等判示事情の下においては，抗告人は被相続人の特別縁故者にあたる，とされた事例。

---- 決定理由 ----

原審判挙示の各証拠（等）を総合すると，抗告人は被相続人と血縁関係にある唯一のものであつて被相続人の従兄に当るが，被相続人の葬儀を野本源三と共に営んだ後，しばらくその位牌を〇〇寺に預けていたが，被相続人の七回忌の法要後抗告人が吉田家代代の先祖の祭祀を主宰することに親族間で決つてからはこれを自宅に引取り被相続人の母あさやあさの父浅吉らの位牌と共に自宅に安置し，祭祀を主宰していること，被相続人の生前これに対し経済的援助，農業手伝いなどはしなかつたが抗告人は戦後これといつた定職もなく子供4人を抱えて生活するのがやつとであつたことと遠方に居住していたためその意思がありながらこれをなしえなかつたものであることが認められる。以上の事実によれば抗告人は被相続人の特別縁故者に当るものと解するのが相当であるから被相続人の清算後残存すべき相続財産の全部を抗告人に与えることとする。

よつて右と見解を異にする原審判を取消すこととし，主文のとおり決定する。

No.74 相続財産分与事件

広島家審昭和 48・2・23 家月 25 巻 10 号 96 頁

―― 事案のポイント ――

死後の墓守や祭祀の施行など被相続人と特別縁故関係のあった者が相続財産分与申立権を行使しないで死亡したときは，その行使に障害があった場合など特別の事情のない限り，申立権を行使する意思がなかったものとして取り扱い，同人の特別縁故関係を相続人において承継又は援用することはできないものと解するのが相当である，とした事例。

―― 審判理由 ――

2　相続財産分与の制度は昭和 37 年法律 40 号により民法 958 条の 3 として新設されたものである。同条は，相続人不存在により相続財産が国庫に帰属することを避け，被相続人と生計を同じくしていた者，その療養看護に努めた者など被相続人と「特別の縁故があつた者」に対し，相続財産の全部または一部を分与することができる旨規定したが，その立法趣旨は主として遺言制度を補つて，被相続人の遺志の実現をはかるためであつたものと解せられる。従つて被相続人と生前特別の縁故がなかつた者が死後その祭祀を施行している事実は，同条にいう特別の縁故を肯定すべき事由に該当しないものと解すべきである。かかる解釈は祭祀専用財産を遺産相続と分離し，祭祀承継者をして前者の権利を取得させ，それ以上祭祀承継者たるの故をもつて遺産相続において有利な取扱いをしないこととした制度の仕組に合致するものでもある。

なお本件被相続人の死後申立人が本件山林の手入をしている事実は，同条にいう特別の縁故を肯定すべき事由に該当するかどうかを決するにあたり，これを厳格に解するのが相当である。けだし，同条の立法趣旨からしてそうであるとともに，相続人不明の場合に相続財産管理人選任の申立をいたずらに遅延させ，その間に実績をつくつたうえ，それを理由に相続財産の分与を求める弊害を防ぐためにもそのように解すべきだからである。

そうだとすると，本件の場合，申立人は本件被相続人の死後出生したものであり，かつ上坂春雄，同サダの長女スミノと婿養子縁組したのは昭和一六年九月二九日にいたつてからであるので，申立人が本件被相続人の生前に特別縁故があつた者とはとうてい認められない。

そして申立人が上坂春雄の後を継いで，本件被相続人の墓守りや本件山林の手入をしたなどの事情は，上述の理由からして特に考慮に値する性質ないし程度のものと認められない。

なお，申立人は，自分自身としては本件被相続人の特別縁故者として十分でないとしても，上坂春雄がその特別縁故者であつた地位を承継して，あるいはそれと合わせて考えると，申立人を本件被相続人の特別縁故者として相続財産を分与すべきであるというのかも知れないので，この点につき検討することとする。相続財産の分与は，特別縁故者に対し当然に分与されるものでなく，家庭裁判所が，特別縁故者の申出によつて，はじめて相続財産を分与するかどうか，その程度などを決定するものであつて，その申立権を行使するかどうかは原則として同人の自由意思に基づくべきものと解せられる。そしてその者が前記申立権を行使しないで死亡したときは，その行使に障害があつたなど特段の事情がない限り，前記申立権を行使する意思がなかつたものとして取扱い，かかる場合は特別縁故者と被相続人との間に存した事情を，特別縁故者の相続人などにおいて承継したとか，あるいは援用するということはできないものと解するのが相当である。本件の場合，上坂春雄は昭和42年4月23日死亡するまでの間に本件被相続人の相続財産の分与を申出なかつたものであつて，かつ前記特段の事情も認められない。従つて，上坂春雄と本件被相続人との間に存した事実をもつて特別の縁故を肯定すべきかどうかを論ずるまでもなく，上述の理由により申立人をして上坂春雄のそれを承継したとか，また合わせ考えて本件被相続人の特別縁故者とすることはできない。

No.75 相続財産分与事件

名古屋家審昭和 48・2・24 家月 25 巻 12 号 44 頁

――― 事案のポイント ―――

　被相続人は自己の文化活動の遺産として，居住する名古屋市の文化の向上に資するため私財を投じて会館を建設して，多数の蔵書とともに市にこれを寄付し，市はこれに報いるため被相続人を同会館の嘱託管理人として採用しその一室を与え，毎月謝金を支給し，専属職員2名をもって会館の管理，被相続人の身の回りの世話等にあたらせて，被相続人の晩年における最も大きい支柱となっていたこと，被相続人の葬儀は被相続人の義弟を喪主として市教育委員会が担当して営まれたことなど判示事情の下においては，名古屋市を被相続人の特別縁故者と認めるのが相当である，とされた事例。

――― 審判理由 ―――

1　申立人名古屋市について，
　……以上の事情からみると，名古屋市と被相続人との縁故はなんら自然人のそれと異るところがなく，同市を被相続人の特別縁故者と認めるのが相当である。

2　申立人高野聖治について
　……同申立人の成育期における被相続人との間の母子にも似た親密な触れ合い，同申立人が被相続人の文化活動，ことに同人の名古屋市に対する短歌会館，柏葉文庫などの寄付につきそのよき相談相手となつたばかりでなくこれに協力したこと，また被相続人の晩年にはその最も頼れる親族の一人となつたこと，さらに被相続人の死後その祭祀を承継して法要をつとめるほか，被相続人の遺稿の散逸を防ぎこれを後世に残すため，被相続人の弟子たちとともにその整理にとりかかつていること，被相続人を含む柏葉家の供養をつとめるものとしては，同申立人以外に他に適当なものが見当らないことなど上記事実関係からみると同申立人を被相続人の特別縁故者に該当するものと

認めるのが相当である。
3　申立人短歌会について
　……申立人短歌会が上記のように被相続人の一周忌の法要をつとめたり，胸像を寄付したとしても，それは会員有志の被相続人に対する報恩，感謝の気持のあらわれと考えられ，これをもつて被相続人との間に特別の縁故があつたとするには足らない。

No.76　相続財産分与事件
福岡家行橋支審昭和 48・4・9 家月 25 巻 12 号 55 頁

── 事案のポイント ──

被相続人死亡の際には葬儀を主宰し，その後の法事を営んできた継母について特別縁故者と認めた事例。

── 審判理由 ──

2　次に申立人と被相続人との関係については，前件における判断のとおり，申立人は被相続人が4，5歳の頃から同人が17歳で病死するまでの間いわゆる継母として同人の養育監護にあたり，また病気療養中に看病に努めたことは勿論，死亡の際には葬儀を主宰しその後の年忌の法事をも営んでいる関係にあるので，申立人が被相続人の特別縁故者にあたること明らかである。

No.77　遺骨引渡請求事件
東京地八王子支判昭和 48・9・27 判時 726 号 74 頁

── 事案のポイント ──

遺骨は所有権の対象にならず相続の対象ともならないとして，実妹による実姉の遺骨につき相続権のない他の親族に対する引渡請求が棄却さ

れた事例。

―――――――――――― **判決理由** ――――――――――――

……小林トメが昭和40年2月27日死亡したところ，同人にはその死亡当時生存する配偶者，直系卑属，直系尊属ともになく，相続人としては兄弟姉妹若しくはその子がいるのみで原告は小林トメの実妹で相続人の一人であることは当事者間に争がない。しからば原告は小林トメの有する一切の権利義務を相続により他の相続人とともに承継したものである。原告は小林トメの遺骨もまた相続財産として原告がその所有権を取得したものであると主張するところ，被相続人の遺体や遺骨は被相続人がその生存中にこれを所有していたというわけのものではなく従って被相続人から相続人にその所有権が承継されるという観念を容れる余地のないものである。又人の遺体や遺骨は一見有体物であって所有権の目的となり得るように思われ，ただその性質上所有権の行使が埋葬，礼拝，供養等の目的で管理するということに制限されるものと解することができそうであるが，遺体や遺骨は一般の有体物とはその本質において全く異なるものであるから，これをもって有体物の一種として所有権の客体となるものと理解するよりも，埋葬，礼拝，供養のために存在しこれらの行事を主宰するものが右の目的のために管理すべき一種特別の存在であって所有権の客体とはならないものと解するのが相当である。原告は小林トメの相続人の一人として他の相続人とともに小林トメの遺産を承継したものであるがその承継した遺産のなかに小林トメの遺骨は入っていないのであり又遺骨は所有権の客体たるべきものではないから原告は小林トメの遺骨に対し相続によるとその他の原因によるとを問わず所有権を有するものではない。人の遺骨はその祭祀を主宰する者が保管するものでありその者の管理を侵し遺骨を不法に占有するものがあれば祭祀の主宰者は遺骨の不法占有者に対しその占有を排除する権利を有するものと解する。ところで原告の本訴請求は，原告が小林トメの遺骨の所有権を有することを原因とするほか，その祭祀を主宰する者であることをもその請求原因としているものと解される。民法第897条は系譜，祭具，墳墓等を所有し祖先の祭祀を主宰する者が死亡したとき，系譜，祭具，墳墓の所有権，祭祀主宰者たるの地位を承継す

る者についての規定であって，人が死亡したときその者の葬儀を執行しその遺体又は遺骨を管理してその祭祀を主宰する者についての規定ではない。後者については民法は格別の規定を設けず専ら風俗習慣に委ねているものと解される。而して風俗習慣によって祭祀を主宰する者が明らかでないとき民法897条の規定を準用し家庭裁判所が審判によってこれを定めることもできると思われるがそのことが関係者の間で争われ本件のように遺骨の管理をめぐって紛争が存するとき家庭裁判所のみが審判によってこれを定めることができると解する必要はなく，通常の民事訴訟によってその判断を求めることができるとするのが相当である。そこで小林トメの葬儀を執行しその遺骨を管理して祭祀を主宰する者が原告であるのか，或いは又被告等であるのかについて考察する。小林トメとの身分関係についていえば原告はその妹で2親等の傍系血族であり，被告等は小林トメの亡夫とその先妻の間の子（《証拠略》によれば原告小林喜代治は長男，原告堀井コノは長女，原告中里秀男は四男である）であって1親等の直系姻族であり，ともに小林トメの親族である。而して2親等の傍系血族である兄弟姉妹は直系卑属，直系尊属のないとき相続人となるが姻族は如何なる場合にも相続人とならない。原告は被告等が小林トメの相続人でなく，原告が相続人であることから当然小林トメの祭祀を主宰する者は相続人にあらざる被告らではなく，相続人である原告と考えるものの如くであるが，祭祀を主宰する者とは風俗習慣により定まるのであって相続人とは限らずまた相続人でなければならないということもない。小林喜一は昭和33年5月8日に死亡したが妻の小林トメは婚姻前の氏に復することもなく又姻族関係終了の意思表示をしたわけでもなく（このことは《証拠略》により認められる），死亡するまで小林喜一の遺妻として生活したものと思われるのであり，小林トメが死亡した場合は亡夫小林喜一の傍らに埋葬するのが最も自然な措置であると思料される。そのためには小林喜一の祭祀を主宰する者が同時に小林トメの祭祀をも主宰するのが適切であり風俗習慣にも適うものと思料する。尤も小林トメが夫喜一の死亡後婚姻前の状態に復することを願いそのような生活を営んでおりその死亡後も亡夫喜一の傍に埋葬されることを欲せず寧ろ最も近い血族関係にある妹達との交際を重く考え死亡後は実家（生家）の墓地に埋葬されることを願っていたという特段の事情があれば格別

であるが、本件においてはそのような特段の事情を認むべき証拠はない。而して小林喜一の祭祀を主宰する者はその長男である原告小林喜代治であると認められるので小林トメの祭祀を主宰するものは被告小林喜代治であると解するのが相当である。被告小林喜代治が施主として小林トメの葬儀を執り行ったのは風俗習慣に基づく適切な措置であったということができる。小林トメの遺骨は生前夫婦の関係にあった小林喜一の埋葬されている墓所に埋葬されているものと思料されるところであるが、このままの状態において小林トメの祭祀をとり行い原被告はじめ親族の人々の礼拝がなされることが小林トメの霊を安らかならしめる方途であると理解する。

No.78 祭祀承継者指定事件
福岡家柳川支審昭和48・10・11家月26巻5号97頁

事案のポイント

墓地持分の祭祀承継者を定めた事例。

審判理由

(証拠等によれば)、次の各事実を認定できる。

㈠ 本件墓地は、元来柳川市〇〇部落民308名の共有であるが、明治22年3月11日当時その管理世話人であつた申立人の曾祖父増谷喜久美、申立外立波仙吉外32名の共有(持分名34分の1)として、所有権取得登記がなされたこと。

㈡ 申立人は、現在本件墓地の管理世話人であるところ、墓地共有者の要望により墓地の一部を売却処分して墓地の模様替整備をすることとなり、管理世話人はその実行に着手し殆ど全部の登記名義人の名簿替えを完了したこと。

㈢ 立波仙吉(文政6年7月16日生)は、明治元年2月16日白井カヅ(天保3年5月10日生)と婚姻し、仙吉夫婦は明治19年8月7日渡瀬武男の二男謙三(慶応3年10月18日生)を養子とし、謙三は明治20年4月2日相続によ

り戸主となつたこと。
㈣ カズは明治22年8月19日死亡し，その後謙三は退隠したため仙吉が明治23年7月21日再相続して戸主となつたが，仙吉は明治24年12月18日死亡したこと。
㈤ 然るに仙吉には相続人が全然なく，その祭祀を主宰する者も墓地を管理する者も全然なかつたので，申立人等管理世話人において同人の祭祀及び墓地の管理をして来て現在に至つていること。
㈥ 前記のとおり仙吉には相続人がなかつたため，本件墓地の持分につき登記名義の変更ができず，前記の墓地整備計画の実施に多大の支障を来たしているが，慣習に従つて仙吉の祭祀を主宰すべき者もないこと。
㈦ 相手方は，現在柳川市議会議長であり，本件墓地の管理委員長であつて，現在仙吉の墳墓を管理しており，将来本件墓地に納骨堂を建立した場合には仙吉の遺骨を無縁仏として納骨する意向であり，仙吉の墓地の承継者として指定されることを承諾していること。

民法897条の墳墓の承継者は，必ずしも墳墓の所有者の相続人又は親族に限定されるべきでなく，墳墓を管理する者が承継者として適任であると認められる場合には，管理者を承継者と定めることができるものと解するので，以上の各事実を綜合すれば，相手方を本件墓地の立波仙吉の持分の承継者と定めるのが相当である。

No.79 祭祀承継者指定事件
東京家審昭和49・2・26家月26巻12号66頁

―― 事案のポイント ――

2か所の墓地使用権の承継をめぐり，被相続人の前妻側の相続人と後妻側の相続人とが対立している事案において，一方について前妻側の相続人を，他方について後妻側の相続人を，それぞれ承継者と定めた事例。

―――― 審判理由 ――――

　そこで更に記録を検するに，被相続人昌一は従前から別紙目録㈠及び㈡の墓地使用権を有して居つたもので，同人の死亡後前妻側の相続人と，後妻側の相続人が二派に別れて，右墓地の承継をめぐつて対立した形になつているが，同目録㈡の墓地には前妻かずえ，前妻との九女裕子の分骨その他の親族が埋葬してあつて，従前前妻の子である申立人野沢澄子において管理し，その費用を支弁したこともあつたこと，同目録㈠の墓地については右裕子の遺骨の一部埋葬もあるが，後妻側の相続人において特にその承継について関心が深く，申立人秋造は後妻側の養子であること，前妻側の相続人及び後妻側の相続人は概ね目録㈡の墓地については前者の側の者が，目録㈠の墓地については後者の側の者が承継すれば満足すべき意向を示しているものと認められる。
　そこで諸般の事情を綜合すると記録上前妻側の相続人の代表とも目しうべき申立人澄子を右目録㈡の墓地につき，申立人秋造を右目録㈠の墓地につき権利を承継すべき者と定めるのが相当である。

No.80 遺言執行者選任事件
大阪高決昭和49・6・6家月27巻8号54頁

―――― 事案のポイント ――――

　本件遺言第二項は，その内容からいって相続分の指定等の委託，祭祀承継者の指定として効力を生じえないから，遺言執行者選任申立てを却下した原審判は相当である，とされた事例。

―――― 決定理由 ――――

　遺言も法律行為であるから，それが有効に成立するには内容が確定しているか確定することができるものでなければならないところ，本件遺言の第一項は「藤井家ヲツイデクレル前田家（伸雄）ノ小供モノ中カラ一人ニ土地ヲ

ヨビ家屋ヲアゲマス」というのであり，大阪家庭裁判所昭和48年（家）第1750号遺言書検認事件記録によれば前田伸雄の子は5名現存することが認められるから，土地および家屋をもらう者すなわち受遺者は不確定である。かりに，本件遺言の第二項および宛名の部分を参酌して，「ツイデクレル」者一人の選定を前田伸雄および原徹に一任する趣旨であると解するとしても，どういう標準に従つて選定するか，また右両名の意見が相反するときはどうなるかは不明であるから，受遺者は確定し得る方法が示されていると解するのは困難である。要するに，本件遺言のうち遺贈の部分は内容が不確定である点においても無効であるといわなければならない。（昭和14年10月13日大審院判決民集18巻1137頁参照）

　また，本件遺言の第二項の文言は，遺言者に関する死後のすべてのことを右両名に委ねるという趣旨に解することはできるけれども，それだけではあまりに漠然としていて，民法897条1項の祖先の祭祀を主宰すべき者を指定したものと解するのは困難である。

　以上を要するに，本件遺言は無効であるというほかはなく，従つて本件申立は却下を免かれない。

No.81　遺産分割事件
大阪高決昭和49・9・17家月27巻8号65頁

―――― 事案のポイント ――――

　葬祭費等は遺産の管理費に該当せず遺産分割の対象とはならないとされた事例。

―――― 決定理由 ――――

㈤　抗告理由五について。

　また，抗告人は，被相続人の入院治療費，葬祭費等として合計金1,100,000円を支出し，香典として金411,000円を受領したから，その差額約69万円は相続財産をもつて支弁されるべきである旨主張するので検討する。

民法第906条は，遺産分割の審判に際し一切の事情を考慮すべき旨規定しているが，右規定は，相続人相互間の債権債務も審判の機会に清算すべきことを命じているものではなく，またこれを許容しているものでもない。

　さらに，民法第885条は，「相続財産に関する費用はその財産の中からこれを支弁する。」と規定していて，遺産の管理費については特に相続財産からその支出をなすべきものとしているが，抗告人主張の出損は，右にいう遺産の管理費には該当しないことが明らかである。

No.82　遺産分割事件・祭祀承継者指定事件
大分家審昭和50・7・18家月28巻6号74頁

事案のポイント

　遺産たる各土地の形状及び利用関係，相続人らの資力，意向，鑑定評価額についての問題点，相続人間の対立関係等を考慮すると，本件においては，遺産を競売に付し，売却代金から競売手続費用を控除した残額を相続人らの各相続分に応じて取得させるのが相当であるとしたほか，遺産の一部について祭祀承継者指定の申立てがあったものと解して，その承継者を定めた事例。

審判理由

2　遺産の範囲および状況
四　別紙物件目録四の土地について
　別紙物件目録四の土地は，登記簿上被相続人小川太郎の所有名義になつていたものであり，遺産に属するものであるが，同土地上には被相続人の妻ミヤ（大正7年11月16日死亡），被相続人の長男健司（昭和19年6月29日死亡），三女フミエ（大正8年2月13日死亡），二男誠（昭和13年12月27日死亡）等の墓や，被相続人の死後参加人小川トシ子が建てた小川家の墓が存在し，全体として小川家の墓地を形成している。

3　以上により，現存する遺産は別紙物件目録一ないし四，六ないし九およ

び一一の各物件であるが，このうち，別紙物件目録四の土地は，前記のように，全体として小川家の墓地を形成しており，民法第897条のいわゆる墳墓に該当するものと考えられるので，同条によりその承継者を決定すべきものと考えられる。そして，家庭裁判所調査官岩崎正一作成の昭和49年9月14日付調査報告書および当裁判所の松尾英男（二回目）および小川トシ子に対する各審問の結果によれば，参加人小川トシ子は，被相続人小川太郎の長男健一の妻として，小川家に嫁入りして以来，被相続人とともに同居生活を続け，健司が昭和19年6月29日に戦死した後も，被相続人小川太郎とともに同人の財産の管理や農業等に従事して，小川家の中心的な役割を果し，被相続人小川太郎が死亡した後は，小川家の墓を建てたり，仏壇を新調する等して小川家の祖先の祭祀を主宰してきたものであり，同人においてその承継を希望していることが認められるので，別紙物件目録四の土地は参加人小川トシ子に承継させるのが相当である。

　当裁判所としては，本件各土地の利用状況を考慮するとともに，当事者の資力をも考え，当事者の金銭的な負担がなるべく軽くてすむように考え，なるべく現物による分割を考えてみたが，そのためには本件各土地の分筆測量，土地価額の再鑑定などが必要である。しかしながら当事者は本件遺産分割についてこれ以上の費用と労力をかけることを嫌い，相手方小川和江，同松尾光代，同トシ子らは，むしろ本件土地を競売に付し，その売得金を分割する方が現実的に公平であると考え，競売もやむをえないと考えている状況である。なお相手方滝沢順子，同伏木寿，同伏木賢次らは，本件遺産分割についてはむしろ無関心であったが，申立人津田マサ子が本件遺産の分割を要求する以上，自分達も相続の権利を主張するという態度である。

　以上のような本件各土地の形状および利用関係，相続人および参加人らの資力ならびに鑑定評価額についての問題点，申立人と他の相続人らとの対立関係，当事者の意向等を考え，本件遺産は，これを競売に対し，売却代金から競売手続費用を控除した残額を申立人および相手方らの各相続分により分割するのが相当であると考える。

No.83 祭祀承継者指定事件

福岡家柳川支審昭和50・7・30家月28巻9号72頁

---- 事案のポイント ----

　近親者がない場合には最も血縁の近い者が祭祀を承継するという本籍地の慣習が推認される上，申立人（姪）において従来から被相続人夫婦の墓地及び先祖の墓石を管理し，供養を続けてきている事情を考慮して申立人を祭祀承継者に指定するとともに，遺骨を保管している同居者に対し，その引渡しを命じた事例。

---- 審判理由 ----

三　判断
㈠　記録（等）を総合すれば，次の事実が認められる。
⑴　被相続人は申立人の血縁の叔母であること。
⑵　被相続人は，大正8年10月22日小川章一と婚姻したが，夫婦間に子供は生れず養子もなく，夫章一が昭和39年11月1日死亡したため，全く孤独となつたこと。
⑶　被相続人は「生長の家」を通じて約10年前から相手方と交際を始め，また大塚和男夫妻とも昭和17，8年頃から「生長の家」を通じて知合い親しく交際して来たこと。
⑷　被相続人は，約三年前から病気になつて〇〇×××病院に入院し，特別養護老人ホームに収容されていたが，昭和49年7月退院を希望して相手方方に転居し同居していたところ，同年9月12日死亡したこと。
⑸　相手方は，被相続人の死亡について申立人及び大塚和男に対し全然通知しなかつたところ，同年9月15日大塚和男夫婦が偶々被相続人を見舞うため相手方方を訪ねた際初めて死亡の事実を知つたので，かねて被相続人から預つていた親族の住所録によつて，申立人に死亡の通知をしたこと。
⑹　そこで申立人の夫鈴木勝は，同年10月16日頃大塚和男と同道して相手方方を訪ね，被相続人の遺骨の引渡しを要請したが相手方は被相続人の最後

の世話をしたことや遺骨を直ぐ引取りに来なかつたことなどを理由にその引渡しを拒否したこと。
(7) 被相続人は，夫章一の死亡後郷里である××市△△墓地内の先祖の墓石の横に夫の墓石を建てたが，その際墓石に自己の法名をも刻み，申立人に対して「私が死んだら夫の遺骨の横に埋葬してくれ」と頼んでいたことと及び申立人は今日まで墓地を管理しながらその供養を続けて来たこと。
(8) ××市地方の慣習では，被相続人に子供等の近親者がいない場合には血縁関係の最も近い者が祭具及び墳墓を承継することになつているもののように推認されること。
(9) 尚相手方は，約10年前脳卒中症発作後右半身不随症を起し左右の視力も衰えて白内障症状を呈しており，昭和50年2月より終日就床して全身老衰の徴があること。
(二) 以上認定事実を総合して，次のとおり判断する。
(1) 被相続人の本籍地で郷里でもある××市地方では上記のとおり，近親者がいない場合に最も血縁の近い者が祭具及び墳墓を承継する慣習があるもののように推認されるが，仮にこのような慣習がないとしても，申立人が被相続人と血縁関係の最も近い者であり，かつ，従来から被相続人夫婦の墓地及び先祖の墓石を管理してその供養を続けて来ている実情を考慮すれば，申立人をして被相続人の祭具及び墳墓を承継させるのが相当である。
(2) そうだとすれば，被相続人の遺骨もこの際祭具及び墳墓の承継者である申立人をして相手方より引取らせ，申立人が前記墓地にこれを埋葬しその供養をして行くことが相当であり，このことは被相続人の遺志に反するものとは考えられない。

相手方が約2ヶ月間被相続人と同居してその世話をなし死亡後葬式を行いその遺骨を今日まで保管し供養して来た事実は申立人の遺骨引渡請求を拒否する正当な理由とはならないばかりでなく，相手方が老齢であり従前から病床にあつて他の看護を受けねばならない健康状態を考慮すれば，速やかに被相続人の遺骨を申立人に引渡させるのが相当である。

No.84 子の氏変更事件

静岡家富士支審昭和 50・9・2 家月 28 巻 8 号 55 頁

―― 事案のポイント ――

　母がその実家の家名を息子夫婦に承継させる目的で実質的な夫婦関係解消の意思もなく父と協議離婚して復氏し，息子夫婦から母の氏への変更許可を申し立てた事案につき，本件申立ては，子の氏変更により家名を承継するという専らいわれのない因習的感情を満足させるためになされたものと認めざるをえず，家の制度を廃止した現行民法の精神に反し，子の氏変更申立権の濫用として容認することができないし，また，父母の協議離婚は無効で母は依然復氏していないのであるから申立ての前提を欠くとして，申立てを却下した事例。

―― 審判理由 ――

　本件申立の理由の要旨は，申立人らは夫婦であるが，申立人中村宏の母大山良枝の実家である大山家の家名を承継すべく，申立人らの氏「中村」を母の氏「大山」に変更するについての許可を求める，というのである。

　よつて審案するに，本件記録（等）を綜合すると，申立人中村宏は中村清・良枝間の子であつて，昭和 49 年 8 月 7 日申立人美津子と婚姻し，以来父母と別居して独立に生計を維持し現在に至つていること，本件子の氏変更の許可がなされても，申立人らの生活関係には何らの変更も予想されないこと，申立人宏の母良枝は昭和 50 年 4 月 8 日夫清と協議離婚の届出をしているがその実情は自己の実家である大山家の跡継がないことから，同家の家名を申立人夫婦に承継させるべく，その手段として協議離婚のうえ復氏したものであつて，夫清とは従前と変らぬ同棲生活を続けており，申立人夫婦が大山の氏を称することになれば，再び清と婚姻する旨の届出をなす意向であることが認められる。

　上記認定の実情によると申立人両名と母良枝が共同生活をしている事実もなく，呼称上の便宜その他の氏の変更を正当とすべき事由も何ら存しないの

であるから，本件申立は子の氏変更により家名を承継するという専らいわれのない因習的感情を満足させる為になされたものと認めざるを得ず，家の制度を廃止した現行民法の精神に反するものであり，子の氏変更申立権の濫用ともいうべきものであるから，これを認容することはできない。

なお，念のため付言すると，母良枝の協議離婚は，実質的な夫婦関係解消の意思を欠き，無効であり，母の氏は戸籍上の記載の如何に拘らず離婚届出前の「中村」であるから，本件申立は前提を欠くものといわなければならない。

No.85 未成年者養子縁組許可事件
東京高決昭和51・4・12判時817号71頁

事案のポイント

家名及び家の祭祀（墓地管理）の承継を目的とした未成年養子縁組は許可できないとされた事例。

決定理由

本件記録によれば，原審判認定事実を認めることができるが，それによると，申立人は95才の高齢であり，事件本人乙山花子は9才であって申立人とは遠い姻戚関係にあるが，申立人は養親となっても事件本人を現実に監護養育する意思も能力もなく，もっぱら家名及び家の祭祀（墓地管理），財産の一部の各承継を目的として，本件養子縁組許可申立をしたことが明らかである。かような未成年養子縁組は，家の制度が廃止された現在において，民法の趣旨に反するし，かつそれ自体未成年者の福祉にも適合しないものとして，許されないものといわなければならない。申立人が抗告理由において主張する事情は右判断を左右せず，ほかに原審判を取り消すべき事由は，記録を調査しても，見当たらない。

No.86 相続財産分与事件

東京高決昭和 51・7・8 家月 29 巻 10 号 134 頁

―― 事案のポイント ――

被相続人の相続財産を管理しその祭祀を営んできたことを理由に相続財産分与を申し立てた事案につき，祖先の祭祀を行うかどうかは各人の信仰ないし社会の風俗，習慣等に委ねられるべきところであるから，被相続人の祭祀を行うからといって被相続人の特別縁故者であると解することは家督相続を廃止した現行民法の精神に反するとして，申立てを却下した原審判を相当とした事例（別冊ジュリスト No.109（1991）宗教判例百選（第二版）86 事件）。

―― 決定理由 ――

当裁判所は，民法 958 条の 3 第 1 項にいう「被相続人と特別の縁故があつた者」であるために被相続人との同時存在を必要とする説に左袒するものではなく，被相続人の死後の縁故者であつてはならないとするものではない。しかしながら，現行民法上，相続人は被相続人の祭祀を営なむ義務を負うものではなく，祖先の祭祀を行うかどうかは各人の信仰ないし社会の風俗，習慣，道徳，宗教に委ねられるべきところであつて，国家法の立ち入るべきかぎりではないと解すべきであり，被相続人の祭祀を行うからといつて被相続人の特別縁故者であると解することは家督相続を廃止した現行民法の精神に反する。この理は，被相続人の祭祀を行う者がたまたま相続財産を管理してその租税を納付していても，被相続人が家督相続の行なわれていた現行民法施行前に死亡しても変りがない。さすれば，抗告人が現行民法施行前に死亡した被相続人の所有していた不動産につき管理人としてその固定資産税を納付し新兵衛の位牌を管理しその祭祀を行つているからといつてそれだけで抗告人を新兵衛と特別の縁故があつた者と認めることはできないから，抗告人の本件審判申立を失当として却下した原審判は相当であり，記録を精査しても，原審判に取消すべき瑕疵はなく，これに対する本件抗告は，理由がない。

No.87 相続財産分与事件

宮崎家審昭和 51・8・2 家月 29 巻 2 号 120 頁

―― 事案のポイント ――

相続開始後 40 年を経過した相続財産分与申立事件において，被相続人の内縁の夫の養子の子である申立人について，被相続人との間に縁故関係があったことは認められるが，その縁故関係が民法 958 条の 3 にいう「特別の縁故」関係であったとは認められず，死後縁故もそれに該当しないとして申立てを却下した事例。

―― 審判理由 ――

以上のような次第で，申立人と被相続人との間に「縁故」関係があつたことはこれを認めることができるけれども，その「縁故」関係が前記法条にいう「特別の」ものであつたということまでの証明はついにこれをうることができない。

もつとも，申立人茂康の場合には，前記のように身分関係を介して被相続人と「縁故」関係があつたという事実のほかに，記録によると，申立人は亡親茂喜に引き続いて被相続人のために祭祀を怠ることなく，また昭和 28 年頃には入江家の墓地内に被相続人の石碑を建立してやつたという事実があることが認められる。

しかしながら，前記法条にいわゆる「縁故」というのは，あくまでも被相続人の生前における縁故のことを指称し，死后において生じた縁故を意味するものではないと解すべきであるから，被相続人の死后において申立人が前記のようなことを行なつたとしても，そのことの故に直ちに法にいわゆる「縁故」関係があつたというわけにはゆかないのであつて，そのことは被相続人の存命中における縁故関係の存在ないし濃度のいかんを推認せしめる一つの資料となりうるにとどまるのであるから，本件の事案において前記のようなことを行なつたという事実があつても，被相続人の生前における「縁故」関係が「特別の」ものであつたとまではいい切れないという前記の判断

をかえる必要はごうも認められない。

No.88 相続財産分与事件
松江家審昭和51・11・2家月29巻5号77頁

―― 事案のポイント ――

　申立人の養母において，被相続人の生前同人と同居しその療養看護に尽くし，死亡後はその遺産を管理し祭祀を執り行い，養母が死亡した後は，申立人が事実上被相続人の遺産管理及び祭祀を承継したことが認められ，また被相続人は自己の財産を上記養母に贈与若しくは遺贈する意思であり，ひいてはその養子である申立人が上記財産を相続したであろうことが推認されるとして，申立人を特別縁故者と認めた事例。

―― 審判理由 ――

1　申立人は主文同旨の審判を求め，その申立の要旨は，被相続人は昭和8年6月18日に死亡したが，申立人の養母岡村ハツは昭和3年10月頃より被相続人が死亡するまで，病臥している被相続人と同居して療養看護に尽し，被相続人が死亡するやハツはその届出をなして葬儀を執行し，その後も法要をはじめ祭祀一切をとり行うと共に財産の管理・租税の納付等に当つてきた。申立人は岡村ハツと昭和25年12月18日に養子縁組届出をなし，同人が昭和27年8月1日に死亡した後は，申立人が被相続人の祭祀を事実上承継し，財産の管理・納税等も引継いで現在に至つている。申立人は岡村ハツより被相続人が生前「自分を看病してくれた者に財産全部を贈与する」旨口頭で意思表示をしていたと聞いている。したがつて，被相続人が今日生存していたら岡村ハツ乃至は申立人に全財産を贈与したであろうことが容易に推察できる。そこで被相続人の特別縁故者として本件申立に及んだ。というのである。

(中略)

3　ところで，被相続人が病気になつた当時は，社会福祉政策が不充分であ

つたことから，被相続人が財産贈与の意思を抱いて自己の病気の看護者を求めたことはうなずけるし，さらに積極的に被相続人がその生存中に相続人の無いことから，自己の財産の帰趨に思いをいたしたならば，生計を同じくして看護に当つてくれている岡村ハツに財産を贈与もしくは遺贈し，ひいては同人の養子である申立人がその財産を相続したであろうことが推察できる。

よつて，申立人はこのような意味で被相続人の特別縁故者というべく，民法958条の3第1項に則り主文のとおり審判する。

No.89 遺産分割事件
大阪家審昭和51・11・25 家月29巻6号27頁

―― 事案のポイント ――

墓地は祭祀用財産であり，その購入費用は本件遺産分割とは別個に解決されるべきであるとされた事例。

―― 審判理由 ――

（略）

No.90 遺産分割事件
長崎家審昭和51・12・23 家月29巻9号110頁

―― 事案のポイント ――

葬式費用は遺産分割の対象とはならないとされた事例。

―― 審判理由 ――

なお，遺産分割に当たって問題となる点につき付言するに，遺産からの収益，遺産の管理費等は遺産分割の際に必ず考慮しなければならないものでは

なく，また相続人らも本件における清算方を特に主張しているものでもないのみならず，相続開始後14年余も経つており，収益，管理費のすべての収支関係を明確にするには，なお相当の期間を要するばかりでなく，現時点では困難な状況にあるので，相続人相互間において調整清算をするのが相当と考えられる。次に，被相続人の負債，葬式費用は，各相続人がその相続分に応じ当然分割承継して負担すべきものであつて，本来遺産分割の対象となるものではないし，また，相続人の1人が他の相続人らに代つて相続債務等を立替支出したときは，他の相続人に対し求償権を有すること明らかであるが，それは共同相続人間の債権債務関係であるから，原則として，分割の対象から除外し，共同相続人間の清算の問題として別途の解決に委ねるのが相当である。特に本件において相続人らがその清算方を主張しているものでもなく，また，相続債務につき，債務自体の特定もなく，金額も不明確であるので判断の限りでない。

No.91 祭祀承継者指定事件

大阪家審昭和52・1・19家月30巻9号108頁

―― 事案のポイント ――

宝暦年間以降の被相続人の先祖代々の遺骸が埋葬され墓標や墓石が数多く置かれている被相続人所有名義の墓地は，民法897条所定の墳墓に準じて取り扱うべきものとされた事例。

―― 審判理由 ――

当裁判所の調査及び審理の結果によれば次の各事実が認められる。

㈠ 主文掲記の各墓地（以下「本件墓地」という。）は，被相続人亡谷沢源次郎の所有であり，登記簿上も同人の所有名義となつていたが，同墓地には宝暦年間以降の被相続人の先祖代々の遺骸が埋葬され，墓標や墓石が数多く置かれているため，昭和22年法律第222号に基づく改正前の民法（以下「旧民法」という。）第987条及現行民法第897条所定の墳墓に準じてこれ

と同様に取り扱うべきものと解するのが相当である。

㈡　そして旧民法第987条の規定によれば，墳墓の所有権は家督相続の特権に属するものとされているところ，戸主である被相続人は大正2年9月21日死亡したが，同人には旧民法第970条以下及び第979条の規定に基づく法定又は指定の家督相続人がなく，また当時は同人の母谷沢いね（天保6年11月15日生）が生存していたものの，同人も同法第982条の規定に基づく家督相続人の選定をせずに大正6年8月4日死亡し，その後も家督相続人の選定がなされないまま終戦後の民法の改正によつて現行民法が施行されるに至り，民法附則第25条の規定によつて，墳墓に準ずべき本件墓地の所有権については現行民法第897条の規定が適用されることになつたものである。

㈢　そして被相続人である亡谷沢源次郎が民法第八九七条第一項所定の祖先の祭祀を主宰すべき者を指定した形跡はなく，また本件に関して祖先の祭祀を主宰すべき者に関する慣習の存在も明らかではない。

㈣　被相続人亡谷沢源次郎は生前農業をしており，また同人の三番目の弟である谷沢岩松（明治6年6月5日生）は明治31年7月15日分家して町に出て養鶏業を営んでいたが，同人らの母である谷沢いねは長男である谷沢源次郎が死亡した後は，同人が所有していた財産を売却して四男である谷沢岩松方に同居して同人に扶養されて生活し，谷沢いねの死後谷沢岩松も大正14年5月24日死亡した。

㈤　申立人と相手方とは，いずれも亡永田きくの非嫡出子として出生し，いずれも大正4年2月25日父である谷沢岩松によつて認知されたが，大正14年5月24日谷沢岩松が死亡したため相手方が家督相続し，同年6月22日その旨の届出をした。

㈥　その後は相手方が引き続き本件墓地を管理して，亡父の兄である亡谷沢源治郎，父である谷沢岩松とその妻及び同人らの父である亡谷沢文治及び母である亡谷沢いねらの祖先の祭祀を主宰し，それぞれ墓石等も建立してお盆や彼岸等には墓参をし，また各人の年忌には法事等を行つて供養を継続している状況にある。

二　したがつて以上の各事実からすれば，民法第897条第2項の規定により，

被相続人亡谷沢源次郎が所有していた祭祀財産である本件墓地の所有権の承継者には相手方を指定するのを相当と認め，よつて主文のとおり審判する。

No.92 祭祀承継者指定事件
大阪家審昭和52・8・29家月30巻6号102頁

―― 事案のポイント ――

被相続人の遺骨の所有権は，祭祀財産に準じて，被相続人の祭祀を主宰すべき者が取得するものとされた事例。

―― 審判理由 ――

上記事実によれば，森家の過去帳1冊と森清次，森良雄，森ひさの各位牌1柱宛は，いずれも被相続人の所有に属していたものと推定することができる。

本件は，遺骨の承継者についても申立てられているので先ず，この点について検討するに，一般に被相続人の遺骨は，被相続人が生前，支配していた身体が，その死亡によつて遺体となり，火葬されたことによつて遺骨に代つたものであつて，その所有権は，祭祀財産に準じて，被相続人の祭祀を主宰すべきものが取得するものと解する。

申立人は被相続人の長男であつて，被相続人の葬儀の際は，その喪主を勤めたとはいえ，昭和30年以来被相続人とは別居し，その間に殆ど往き来がないのに引きかえ，相手方は被相続人の二男であつてその出生以来被相続人が死亡するまで同居し，その死亡の際は1か月間程看病し，その死亡後は被相続人の法要は勿論，被相続人の祖先である清次，良雄，「ひさ」の法要も執行しているもので，相手方は事実上，被相続人及びその祖先である森家の祭祀を主宰していたものということができ，その他申立人の主張する森家の系譜である過去帳，祭具である清次，良雄，「ひさ」の各位牌及び被相続人の遺骨は，いずれも相手方がその住所で保管しているものであること，相手

方において今後も被相続人及びその祖先である森家の祭祀を主宰する意思と能力を有していること，その他諸般の事情を考慮するときは，被相続人及びその祖先である森家の祭祀を主宰すべきものを相手方とし，被相続人が所有していた森家の過去帳一冊と清次良雄，「ひさ」の各位牌一柱宛の承継者は相手方と定め，被相続人の遺骨についても相手方をして埋葬等の処分をさせるのが相当であるからその取得者を相手方と定めるを相当とする。

No.93 相続財産分与事件

大阪家審昭和54・4・10家月34巻3号30頁

──── 事案のポイント ────

被相続人の葬儀を執り行い，法要をはじめ祭祀一切を取り扱ってきた等の死後縁故等を理由に，特別縁故者として相続財産を分与した事例。

──── 審判理由 ────

二 上記の事実関係によれば，被相続人の死亡時に上記カヅが特別縁故者として本件土地，家屋の分与を申し立てていたならば，これが認容されたであろうことは疑いのないところであり，これが認容されていれば上記カヅの死亡によりその養子である申立人が本件土地，家屋を相続することができた筈である。そして上記カヅがその申立をしなかつたのは，自己が被相続人を相続したと信じたためであり，当時税務署から同女に対し被相続人の相続につき相続税の通知をなしたことがそう信じた原因になつていることは明らかであるから，同女が上記申立をしなかつたことにつき，落度があつたとみるのは妥当ではないというべきである。また申立人は被相続人の祭祀をとり行つており，さらに申立人は上記カヅの死亡後10年余自己の物と信じて本件土地，家屋を占有使用しており，上記カヅも被相続人死亡後16年余同様自己の物と信じて本件土地，家屋を占有使用してきたものである。

三 そうすると申立人は上記のような意味において，なお民法958条の3，

1項にいう「被相続人に特別の縁故があつた者」に該当し，かつ上記の事実関係によれば，相続財産である本件土地，家屋を全部分与するのが相当というべきであるから，これを求める申立人の本件申立はこれを認容することとし，主文のとおり審判する。

No.94 祭祀承継者指定事件

東京高決昭和 54・4・24 判タ 389 号 138 頁

事案のポイント

本件墳墓の承継者を相手方と定めた原審審判を不当とし，抗告人を承継者に指定した事例。

決定理由

そこで，一件記録を検討するのに，庄太郎の死後その二男義太郎が家督相続し，同人の死後はその長男の相手方が家督相続したこと，本件墳墓には義太郎，その妻喜代，相手方の二女よし江も埋葬され，墓石に各戒名が刻まれていること，本件墳墓は善性寺境内に所在するが，同寺保管の墓石台帳上相手方も本件墳墓の使用者として記載されていること，義太郎は父庄太郎の法要を営んだことがあること，義太郎や相手方は善性寺に従前から寄附等をしたことがあるほか，墓地清掃費を負担する目的で昭和 40 年頃発足した善性寺護持会に当初より加入していることが認められるので，相手方も本件墳墓につき係わりをもっていたことは否めないものの，本件記録によれば，庄太郎は酒屋「伊勢庄」を創業し，これを経営していたが，家督相続人たるべき義太郎が右「伊勢庄」の廃業を唱え父庄太郎に反発し，また母里うとも不和であったので，庄太郎は生前，妻里う，二男義太郎，三男瀧蔵，四男得太郎らに対し家業の「伊勢庄」を継承するものに庄太郎が建立した本件墳墓を託す旨申渡したこと，「伊勢庄」は，庄太郎の死後得太郎と里うが，得太郎の死後は同人の指定家督相続人であった抗告人が順次これを引き継いだこと，本件墳墓の墓石面には「伊勢庄」との文字が大きく刻まれているが「劔持

の文字は刻まれておらず，従前より「伊勢庄」の墓と呼称されてきたこと，本件墳墓に，庄太郎（明治40年1月29日死亡）を埋葬する際の届出人は家督相続人たる義太郎ではなく，「伊勢庄」を引き継いだ得太郎であり，得太郎（昭和14年3月12日死亡）及び里う（昭和14年10月17日死亡）埋葬の際の届出人は抗告人であるところ，右各埋葬につき当時義太郎や相手方らから何ら異議はなかったこと，墓石台帳上抗告人も本件墳墓の使用者となっていること，庄太郎らの位牌や仏像等劔持家の祭具は抗告人がすべて承継所持していること，庄太郎の法要は妻里うも行ない，里うの葬式，法要は抗告人が行なっていたこと，善性寺への寄附等は里うや抗告人もしており，また抗告人も前記護持会に当初より入会していること等が認められ，かかる事実を総合すれば，抗告人主張のごとく，家業の「伊勢庄」を引き継ぐ者に対し本件墳墓を家督相続とは別個に承継させるということが庄太郎の生前に決められていたと推認するに十分である。なお，旧民法987条には「系譜，祭具及ヒ墳墓ノ所有権ハ家督相続ノ特権ニ属ス」との規定があるが，右規定のもとでも，墳墓等の生前処分は自由になし得るものと解すべきであるので，前記のとおり被相続人たる庄太郎が本件墳墓を生前に処分したとみうる本件においては，右規定の存在は前記認定の妨げとはならないというべきである。

　されば，本件墳墓の権利の承継者は，「伊勢庄」を引き継いだ抗告人であるというべく，これと異なり，相手方をその承継者と定めた原審判は重要な事実を誤認したものといわざるを得ず，原審判の取消を求める本件抗告は理由がある。

　よって，家事審判規則19条2項にしたがい，原審判を取り消して抗告人を本件墳墓の承継者と定めることとする。なお，相手方は本件審判の申立において自らを本件墳墓の承継者と定めることを求めているが，家庭裁判所がその判断により承継者を指定するという本件審判の性格上，右は単に審判申立人たる相手方の希望にすぎず，家庭裁判所（家事審判規則19条2項による場合は高等裁判所）は，審判申立人の希望する者の承継者としての当否を判断するのみでなく，他の者を承継者と定めることができることはいうまでもない。

No.95 祭祀承継者指定事件

東京高決昭和 54・9・26 東高民 30 巻 9 号 226 頁

――― 事案のポイント ―――

墓の祭祀承継者につき原審と異なる者を指定した事例。

――― 決定理由 ―――

(四) 森家の祭祀

　篤夫在世中はその僧職嫌いと戦後の経済的困難もありとくに祖先の法要をとり行わず，また菩提寺というべきものはない。篤夫の妻子の不幸に際してはキリスト教式で葬儀をとり行った。

　篤夫は軍人をして各地を歴任した関係もあり，本件墓の管理を弟森廉三に，その死後その妻森延に，その死後昭和 35 年以降森とりに委ね，東京都に対し管理費を納入してきたほか森とりをして墓石をたてかえさせた。昭和 49 年 6 月以降は抗告人森永が右管理費を立替払いし，かつ森とりに対する管理の委託をとりやめた。

　篤夫の死を知った崇は自ら亡父の葬儀を営む意向であり，これにつき抗告人ら及び相手方らにおいて異議を述べていないが，崇は葬儀を行う前に自殺してしまい，また本件墓の使用名義を崇に変更もしていない。

(五) 本件申立てに至るまでの紛争の概要

　相手方森寿ゞ江は，かって崇と東京で世帯をもち，抗告人森淳を同居させたころから互にしっくりせず，篤夫とも疎遠であって，崇の名古屋支店在勤中も近くに住む篤夫との往来に乏しかった。篤夫の死に際し崇らは抗告人森博子からその旨の通知を受けなかった。

　右相手方は崇の葬儀等の頃から一層抗告人らとの折合を欠き，昭和 48 年 4 月 15 日挙行の崇の四九日法要において，列席の抗告人らから生前の崇に対する態度につき責められ，また崇の遺骨の埋葬場所についても意見が対立し，抗告人らとの間に口論となったが，法要の終った後崇の遺骨が紛失した。抗告人らは右相手方に対し崇の妻として祖先の祭祀を行うべく，本件墓を承

継するよう求めていたが，右相手方は抗告人らとの協議を拒み，その後抗告人森淳，森永らの来訪を受けた際には険悪な空気となりパトカーを呼ぶさわぎまであった。この間昭和49年中篤夫の弟森健樹の子小島俊夫があっせんに乗り出したが，結局まとまらず，本申立てに至った。かような次第で右相手方は前述のように姻族関係終了の意思表示をしており，抗告人らはもとより篤夫の兄弟もふくめ，森一族とは親族関係もなければ，親族としての交際も全くない。

(六) 本件墓承継者指定についての関係人の意見

(1) 篤夫は生前抗告人森博子に世話になったので，死後も面倒をみてもらうには忍びないとして，同人を指定することに消極的であった。なお直系卑属以外の者に本件墓を譲る意思はなかった。

(2) 抗告人らは相手方森寿ゞ江が適当であると述べ，次善の策として，抗告人森淳は相手方森貴を，又は抗告人から選ぶならば抗告人森永を適当とすると述べ，抗告人森永は抗告人森淳を，又は相手方森寿ゞ江の代替執行者として抗告人森永を適当とすると述べ，抗告人森博子同三浦和子らは墓守料を支給するならば抗告人森永を適当とすると述べた。

(3) 相手方ら3名は本件紛争の経過等にかんがみ，将来とも抗告人らと親族の交際をする意思を欠き，従って崇以外の祖先の祭祀を行う気もないことを理由として，本件墓を承継する意思なく，相手方ら以外の何人が承継者として指定されても異議ないと述べている。

(4) 森とりは抗告人ら及び相手方森寿ゞ江のうちから承継者が定められるべく，これらが定められないときは自ら墓守をするつもりであると述べている。

2 右事実にもとづき検討する。

(一) 申立権の濫用の成否

抗告人らは，本件墓の承継者が決定されないため，亡父篤夫らをここに埋葬できず，祖先の祭祀執行上重大な支障を生じているから，本件申立てに及ぶのは当然というべく，抗告人森淳は本件において相手方森寿ゞ江及びその実家の「悪業」を列挙しこれを徹底的に糾弾すると述べてはいるが，これは前記のような紛争の実情に照らせば，同抗告人の真情を激しい表現で吐露し

たものにすぎず，これがあるからといって，前記の支障を除去するための本申立てが，申立権の濫用と評価さるべきものではない。
㈡　承継者の指定
　本件墓の承継者は，篤夫の近親者たる抗告人ら相手方ら及び森とりのうちから適当な者があれば，選任さるべきである。
　よって，前記のような紛争の実情にかんがみ，生前の篤夫との生活関係，同人に対する親近感及び敬慕の念，篤夫のほか本件墓に埋葬されている者及び埋葬予定の者との親族関係，祖先の祭祀主宰の意思と能力，関係者の意見を総合して考察すれば，抗告人森永が右承継者として最も適任であるというべきである。

No.96　祭祀承継者指定事件
仙台家審昭和 54・12・25 家月 32 巻 8 号 98 頁

事案のポイント

　一般に祭祀の承継者は 1 人に限られるべきであるが，墓地の所有形態が甲，乙の共有であって，両家の祖先が埋葬され，「甲乙両家の墓」として代々祭祀が行われ，管理されてきたこと等の特別の事情がある場合には，祭祀財産を共同して承継するものとして承継者を共同指定することも差し支えないとされた事例。

審判理由

　申立人は，被相続人山口源吉所有名義の仙台市○○×丁目×××番墳墓地 49 平方メートル（持分 2 分の 1）の承継者として申立人を指定する旨の審判を求めたので，考えるに，本件記録（等）によれば，主文記載の墓地（以下本件墓地という）は，宮城県名取郡○○村○○，山口源吉が岡田忠太郎と共同して所有し，申立人の亡夫山口俊助の祖先で山口家から分れ出た人々が岡田義則ら岡田家の祖先と共に埋葬されている墓地であることが認められる。
　そこで山口源吉について相続が開始したか否か，すなわち同人の死亡につ

いて検討するに，本件記録添付の戸籍謄本，仙台市長の山口源吉の除籍についての回答書を総合すれば，山口源吉は，申立人の亡夫山口俊助の曽祖父山口忠吉の戸籍に附籍されている山口清太（安政3年西暦1856年10月1日生）の父であり，右清太の生年月日よりして，同人が現在生存するとすれば少くとも右清太の満年齢124歳を超える高齢に達しているものであること並びに同人の戸籍は除籍されて，除籍は戸籍法施行規則の定により廃棄されて存在しないことが認められるので，右事実に，昭和54年国勢調査の結果（朝日新聞社編集，発行，朝日年鑑1979年版別巻名簿統計資料編）による昭和54年1月1日現在の生存男子の最高年齢が満113歳であるという事実を併せ考えると，山口源吉は，昭和54年1月1日現在において生存している可能性が全くないもの，すなわち死亡しているものと考えるのが相当である。もつとも，死亡の時期は不明であるが，墳墓の承継者指定を求める本件に関する限り，死亡の時期の確定は必要でない。

　そこで，つぎに本件墓地の承継者として誰が適当かを考えるに，本件墓地の所在する仙台市において，祖先の祭祀を主宰すべき者についての慣習は明らかでない。そして，本件申立書添付の相続関係説明図各戸籍謄本，○○○町内会長の証明書，申立人審問の結果並びに前掲第1719号事件記録中の申立人岡田義則審問の結果によれば，申立人と山口源吉の身分関係は，前示認定のとおり申立人の亡夫の曽祖父忠吉，その父源右衛門と縁ある山口家一族の祖先であり，本件墓地には同人，その子清太，清太の妻らしい人らが前示岡田家の祖先と共に埋葬され，山口家では代々本件墓地を山口，岡田両家の墓として祭祀を行い管理してきたこと，申立人は，山口俊助と婚姻した当初より俊助の父和助に従つて墓参，管理し，俊助が戦死し，和助亡き後は山口家の中心となつて墓参，管理を続けていること，忠吉の子孫（源吉には長男清太，長女さよの他に相続人がなく，両名の死亡によって大正一五年七月三日絶家されている）で本件墓地へ墓参するものは申立人のほかにはいないことが認められ，以上の事実から考えると，本件基地は，岡田家の祭祀承継者と共同して申立人において承継するのが相当である。

　もつとも，墳墓の所有権の承継者を共同して指定することは許されないのではないかとの疑問もあるが，当裁判所は，一般に系譜，祭具および墳墓の

所有権の承継者は1人に限られるべきであろうが、本件の如き特別の事情のある場合にはこれを共同して承継するものとして指定することは差し支えないと解する。

No.97 相続財産分与事件
岡山家備前出審昭和55・1・29家月32巻8号103頁

―― 事案のポイント ――

申立人と被相続人との関係が死後縁故に尽きる場合において、被相続人と申立人の亡父とが親子同様の関係にあったこと、申立人が被相続人の祭祀を亡父から引き継いでいること、相続財産の内容等を考慮して、申立人を特別縁故者と認めた事例。

―― 審判理由 ――

1　申立人は主文と同趣旨の審判を求め、その申立の実状は、「申立人の実父亡木村美代治は幼少の頃から遠縁に当る被相続人に実子同様に養育され、大正13年に結婚してからは勤務の都合などもあつて一時別居していたこともあつたが、被相続人が年老いて一人暮しが無理になつた昭和2年頃からは、また、美代治夫婦が引取つて一緒に生活し、昭和4年に被相続人が死亡するまでその面倒をみてきた。そして同人の法要はすべて美代治がこれに当り、美代治死亡後は申立人がそれを引きついできている。なお、主文掲記の不動産の固定資産税などはすべて申立人がこれを支払つている。

以上の次第であつて、申立人は被相続人の特別縁故者に当るから、主文掲記の相続財産の分与を求めるため本申立に及んだ。」というのである。

2　本件記録中の各資料と当裁判所調査官の調査報告書によると申立人の上記主張事実のほか、被相続人と申立人の父美代治とは事実上、養親子関係の間柄にあつて本件家屋で生活を共にし、また被相続人の死後には申立人を含む美代治の家族が本件家屋に移り住んでいたこともあること、以上の事実が認められる。このような事実関係に照らすと、申立人の亡父美代治

が，被相続人の特別縁故者に当ることは明らかであるが，およそ，特別縁故者たる地位は一身専属的なもので相続の対象とはならないから，そのことからただちに上記不動産を申立人に分与すべき筋合はない。しかしながら，相続財産分与制度が設けられた趣旨からみると，被相続人と特別縁故者とは相続開始時に共に存在していなければならない（同時存在の原則）と解すべきではなく，本件においては，被相続人の相続が申立人の生前に開始し，従つてその縁故は死後縁故につきるけれども，被相続人と申立人の父親ひいては申立人がさきにみたような関係にあるうえ，分与財産の内容その他記録上窺われる諸般の事情なども併せ考えると，申立人を民法958条の3にいう特別縁故者と認めるのが相当であると考えられる。

なお，本件の申立が相続開始後50年余を経過してなされたことは何ら上記認定の妨げとなるものではなく，また，その申立が民法所定の手続がとられた後，適法な期間内になされていることは一件記録上明らかである。

No.98 遺産分割事件
長野家審昭和 55・2・1 家月 34 巻 4 号 83 頁

―― 事案のポイント ――

被相続人の葬式費用，墓石，仏壇に支出した郵便貯金は全額遺産分割の対象から除外すべきであるとされた事例。

―― 審判理由 ――

（略）

No.99 相続財産分与事件

横浜家小田原支審昭和 55・12・26 家月 33 巻 6 号 43 頁

―― 事案のポイント ――

　民法 958 条の 3 第 1 項にいう「被相続人と特別の縁故があった者」とは，被相続人の生前に被相続人と縁故があった者に限るものと解すべきであって，被相続人の死亡後に相続財産を事実上管理したり，被相続人の祭祀を行ってきた者を含むものではないと解するのが相当である，として申立てが却下された事例。

―― 審判理由 ――

（当裁判所の判断）

2　ところで，民法第 958 条の 3 は，相続人不存在の場合には「被相続人と生計を同じくしていた者，被相続人の療養看護に努めた者その他被相続人と特別の縁故があつた者」に対し相続財産を与えることができる旨定めているが，右制度は，昭和 37 年法律第 40 号により新設されたものであつて，その立法趣旨は，主として遺言制度が充分活用されていない実情に鑑み遺言制度を補充しようとするものであり，右条項に例示されている場合のように本来であれば遺言により財産の分与がなされたであろうと思われるような特別の縁故があつた者に対し遺言によらないで財産を分与する途を開いたものと解せられるところ，右立法趣旨から考えても，また右条項が「縁故があつた者」という文言を用いていることから考えても，右条項にいう「被相続人と特別の縁故があつた者」とは，被相続人の生前に被相続人と縁故があつた者に限るものと解すべきであつて，被相続人の死後に相続財産を事実上管理したり被相続人の祭祀をしたりした者を含むものではないと解するのが相当である。また，上記立法趣旨と右条項の文言から考えると，右特別縁故者に対する財産分与の制度においては，特別縁故者にあたると主張する者の請求に基づき家庭裁判所が財産分与の審判をすることによりはじめてその者の具体的権利が発生するものと解すべきであつて，

たとえ，客観的には特別縁故者にあたると認められる者であつても，その者が財産分与の請求をしないで死亡したときは，相続人その他の者がその分与請求についての権利を承継することはできないと解するのが相当である。

3　本件の場合，上記認定事実によると，申立人は，被相続人の父の妹君野ミツとその夫君野作一との間の二男である上田春夫と被相続人の母の兄藤沢信一の三女である上田清美との間に出生した子であるとはいえ，被相続人の死亡後約30年を経過した後に出生した者であつて，被相続人の生前に被相続人と縁故があつたものということはできないから，民法第958条の3にいう「被相続人と特別の縁故があつた者」にはあたらないものというべきである。また，前記各資料によると，申立人の父方祖父君野作一及び申立人の母方祖父藤沢信一は，客観的には被相続人の特別縁故者にあたる蓋然性があり，一方申立人の父上田春夫は，客観的にも被相続人の特別縁故者にあたる蓋然性は乏しいが，かりに同人らが客観的に被相続人の特別縁故者にあたるとしても，同人らは財産分与の請求をしないで死亡したものであるから，申立人がその分与請求についての権利を承継することはできないものというべきである。

No.100　祭祀承継者指定事件
大阪家審昭和56・6・8家月34巻9号85頁

――― **事案のポイント** ―――

本件墳墓及び位牌は，被相続人の死後のもので被相続人の所有だったものではなく，祭祀承継の対象財産にはならないとされた事例。

――― **審判理由** ―――

三　ところで，祭祀財産の承継者指定の制度はもともと被相続人の所有に属し，その限りで本来遺産の一部であるところのものを，その性質上分割相続に適しない等の理由からこれを他の相続財産から除外し，その承継者を

別に定めることにしたものである。
　要するに，祭祀承継の対象たる祭具，系譜，墳墓等は本来被相続人の所有又は権利に属していたものに限るのである。
　そこで本件について見るに，以上の事実によると申立人において主張にかかる別紙記載の位牌および墳墓はいずれにしても被相続人死後において，相手方において出捐の結果これを求め，或は権利を得て墓碑を建立したものであることが認められるのである。
　して見れば，本件位牌，墳墓共に被相続人の所有或いは権利に属していたものでないことは明らかであるから，本件祭祀財産についてその承継を論ずる余地は全くないものと言う外はない。

No.101 祭祀財産所有権確認請求事件
名古屋高判昭和59・4・19家月37巻7号41頁

事案のポイント

被相続人の生前に祭祀承継者に指定されたとする者が，相続人の一部を相手に祭祀財産につき所有権の確認を求めた事件の控訴審において，被相続人が家業である理容業を継がせ，自己の全資産を生前贈与したこと等からすると，控訴人（原告）を祭祀承継者に指定したものとするのが相当であるとして，控訴人の請求を棄却した原判決を取り消し祭祀財産が控訴人の所有に属することを確認した事例。

判決理由

二　〔証拠略〕を総合すると，次の事実が認められる。
1　幸次郎は，昭和26年9月ころ久美と内縁関係に入り，所有にかかる本件建物に設けた店舗で理容業を営んで来た。そして，前妻との間の長女静は既に昭和22年2月近隣の川本鹿之助のもとに稼ぎ，長男被控訴人はその妻良子，二子とともに幸次郎方に同居して，主に漁業に従事していたが，幸次郎が久美との婚姻届を出し，かつ，控訴人が出生した昭和30年ころ

から，幸次郎との仲は兎角円満を欠くようになり，ために一時は〇〇町内に別居し，その後，同32年5月良子との離婚を経て同34年7月横地登代子と結婚してからは，再び幸次郎方に同居したりし，また，三男宗一及び四男新はともに理容師の資格を得て，幸次郎と一緒に働いていた。

しかるに，昭和36年2月ころ，被控訴人が幸次郎に無断で同人名義の「隠居届」を作成してこれを組合に提出し，自己が組合員たる地位を相続によつて承継した旨の虚偽の申出をし，組合がこれを受理したことから，幸次郎は被控訴人及び組合を相手方として訴訟を提起するに至つた。右訴訟は，昭和37年1月17日，組合において「組合員であることを確認する」旨を求める幸次郎の請求を認諾したことから，幸次郎において被控訴人に対する訴を取下げて終了したが，このような紛争にともない，幸次郎と被控訴人との間は一層険悪化し，右訴訟終了のころ被控訴人は幸次郎方を離れ，やがて，昭和40年前後には〇〇町から千葉県下へと転居して，幸次郎との音信を絶ち，宗一，新も，ともに，昭和36年11月8日分籍して幸次郎の許を去つて，その後それぞれ東京，神奈川方面に転居し，加えて，同じ町に住む静との間も疎遠になつて，結局，幸次郎と先妻の子らとの間には，昭和40年ころから，全く交流が途絶えてしまつた。

2　他方，幸次郎は，久美及び控訴人と円満な日常を過しながら前記の家業に励み，かつ，ともに祖先の祭祀行為につとめて来たが，ことに被控訴人ら前妻の子らが次々に幸次郎の許を離れてからは，控訴人を家業の後継者と思い定めるようになつた。そこで，幸次郎は，控訴人自身は高校を卒えてから大学への進学を希望していたにもかかわらず，敢てこれを説得して，東京の高等理容学校に進ませ，その課程を修了した昭和五一年秋ころからは，設備等も一新した本件建物の店舗において，幸次郎と控訴人とが相携えて理容業を営むようになつた。

3　かくして，幸次郎は，折あるごとに，久美のみならず第三者に対しても「自分の跡は一切控訴人に継がせる」旨を述べ，控訴人に対しても「養子をもらつて位牌を守るよう」に告げていたが，昭和52年10月ころ，家産のすべてにあたる本件土地建物を控訴人に譲渡することを決め，弟子にあたる大澤一から紹介をうけた南光秀司法書士にその手続などを諮つた。し

かし，幸次郎は昭和52年12月22日肝障害により〇〇市民病院に入院のやむなきに至つたので，右の機会に，南司法書士に依頼して控訴人に本件土地建物を贈与する旨の同月23日付証書を作成するとともに，同司法書士に右贈与を原因とする所有権移転登記手続を委任し，昭和53年1月9日その旨の登記を了した。その間，幸次郎は昭和52年12月28日ころ仮退院したけれども，翌53年1月1日消化管出血により再入院し，その後，尿毒症を併発して，久美，控訴人に看取られながら前示のように同月10日死去した。

4　控訴人は，前示大澤一の計らいで連絡を受け，昭和53年1月7日ころ，静とともに，ようやく病床に在る幸次郎を訪れ，10分足らずの時を過したにすぎなかつた。そして，同月19日の葬儀は，控訴人が施主となつて執り行われ，幸次郎は，控訴人によつて尾上家の菩提寺である〇〇寺に埋葬された。

　以上の事実が認められ，乙第八号証の記載及び前示証人川本静及び被控訴人の各供述中，右認定に牴触する部分は，右認定に供した証拠及び弁論の全趣旨に比照して，たやすく採ることができない。

三　前項認定のような一連の経緯に鑑みれば，幸次郎は控訴人に対して，遅くとも前示昭和52年12月23日に本件土地建物を贈与するとともに，併せて，控訴人を祖先の祭祀を主宰すべき者として指定したと解するのが相当である。けだし，当時に至るまでの幸次郎と控訴人との生活関係，反面，幸次郎と被控訴人及びその姉弟との地域的，情誼的関係，なかんずく幸次郎が自己と同業の資格を有する三男宗一，四男新を差し置いて，控訴人に敢てその初心を飜えさせてまで家業を継がしめたこと，など諸般の事情を斟酌すれば，幸次郎において唯一の資産とみられる本件土地建物を控訴人に贈与したという事実は，これが他の相続人らの遺留分を侵害するか否かは措き，まさに右時点において，控訴人を祭祀主宰者たらしめる幸次郎の意向を客観的に具現したものとして，右指定の意思を推認するに十分なものだからである。

　してみれば，控訴人は，幸次郎の死亡によつて祖先の祭祀主宰者たる地位に就き，同時に，同人から本件祭祀物件の所有権を承継取得したものと

いうべきである。

四　被控訴人は，前示のように幸次郎が属していた組合では，組合規約によつて組合員たる地位を承継する者は一人に限られ，かつ，慣習として右規約による組合員の地位承継者が祭祀の承継者になる旨を主張し，そして，成立に争いのない乙第一，第四号証並びに原審及び当審における被控訴人本人尋問の結果に徴すれば，被控訴人は組合規約に基づき幸次郎の死亡に伴つて昭和53年1月18日組合員たる地位を相続承継したことが認められる。

　しかしながら，被控訴人主張のような慣習が存するとしても，被相続人による指定が慣習に優先することは民法897条の規定に明らかなところであるのみならず，原審証人三橋国雄は，前示〇〇寺の住職として「組合は個人の家の祭祀承継者を誰にするかについて実質的な権限はないと思う」旨を，同じく原審証人村上年男は昭和54年3月当時の組合長として「組合員の地位の承継とは別に，一般財産の相続や承継は組合の関知するところではなく，また，組合員の葬式の際に誰が位牌を持つかなどは組合とは関係がない」旨を，さらに，当審証人稲木正治は昭和55年10月当時の組合長として「組合規約によつて承継されるのは組合員たる地位だけであり，祭祀のことまで組合が決めるべきものでないことは間違いない」旨を，それぞれ証言している（中略）。以上の各証言に照らせば，被控訴人において幸次郎の組合員たる地位を承継した事実があるからといつて，幸次郎の祭祀主宰者の指定に関する前示のような意思の推認が妨げられるものではないというべきである。

五　以上の次第で，控訴人の本訴請求は理由があるからこれを認容すべきところ，右請求を棄却した原判決は不当であつて，本件控訴は理由がある。よつて，原判決を取り消したうえ控訴人の本訴請求を認容することと……する。

No.102 氏変更事件

東京高決昭和59・5・30 東高民35巻4・5号104頁

事案のポイント

離婚後亡き夫の氏を称している申立人が，父の意向を受けてその祭祀承継者となるために必要であるからとして申し立てた，父と呼称を同じくする氏への変更の申立てを却下した事例。

決定理由

一件記録によると，抗告人は，父米野与三郎と母同とき子との間の第四子として昭和17年1月10日出生したものであるが，父母は昭和30年6月22日協議離婚し，その際，抗告人の親権者を母と定められ，抗告人は，昭和35年3月1日民法791条1項により母の氏（竹谷）を称して同人の戸籍に入籍したこと，その後，抗告人は，村山充弘と婚姻して夫の氏を称し，子を儲けたが，夫が昭和52年9月26日に死亡したため婚姻関係が解消されたものの復氏しないままでいること，他方，父米野与三郎は，後に別の女性と婚姻したが，とき子との間の子である抗告人及びその兄姉の4人のほかには子に恵まれなかったところ，最近になって，「米野」の氏による同人及びその祖先にかかる将来の祭祀承継者を抗告人と定めておきたい意向を抱くに至り，抗告人の承諾を得たこと，以上の事実を認めることができる。

本件は，右の事情のもとで，抗告人が父の意向を受けてその祭祀承継者の地位に立つべき関係にあるところから，父と呼称を同じくする「米野」の氏への改氏の許可を求めるものである。

抗告人が戸籍法107条に基づく改氏により得ようとしている氏が，父米野与三郎の民法及び戸籍法に定める身分上の氏たりえないことは，いうまでもないところであるが，民法897条が，同条所定の祭祀の主宰者につき，右身分上の氏ないし呼称上の氏が祖先ないし従前の権利者である被相続人と同氏であることを要求するものでないことは，同条の規定の解釈上明らかというべきであり，抗告人がその父方の祭祀を承継するにつき，呼称上の氏を「米

野」に変更しなければ重大な支障を生ずる事情はこれを認めるに足りるだけの資料がない。

　この点につき，抗告人は，民法769条，751条2項，817条，808条2項の規定を援用して，民法に右各法条が設けられたゆえんは，祭祀主宰者の地位が血族の由来を表示すると観念されている氏と多くの場合結合し，又はその結合が妥当視される現実の社会的事情を立法上無視しえないことにあり，祭祀承継者制度を法認する以上，右制度はその性質上，承継を求める者と承継する者との間に一体感，継続性のあることを前提し，ある範囲では祭祀承継のために氏を呼称上のものとする制約から解放するものであり，なお，右制度の運用は実際上は関係者に物心両面の相応の配慮を促していることを顧慮すべきものと主張する。なるほど，抗告人の援用にかかる民法の各法条が，祖先の祭祀の主宰者がその地位にあるまま他の氏を称する事態の生ずることを除去しようとする意図に出たものであることは，認めなければならないけれども，その場合でも新たに権利を承継すべき者が前権利者の離婚，離縁等による復氏前の氏と同氏の者であることを要求しているとは解されず，結局，民法は，離婚，離縁，生存配偶者の復氏等身分上に特別の変動を生じた場合に，関係当事者の心情を考慮して，新たに権利承継者を定めようとしたものであって，かような特殊な場合の規定があるからといって，氏をもって家の呼称から個人の呼称に改めるべきものとした現行民法の氏についての性格を動かすことはできないというべきである。

No.103　土地所有権確認請求等事件
福岡高判昭和59・6・18判タ535号218頁

――――――― 事案のポイント ―――――――

　本件土地の所有権（共有持分権）確認請求は排斥したが，墓地使用権（準共有物権）を認め，それに基づく本件地上建物の収去・土地明渡し及び共同不法行為に基づく慰謝料請求を認容した事例（別冊ジュリストNo.109（1991）宗教判例百選（第二版）90事件）。

──────── **判決理由** ────────

七　墓地使用権の主張について

　控訴人らは，仮定的に，すなわち本件土地につき控訴人らが所有権（共有持分権）を有しないとしても，墓地使用権を有する旨主張するので判断するに，およそ，墓地使用権とは，祖先の霊を安置するという宗教的意識を基礎としつつ，神聖かつ宗教的礼拝の用に供するための祭祀財産である墳墓を所有するという特定された目的のため，官庁の許可によつて特設された共葬墓地内においてのみ設定され，右墳墓そのものが容易に他に移動できない施設であり，しかもその施設が右墓地と一体となつて墓石など特殊の標示物によつて公示されるため固定性を具え，さらに墳墓の所有権は，旧法下では家督相続人に，現行法下では祭祀主宰者に受け継がれ，右承継者が断絶して無縁とならない限り，原則として永久的に承継されていくものであるところ，これと一体不可分の関係に立つため永久性を有し，民法施行前より慣習上生成した権利であつて，民法施行後も民法施行法37条所定の登記を経由することなく，同一内容をもつて依然社会の慣行上認められてきている対世的支配的権利というべきものであるから，通常，共葬墓地においては目的土地を複数の使用者毎に区分して共同使用し，各使用者は割り当てられた使用区域に墳墓の施設を所有して当該区域を専用するが，墓地使用権自体は，当該区域のみならず目的土地全部につき成立し，その各権利者間の関係は準共有であるものと解されるので，右各使用区域の侵害に対してはもとよりのこと，右の目的土地全体を右のごとく特設された共葬墓地として墳墓所有のため使用する権利に対する侵害状態が現に存する場合には，いわゆる物権的妨害排除請求権が認められ，右の各権利者がそれぞれ侵害者に対し右侵害の排除を請求し得るものと解するのが相当である。そして，これを本件についてみれば，前記二及び五に認定した事実に照らせば，遅くとも明治9年頃までには，村上忠蔵外45人の本件土地の共有名義人らが，本件土地につき墓地使用権を取得していたことは，これを否定することができないものというべきであり（この点については被控訴人らも明らかに争わない。），〈証拠〉によれば，明治9年頃における本件土地の共有名義人には村上儀平，村上友次，村上忠蔵，豊島

常吉らが含まれていること，その各相続人らが右の者らからその（村上忠蔵外45人間で相均しいものと推定されるところの）墓地使用権（準共有持分権）を承継し，それぞれ墓の管理等に当つてきたことが認められるところ，請求原因1の㈡の(1)ないし(4)の各事実（当判決事実欄二の1の㈣の(1)ないし(4)記載の各事実）は当事者間に争いがない。

以上のところよりすれば，本件土地につき控訴人らが墓地使用権（準共有持分権）を有する旨の主張は理由があるものというべきである。

八　被控訴人らの抗弁について

（中略）以上のとおり，墓地使用権に関する被控訴人らの抗弁はいずれも理由がない。

九　そして，以上のところよりすれば，被控訴人らには，亡村上儀四郎が本件土地を墓地として使用することを妨げて，同人の本件土地に対する墓地使用権（準共有持分権）を侵害したという共同不法行為が成立し，右共同不法行為によつて，本件土地が墓地，すなわち，宗教的礼拝の場所として備えていた全体的な威容及び美観が著しく損われ，そのため，同人は，その宗教的感情を害されたばかりでなく，崇敬する祖先の墓地参拝上の不便，不利を被るなどの精神的苦痛を受けたことが明らかであつて，これらの精神的損害を慰藉するには50万円が相当である。

No.104　課税処分取消請求事件

那覇地判昭和59・6・19税資136号699頁

事案のポイント

課税処分に関係する贈与の時期に関して，沖縄では兄の跡を弟が継ぐことは「チョーデー・カサバイ」として忌み嫌われ，戸籍上の長男が祭祀承継者とされる慣習のあったことが認定判断された事例。

判決理由

二　贈与の時期について

1 　原告は，嘉彦，原告間の本件各土地の贈与の時期についての被告の認定を争い，右贈与がなされたのは昭和43年10月6日であり，仮にそうでないとしても昭和46年8月上旬であると主張するので，以下順次検討するが，それに先立ち嘉彦が本件各土地の所有権を取得した経緯について触れておくこととする。

　（証拠）を総合すると，本件各土地はもと嘉彦の兄嘉貞が所有していたものであるが，嘉貞は昭和19年10月10日の那覇空襲で死亡したこと，嘉貞は具志堅品太の長男であり，嘉信が二男，嘉彦は三男にあたるところ，嘉貞と妻克子（昭和17年3月死亡）との間には実子がなく，養子に迎えていた嘉信の二男安男は昭和19年5月に死亡しており，嘉信も既に昭和12年2月死亡していたため，嘉彦が旧民法上嘉貞の家督を相続すべき地位にあったこと，ところが，沖縄の慣習では兄の跡を弟が継ぐことはいわゆる「チョーデー・カサバイ」として忌み嫌われるため，嘉彦ら関係者の意識としては，嘉彦は嘉貞の家督を継ぐべきものではなく，本件各土地等嘉貞の遺産は沖縄の慣習に従って決められる嘉貞の祭祀承継者がこれを取得するべきであると考えられていたこと，しかし，終戦後行われた土地所有権認定事業の当時嘉貞の祭祀承継者が未だ決定されるに至っていなかったため，嘉彦は，親族会を開いた結果，本件各土地を含む旧嘉貞所有地について嘉彦名義で申請をして所有権の認定を受け，その名義による所有権保存登記を経由したこと，以上の事実が認められ，右認定に反する証拠はない。

　しかして，右事実によれば，沖縄の慣習及びその影響下にある嘉彦ら関係者の意識はともかくとして，法的にみる限り，嘉彦は，旧民法による嘉貞の選定家督相続人として本件各土地の所有権を相続により取得したものと解するほかはない。

2 　（中略）したがって，本件各土地の贈与の時期を昭和43年10月6日とする原告の主張は理由がなく，採用することができない。

3 　（中略）

4 　しかして，以上検討したところによれば，前記調停申立に基づいて開かれた裁判所の調停期日において嘉彦及び原告が出頭の上前示のような調停が成立した昭和47年7月20日には，右当事者間における贈与による本件

各土地所有権移転の効果が確定的に発生したものと認められるから，この時をもって本件各土地の「取得の時」と認めて贈与税を賦課した被告の判断は正当であり，何らの違法はないというべきである。

No.105 不当利得返還請求事件

東京地判昭和59・7・12判時1150号205頁

――― 事案のポイント ―――

被告は相続放棄したのに被相続人の死後預金を引き出したとして相続財産管理人から同額の不当利得返還請求をしたところ，同預金は被相続人の葬式費用にあてたもので不当利得ではないとする被告の抗弁を容れて請求を棄却した事例。

――― 判決理由 ―――

……右の事実によれば，富士銀行久が原支店の普通預金口座は，太郎が得た収入から毎月被告に渡されていた生活費によって構成されたものということができる。

ところで，夫が収入の一部を生活費として妻に渡した場合に，直ちに右生活費が妻の特有財産になると解するべきではなく，右生活費は夫婦共同生活の基金としての性質を有するものであるから，夫婦の共有財産と解するのが相当である。そうすると，被告が，右生活費を太郎名義で預金した富士銀行久が原支店の普通預金口座の預金も太郎と被告の共有財産とみることができる。そして，右口座の残高は，太郎の死亡当時金12万0402円あったところ，その後同年6月中に電気，ガス，水道料金等の口座振替により合計金7万6900円が引き落とされているのであるが，この口座振替には太郎の存命中の夫婦共同生活によって生じた費用の支払が含まれているものと推定され，かつ右口座振替によって引落された金額のうち，太郎の死亡後に生じた電気，ガス，水道料を区別して控除することも証拠上不可能であるから，右6月中の口座振替により引き落とされた金額は，全額太郎と被告の夫婦共同生活の

費用にあてられたものとして，これを控除すると，残額は金4万3502円となり，その2分の1は金2万1751円であるから，被告が右口座から払戻しを受けた金額のうち金2万1751円が，太郎の相続財産に帰属すべき金額と認めることができる。

次に，富士銀行久が原支店の前記50万円の定期預金は，前記のとおり被告が太郎から渡された生活費の余剰を預金したものであり，被告が生前太郎から生活費の余剰分は自由につかってよい旨言われていたことも認められる。しかし，太郎が被告に渡していた生活費の法的性質からすると，被告が生活費の余剰から自己固有の財産を取得した場合には，右財産を被告の特有財産とみることはできても，単に生活費の余剰を太郎名義の定期預金としたに過ぎない場合には，右預金は未だ夫婦共同生活の基金としての性格を失わないと考えられるのであり，右預金も太郎と被告の共有財産と解される。従って，富士銀行久が原支店の前記50万円の定期預金は，その2分の1の金25万円が，太郎の相続財産に帰属すべきものということができる。

（中略）

四　抗弁について

《証拠略》によれば，太郎が生前に代表取締役をしていた訴外乙山株式会社は，従業員が3，40名位の会社であり，太郎の葬式は社葬として横浜市内の豊顕寺で行われ，約300人余りの会葬者があったこと，右葬式の費用のうち葬儀社への支払分は右訴外会社が負担したが，豊顕寺への布施回向料150万円，会葬者に対する挨拶状の印刷代5万6200円，墓石の設置費用60万円のほか，会葬者への接待費用，墓地永代使用料として相当額を被告が支払ったのであり，被告はこれらの費用を支払うために平和相互銀行及び富士銀行の前記各預金の払戻しを受けたものであること，以上の事実を認めることができ，右認定を左右するに足りる証拠はない。

ところで，死者に対する葬式は，社会生活における慣習として当然営まれるべきものであり，いわば死者の社会生活の延長若しくは跡始末の性格を有することや，民法306条，309条1項が死者の身分に応じてなされた葬式の費用につき相続財産に対する先取特権を認めた趣旨等を考慮すると，本件のように相続人全員が相続放棄をした場合に，被相続人の生前の社会的地位に

応じた葬式費用は，これを相続財産の負担として，同財産中から支弁することも許容されるものと解するのが相当である。

そして，既に認定したところによれば，被告が払戻しを受けた前記各預金のうち，太郎の相続財産に帰属すべき分は合計 97 万 1751 円であり，太郎の前記の社会的地位に照らし，被告が太郎の葬式費用に支出した金額のうち，少なくとも右金 97 万 1751 円程度の費用は，相応の葬式費用と考えられる。

そうすると，右葬式費用を支払うために前記各預金を被告が払戻したことは，原告になんらの損失を生じさせるものではないから，右払戻しを損失として被告に対し不当利得の返還を求める原告の請求は，その余の点を判断するまでもなく理由がないというべきである。

No.106 祭祀承継者指定申立事件
大阪高決昭和 59・10・15 判タ 541 号 235 頁

事案のポイント

祭祀承継者について被相続人の指定もなく慣習の存在は明らかでないとして，祭祀承継者中墓地使用権は長男である相手方に帰属しており改めて指定することはできないとする原審判を取り消し，被相続人と長く同居し医師の家業を引き継ぎ，被相続人の葬儀その他の法事も施行してきた抗告人三男を祭祀承継者に指定した事例。

判決理由

2 以上の事実関係の下で判断するに，まず，祭祀主宰者について，被相続人の指定もなく，それを定める慣習も明らかとはいえないのであるから，民法第 897 条により，家庭裁判所が祭祀財産承継者を定めることとなる。

この点につき抗告人らは，原審判を非難し，抗告人堀内洋が祭祀主宰者となるべき慣習が定かではないとする根拠はない，と主張するが，その理由のないことは前記のとおりであり，かえつて，右慣習が明らかであれば家庭裁判所は祭祀財産承継者の指定をなし得ず，申立てを却下せざるを得

ないのであるから，抗告人らの右主張は背理であつて排斥を免れない。
3 ところで，祭祀財産の承継者を指定するにあたつては，承継者と被相続人との身分関係のほか，過去の生活関係及び生活感情の緊密度，承継者の祭祀主宰の意思や能力，利害関係人の意見等諸般の事情を総合して判断するのが相当であると解されるところ，既に認定したとおり，抗告人洋は，被相続人夫婦と長らく同居してこれを扶け，嘱望されて家業も継ぎ，被相続人の葬儀及びその後の法事も事実上主宰してきたほか，相手方を除く兄弟姉妹からも望まれているというのであるから，被相続人九萬里が有した主文第一項1ないし5記載の各祭祀財産の権利は，抗告人洋が承継すると定めるのが相当である。

そもそも，祭祀主宰者は民法897条の趣旨や文言からいつても，本来，一人であるべきものであるし，祭祀財産は祭祀を行うための要具であるから，それが著しく遠隔地にあるとか，歴史的価値が高く祭具本来の意味を失つた場合等の特段の事情がある場合を除き，原則として先祖の祭祀を主宰するのにふさわしい者がその権利を単独で承継すべきものである。

本件の場合右特段の事情は認められないから，被相続人の所有であつた祭祀財産の権利を抗告人洋と相手方とに分属させるのは相当でない。
4 原審判は，満池谷墓地の使用権は既に相手方に帰属しているものと認められるからその承継者を定める申立は理由がない，とする。

しかし，さきに認定したとおり，相手方が昭和30年8月26日に墓地使用券の名義書換を受け得た根拠規定は，旧西宮市墓地使用条例第8条所定の「墓地使用ノ権利ハ相続人之ヲ承継シ」との定めに基づくものと解されるところ，墓地使用権は地上の墓標所有権に付随するもので，墓標の存する限り両者は密接不可欠の関係にあるから，墓地使用権は，祭祀財産たる墳墓と一体視すべきものと解すべく，そうだとすれば，昭和30年8月当時においては本件祭祀財産の承継者は未だ定められていなかつたことからして，右名義書換は実体的な権利承継の裏付けのないまま行われた，一時凌ぎのいわば便宜上の措置というほかないものである。したがつて，本件により祭祀財産の承継者が抗告人堀内洋と定められ，それが確定すると，現行の西宮市墓地斎場条例第6条により，同抗告人が満池谷の墓地使用権

を承継し，同施行規則第9条により使用許可書（同規則第5条により交付されたもの。旧条例による場合は同条例施行細則第3条により交付された墓地使用券）を西宮市長に提出して書換えを受けることになると思われる。そのためには，墳墓の引渡しに代えて，相手方が所持していると認められる西宮市墓地使用券（第1691号）1枚を抗告人堀内洋に引渡すことを命ずるのが相当である。

No.107 遺骨引渡請求事件

東京高判昭和59・12・21 東高民35巻10～12号208頁

事案のポイント

人の遺骨は所有権の対象とはなるが相続財産として相続の対象となるものではなく，民法897条所定の祭祀財産に準じて祭祀承継者が取得し管理すべきものとされた事例。

判決理由

人の遺骨は，所有権の客体となるものと解されるが，相続財産として相続の対象となるものと解するのは相当でなく，その所有権は民法897条の趣旨に則り，特別の事情のない限り，同条所定の祭祀財産に準じて祭祀承継者が取得しこれを管理すべきものと解するのが相当である。

しかるところ，第一審被告は，嘉孝からその遺霊を前記南多摩霊園の墓地に埋葬するよう委託されたことをもって嘉孝から祭祀主宰者に指定された，と主張する。しかしながら，ここにいう祭祀の主宰者は，祖先の祭祀を主宰すべき者を意味するところ，前認定の事実関係によれば，嘉孝が第一審被告に委託したのは嘉孝自身の霊を祀り供養することにとどまり，島津家の祖先をも含めたものであったとまで認めることはできず，したがって，嘉孝が同被告をもって祖先の祭祀主宰者に指定したと認めることはできないというべきである。

次に，第一審原告正義は，みずから慣習上の祭祀主宰者に該当する，と主

張するが，右に認定した事実関係，ことに，同原告は嘉孝が愛情を失っていたとまではいえないとはいえ，かつて嘉孝から推定相続人廃除の審判の申立をされたこともあるうえ，その後において嘉孝は第一審被告と婚姻し，同原告の母である亡妻英のために小平霊園内に「島津家之墓」と刻して建立した墓所とは別に南多摩霊園に墓地を用意し，死後はこの墓地に葬ってくれるよう第一審被告に託し，現にその遺骨は同所に埋葬されているという事情のもとにおいては，同原告が祭祀承継者に選定される可能性を有する者であることは否定できないとしても，なお当然に慣習上祭祀主宰者の地位を承継すべき者に該当するとはいえないといわなければならない。

　次に，第一審原告正義は，そうでないとするならば，昭和45年10月4日，嘉孝の遺産につきその管理方法を協議した際，第一審被告を除く嘉孝の子である相続人7名は合計3分の2を有する持分権者として第一審原告正義を祭祀主宰者に決定したから，同原告をもって祭祀主宰者と認めるべき旨主張する。しかるところ，原審における乙事件被告国臣の証言によれば，同原告主張にそう事実が認められないではないが，右協議はその主張自体に照らして明らかであるように，相続人の一人である第一審被告を除外して行われたものであるところ，祖先の祭祀主宰者につき被相続人の指定がなく，また慣習が明らかでない場合に，その決定を家庭裁判所の審判に委ねている民法897条の法意に照らし，相続人の合意のみによって祭祀承継者を決定することができるか否かに疑問がなくはないが，その効力を認めることができるとしても，民法の右規定の趣旨に徴するときは，相続人の右の合意は全員一致を必要とするものと解すべきであるから，同原告主張の祭祀主宰者を定めた協議は第一審被告に対してはその効果を主張しえないものというべきである。そして，第一審原告，第一審被告ら嘉孝の相続人その他利害関係人の間で家庭裁判所に対し祭祀主宰者を定める審判申立をし，その審判を経たことについては主張・立証がない。してみれば，第一審原告正義は，いまだ第一審被告に対し嘉孝の遺骨の引渡しを求める請求権を有しないといわざるをえない〈ママ。以下略〉

No.108	祭祀承継者指定事件
	東京家八王子支審昭和60・2・26判タ560号280頁

事案のポイント

　被相続人の三女が長女を相手方として，墓地及び系図の承継者を三女とする旨申し立てた事案において，被相続人は，長女夫妻の許で生涯を終えたものとみられるところ，被相続人は，晩年，長女夫妻によって最後を看取ってもらい，死後の祭祀も長女夫妻に委ねようとの気持ちを有していたものと推測するのが自然であろうと考えられることより，本件墓地及び系図の承継者は，長女と指定すべきであるとされた事例。

審判理由

二　当裁判所の判断

㈠　本件記録中の資料によれば，以下の各事実を認めることができる。

ア　申立人（大正15年7月26日生）は，被相続人とその夫Aとの間の三女であり，昭和22年6月2日Cと婚姻し，同人との間に長女D及び長男Eの二子をもうけている。相手方（大正10年1月12日生）は，被相続人とAとの間の長女であり，昭和21年4月30日Jと婚姻し，同人との間に長女F及び二女Gの二子をもうけている（なお，このほかに，被相続人とAとの間には，大正7年3月27日長男Hが，同11年11月1日二女Iが，それぞれ出生しているが，Hは同10年1月28日，Iは同12年9月10日，いずれも死亡している。）。

イ　被相続人夫婦は，昭和26・7年頃より相手方夫婦と同居するようになり，同35年6月28日Aが死亡した後も，被相続人においては，相手方夫婦との同居生活を続けていたが，同58年2月20日死亡するに至つた。

ウ　被相続人は，祭祀財産として，同人が，生前，A死亡後の昭和36年頃に永代使用権を取得した本件墓地と，被相続人の実家である甲山家から携えてきていた本件系図を遺している。

エ　相手方は，現在，夫の協力を得て本件墓地の使用料を負担し，墓参や墓の管理を行つており，又，本件系図も保管している。一方，申立人も，墓

参に訪れており，墓の管理を行う意欲を有していることも認められるが，同人の夫は，本件祭祀承継の問題について無関心な態度をとっており，相手方の如く，夫の協力を得られる見込みは極めて薄い状態である。

(二)ア　さて，本件墓地及び系図の承継者として誰れが適当であるかを検討するに，本件審理の結果によるも，申立人の住所地である八王子市，相手方の住所地であり被相続人の最後の住所地である田無市，被相続人夫婦が以前居住していたことのある北海道旭川及び埼玉県浦和市近辺のいずれにおいても，祖先の祭祀を主宰すべき者についての慣習は明らかでなく，又，被相続人による指定もなされていない（申立人は，本件系図につき，被相続人が，生前，申立人の長男Eに譲る旨口頭で述べたと主張しているが，当該主張を裏付けるべき資料はなく，採用し難い。）。

　しかし，前記(一)で認定した事実に照すと，本件墓地は，被相続人の長女たる相手方において承継するのが相当であり，かく解する以上，本件系図も被相続人の祭祀財産として本件墓地と異別に扱う理由はなく，やはり相手方に承継させるのが筋合いと解するものである。

イ　ところで，申立人は，同人を本件墓地及び系図の承継者に指定されたい旨求める理由として，主として，(a)相手方は，Aにより，昭和20年12月5日推定家督相続人廃除の裁判を受けていること，(b)相手方の，被相続人の生前における同人に対する処遇や，祭祀供養の態度には，現在まで常識外れた言動が見受けられること，(c)本件系図については，現在も相手方の夫が保管したまま離さず，又，相手方においては，本件墓地の使用名義を夫名義に変更するつもりでいること，等を挙げているので，これらの各点につき敷衍しておく。

(ア)　相手方が，Aにより，昭和20年12月5日推定家督相続人廃除の裁判を受けていることは，前記(a)のとおりである。しかし，前掲調査報告書及び相手方審問結果によれば，当該廃除の理由は，丙川家の長女であり，当時家督相続の資格を有していた相手方が，夫と婚姻して乙原姓を称さんがためになされたものであつて，Aないし被相続人に対して虐待をなし又は重大な侮辱を加えたがためになされたものではなかつたものと認められるのであり，この認定に反する証拠はない。しかりとするならば，A及び被相

続人のいずれについても，その相続開始は新民法下において発生していることに鑑みると，旧民法の家督相続の適用は既に認められず，又，新民法の推定相続人廃除の規定にも該当しないと言わざるを得ない（旧民法975条1項1号，998条，986条，新民法892条，附則（昭和22年12月22日法222号）29条）。してみると，相手方に対し，前記廃除の裁判がなされていることをもつて，本件祭祀財産の承継者たることを否定する理由にはなし得ないところである。

(イ) 本件審理の結果によるも，相手方に，前記(b)及び(c)で申立人が指摘するような事実があつたとは認め難い。もつとも，前掲調査報告書によると，被相続人の生前，同人と相手方夫妻との間で，一時，丁山家の墓石を本件墓地の墓石に流用しようとの話が持ち上つたこと，相手方夫妻においては，被相続人夫妻の生前中，同人らから種々援助を受けるようなこともないわけではなかつたこと，被相続人においては，いつも相手方の元にのみ居たわけではなく，折りにふれては申立人方にも赴き滞在することもあつたこと，以上の事実を認めることができる。しかし，前掲調査報告書によれば，墓石の流用の点については，結局，被相続人ないし相手方夫婦において思い止まつており，又，当時かかる話を持ち出したことが相手方夫妻のみの判断によることとも決めつけ難く，この点をもつて，相手方を本件墓地及び系図の承継者として不適格とする理由にはなし得ない。更に，相手方夫妻が，被相続人夫妻から援助を受けるようなこともないわけではなかつたこと，あるいは，被相続人において，申立人方にも赴き滞在することもあつたこととの2点については，本件審理の結果によるも，そこに，親子間の情愛に基づき通常取り交わされるやりとりを越えるものがあつたとは認め難いのであり，上記と同様，これらの事由をもつてしてもやはり，相手方を当該承継者の資格なしとすべき理由にはなし難いところである。

ウ 以上の次第により，申立人が挙示した前記イ掲記の各事由は，いずれも理由がないと言わざるを得ない。

　本件の場合，前記(一)で認定したところに照すと，被相続人は，相手方夫妻の元で生涯を終えたものとみられるところ，これによれば，被相続人は，晩年，長女である相手方夫妻によつて最後をみとつて貰い，死後の祭祀も

相手方夫妻に委ねようとの気持を有していたものと推測するのが自然であろうと考えられる。

なお，申立人は，本件審理の経過を通じ，再三「丙川姓」に復氏してでも（夫との離婚を意味する言と解される），本件祭祀財産の承継をしたい旨表明しているが，社会通念上，かかる理由をもつて当該承継を肯定する事由となし得ないことは，あれこれ言及するまでもないところである。

(三) これまで検討したところに照すと，前述のとおり，本件墓地及び系図の承継者は，相手方と指定すべきものであり，他にこの判断を左右するに足る事情は見出し難い。

No.109 離縁請求事件
最判昭和 60・12・20 家月 38 巻 5 号 53 頁

―― 事案のポイント ――

農業及び祭祀の承継を目的としてされた成年養子縁組において，会社に勤務しつつ農作業に従事することを了解していた養子の農業の手伝い方などをめぐって養父母と養子との間に感情的対立が生じ，互いに暴言やいやがらせの言動が重なり，養子が養父母に対し押し倒したり足蹴にするなどの暴行を加えたことがあるなど判示の事実関係があるときは，民法 814 条 1 項 3 号にいう「縁組を継続し難い重大な事由」があるものと認めるのが相当であるとされた事例。

―― 判決理由 ――

（略）

No.110	立替金請求事件
	東京地判昭和 61・1・28 家月 39 巻 8 号 48 頁

―― 事案のポイント ――

葬式費用は，特段の事情がない限り，葬式を準備し，手配等して挙行した実質的な葬式主宰者が負担すると解するのが相当であるとして，死者の実兄である葬式主宰者から，死者の妻子である相続人らに対する葬式費用の請求を棄却した事例。

―― 判決理由 ――

……相続財産に関する費用（民法 885 条）とは，相続財産を管理するのに必要な費用，換価，弁済その他清算に要する費用など相続財産についてすべき一切の管理・処分などに必要な費用をいうものと解されるのであつて，死者をとむらうためにする葬式をもつて，相続財産についてすべき管理，処分行為に当たるとみることはできないから，これに要する費用が相続財産に関する費用であると解することはできない。……また，民法 306 条 3 号，309 条 1 項は，債務者の身分に応じてした葬式の費用については，その総財産の上に先取特権が存在する旨規定しているが，これは，貧者にも，死者の身分相応の葬式を営ましめようとの社会政策的な配慮から，身分相応の葬式費用については，その限度で，相続財産（遺産）が担保になる旨規定しているにすぎないと解すべきであつて，これをもつて，葬式費用が相続財産に関する費用であると解することも，まして，葬式費用の負担者が相続人であると解することもできない。しかも，仮に，この規定を右のように解するとすれば，身分相応の程度を超えた葬式費用については，規定していないこととなるから，この部分の費用を結局誰れが負担するかについては，また別個に根拠を求めざるを得ないし，たまたま，相続財産が充分に存在する場合は格別，相続財産が皆無か，あるいは，存在しても，身分に相応した葬式費用を負担するに足りないときは，右のように解するときは，かえつて，債権者に不測の損害を蒙むらせることとなり相当でない。また，葬式費用を身分に相応した

部分とそうでない部分とに区別して，その負担者を別異に取扱うこととなるのも当を得ない。

　……葬式は，死者をとむらうために行われるのであるが，これを実施，挙行するのは，あくまでも，死者ではなく，遺族等の，死者に所縁ある者である。したがつて，死者が生前に自己の葬式に関する債務を負担していた等特別な場合は除き，葬式費用をもつて，相続債務とみることは相当ではない。そして，必ずしも，相続人が葬式を実施するとは限らないし，他の者がその意思により，相続人を排除して行うこともある。また，相続人に葬式を実施する法的義務があるということもできない。したがつて，葬式を行う者が常に相続人であるとして，他の者が相続人を排除して行つた葬式についても，相続人であるという理由のみで，葬式費用は，当然に，相続人が負担すべきであると解することはできない。

　こうしてみると，葬式費用は，特段の事情がない限り，葬式を実施した者が負担すると解するのが相当であるというべきである。そして，葬式を実施した者（執筆者注：葬式実施者）とは，葬式を主宰した者（執筆者注：葬式主宰者），すなわち，一般的には，喪主を指すというべきであるが，単に，遺族等の意向を受けて，喪主の席に座つただけの形式的なそれではなく，自己の責任と計算において，葬式を準備し，手配等して挙行した実質的な葬式主宰者を指すというのが自然であり，一般の社会観念にも合致するというべきである。したがつて，喪主が右のような形式的なものにすぎない場合（執筆者注：形式的主宰者）は，実質的な葬式主宰者（執筆者注：実質的主宰者）が自己の債務として，葬式費用を負担するというべきである。すなわち，葬式の主宰者として，葬式を実施する場合，葬儀社等に対し，葬式に関する諸手続を依頼し，これに要する費用を交渉・決定し，かつ，これを負担する意思を表示するのは，右主宰者だからである。そうすると，特別の事情がない限り，主宰者が自らその債務を葬儀社等に対し，負担したものというべきであつて，葬儀社等との間に，何らの債務負担行為をしていない者が特段の事情もなく，これを負担すると解することは，相当ではない。したがつて，葬式主宰者と他の者との間に，特別の合意があるとか，葬式主宰者が義務なくして他の者のために葬式を行つた等の特段の事情がある場合は格別，そうでない限り，葬儀

社等に対して，債務を負担した者が葬式費用を自らの債務として負担すべきこととなる。

してみると，右の理は，相続財産の多寡及び相続財産の承継の有無によって左右されるものではないことが明らかであるから，仮に，被告らが多額の財産を相続したからといつて，右認定，判断に消長をきたすものではない。

No.111 墓碑所有権確認・損害賠償請求事件
神戸地判昭和 61・4・9 判タ 691 号 215 頁

―― 事案のポイント ――

本件墳墓のある寺の住職が，「天皇絶対神論」という天皇崇拝の思想を基本に置いている宗教法人の教祖らに対し，本件墓碑の菊の紋様を見せ，これは教祖らの祖先の墳墓であり，後醍醐天皇から菊の御紋章を用いることを許された旨の虚偽の説明をしたため，教祖らが，その祖先は天皇から「菊の御紋章を下賜された」武将であるという点を，その宗教的活動及び政治的活動に格好の具として利用した事案について，住職が法人の役員としての職務を行うにつきなした違法行為により，本件墓碑についての祭祀主宰者が権利を侵害されたということができ，また，住職は，教祖らに対し，本件墳墓の所有者ないし祭祀主宰者の点については全く言及しなかったものであるから，その注意義務違反は明らかであって，本件墳墓のある寺には，権利侵害により生じた祭祀主宰者の損害を賠償すべき義務（不法行為責任）があるとされた事例。

―― 判決理由 ――

（略）

No.112 氏変更事件

佐賀家審昭和 61・6・3 家月 38 巻 10 号 38 頁

---- 事案のポイント ----

　離婚にあたり民法767条2項の規定に基づく婚氏継続の届出をした女性から，祭祀の承継を理由に婚姻前の氏への変更を求めた事案において，婚氏が社会的に定着していること，祭祀承継者となるためには必ずしも被祭祀者と同一氏でなければならないとはいえないことを理由に申立てを却下した事例。

---- 審判理由 ----

第2　当裁判所の判断
1　本件記録によれば，次の各事実が認められる。
(1)　申立人は亡原田芳雄，亡原田シゲノの三女として出生し，「原田」氏を称していたが，昭和36年5月頃蓮沼一治と夫の氏を称する婚姻の届出をし，以来「蓮沼」氏を称してきた。
(2)　昭和56年1月22日申立人は蓮沼一治と協議離婚したが，両名間の長男雅治（昭和37年11月22日生），次男智治（昭和40年6月8日生）の親権者は母である申立人と定めた。ところで，申立人と前記未成年の子両名は同居生活上同氏であることが好都合であるので，もし申立人が婚姻前の氏「原田」に復すると，未成年の子両名も事実上「原田」に復さざるをえないが，右両名はいずれも在学中（長男は高校3年生，次男は中学3年生）であつたので，氏が変わることは避けたかつた。
　そこで，申立人は婚姻中の氏「蓮沼」を継続することとし，協議離婚の届出とともに戸籍法77条の2の届出をした。
(3)　昭和57年頃申立人の姉原田美代子が死亡したため，申立人は多久市○○○町大字○○○××××番地の×で母原田シゲノと同居することとなった。
　ところが，昭和59年11月頃母原田シゲノも死亡し，申立人は肩書住所

地に転居した。申立人の両親,姉美代子,その他先祖の墓は佐賀市〇〇町内にあり,菩提寺は同町内の〇〇寺である。墓参りなど先祖の供養は主に申立人がしており,位牌も申立人宅においてまつつている。
(4) 申立人には北九州市在住の姉山元美子,東京都在住の兄原田雄一,水戸市在住の兄原田雄二,兄原田雄三,名古屋市在住の弟原田誠がいる。
2 以上の各事実が認められるところ,申立人において婚姻前の氏「原田」に復したいとの心情は理解できないこともないが,申立人は昭和36年5月蓮沼一治と婚姻して以来婚姻中約20年間「蓮沼」氏を称しており,離婚後も婚氏である「蓮沼」氏を継続し,既に5年間経過しており,申立人の氏としては「蓮沼」氏が社会的にも定着していると解されること,祭具等の継承者となるためには必ずしも被祭祀者と同一氏でなければならないとはいえないことなどをも加味すると,本件申立てには戸籍法107条1項にいう「やむを得ない事由」があるとは認められない。

No.113 遺骨改葬妨害禁止請求本訴事件・祭祀承継者確認反訴請求事件

東京地判昭和62・4・22 判タ654号187頁

―― 事案のポイント ――

①被相続人の遺骸ないしこれを火葬した焼骨の所有権は,被相続人に属していた財産ではないから,相続財産を構成するものではなく,被相続人との身分関係が最も近い者の中で,その喪主となった者に当然に帰属するとされた事例。

②祭祀主宰者について,民法897条の規定は,祖先の祭祀財産の承継については,共同相続の原則とは異なった伝統的な習俗が存在していることを尊重し,祭祀財産を一般の相続財産から除外すると共に,その承継をめぐって生起する紛争解決法の最終的な保障として定められたものであって,関係当事者の合意によってその承継者を定めることを排除した趣旨とは解されないとされた事例。

③婚家先の祭祀財産を承継した生存配偶者が姻族関係終了の意思表示をした場合，民法751条2項によって準用される民法769条の規定によれば，協議により祭祀財産を承継すべき者を定めるべく，協議が調わず又はできないときは，家庭裁判所がこれを定めることとされているのであって，協議又は家庭裁判所の審判は形成的なものと考えられるから，生存配偶者が姻族関係終了の意思表示をしたからといって，当然に祭祀主宰者の地位を喪失するものではないとされた事例。

──────── 判決理由 ────────

第一　本訴について
二　甲野太郎死亡にともなう祭祀主宰者及び同人の焼骨の所有権（本訴請求原因3）について考える。
1　そもそも，被相続人の遺骸ないしこれを火葬した焼骨の所有権は，被相続人に属していた財産ではないから，相続財産を構成するものではなく，被相続人との身分関係が最も近い者の中で，その喪主となつた者に当然に帰属するものと解すべきである。これを本件の場合について見るに，原告が喪主となつたこと自体は争いがなく，〈証拠〉によると，昭和49年8月23日に死亡した甲野太郎の葬儀は，妻である原告が喪主となつて執り行い，甲野太郎の遺骸を火葬した焼骨をＡ寺の墓地にある甲野家之墓に収蔵したものであつて，このことについては，親族の間において何らの異論もなかつたことが認められ，この認定を左右するに足りる証拠はない。
　してみると，甲野太郎の遺骸を火葬した焼骨の所有権は，喪主である原告に当然に帰属したものというべきである。
2　次に甲野家の祭祀主宰者について見るに，民法第897条の規定は，祖先の祭祀財産の承継については，共同相続の原則とは異なつた伝統的な習俗が存在していることを尊重し，祭祀財産を一般の相続財産から除外するとともに，その承継をめぐつて生起する紛争解決法の最終的な保障として定められたものであつて，関係当事者の合意によつてその承継者を定めることを排除した趣旨とは解されない。
　本件の場合，〈証拠〉によると，甲野太郎は，ゴルフ場で競技中急死し

たもので（享年51歳），同人が祭祀主宰者の承継者をあらかじめ指定していたとの証拠はないし，準拠すべき習慣がいかなるものであるかを認めるに足りる的確な証拠もない。しかしながら，右の各証拠のほか，分離前の被告Ａ寺が提出した答弁書の記載によると，原告は，焼骨をＡ寺にある甲野家之墓に収蔵し，その後も従来どおり，○○○区○○○×丁目の住居に甲野太郎の母・被告春子とともに生活していたこと，右住居には祖先の位牌を納めた仏壇があつたが，甲野太郎の死亡後原告が新たに仏壇を買い求め，祖先の位牌とともに甲野太郎の位牌を納め，礼拝をしてきたこと，Ａ寺との関係においては，甲野家之墓の施主名義は原告と変更され，以後甲野太郎の一周忌・三回忌，七回忌その他盆などの法事においては，原告が施主となつて，お布施や供花・塔婆等を準備し，法事を主宰していたこと，このことについては親族間において何らの異論もなく，この状態は少なくとも昭和五七年六月に姻族関係終了の意思表示がなされるまで継続していたことが認められ，この認定を覆すに足りる証拠はない。右の事実によれば，甲野太郎亡き後の甲野家の祖先の祭祀主宰者を原告に承継させるとの，関係者の黙示の合意があったものと認めるのが相当である。

3　してみると，原告は，甲野太郎の死亡にともない，甲野太郎の焼骨の所有権を原始的に取得するとともに，甲野家祖先の祭祀主宰者たる地位を承継したことになる。

三　原告は，東京都葛飾区○○○×丁目××番××号所在のＢ寺に甲野太郎の墳墓を新たに建立し，その焼骨を改葬する計画を立てていることは，後記のとおりであり，被告らがこれを拒絶していることは弁論の全趣旨に照らし明らかである。

四　抗弁について考える。

1　被告らは，原告が昭和57年6月16日姻族関係終了の意思表示をしたことにより，原告は祭祀主宰者たる地位を喪失し，よって焼骨に対する権利も失つた旨主張する。

　　そこで考えるに，原告が昭和57年6月16日姻族関係終了の意思表示をしたことは当事者間に争いがないが，民法第751条第2項によつて準用される同法769条の規定によれば，婚家先の祭祀財産を承継した生存配偶

者が姻族関係終了の意思表示をした場合，協議により祭祀財産を承継すべき者を定めるべく，協議が調わず又はできないときは，家庭裁判所がこれを定めることとされているのであつて，右の協議又は家庭裁判所の審判は形成的なものと考えられるから，生存配偶者が姻族関係終了の意思表示をしたからといつて，当然に祭祀主宰者の地位を喪失するものではないというべきである。

2　次に，被告らは，関係者全員の黙示の合意により被告一郎が祭祀主宰者の地位に就き，よつて甲野太郎の焼骨についての権利も承継したと主張するので検討するに，〈証拠〉によると，次の事実が認められる。

㈠　甲野太郎と原告との嫡出の子・冬子は，昭和54年5月28日井澤信行と婚姻し，夫の氏を称した。

㈡　原告と被告春子との間には，様々な葛藤があつた末，昭和57年4月ころ，原告から被告三郎を介して，兄弟の誰かに母を引き取つてもらいたいとの申出があり，同年6月16日姻族関係終了の意思表示がなされた。そして間もなく同年6月26日ころ，被告春子は，江戸川区西小岩一丁目の自宅を出て，被告秋子方に身を寄せ，以来現在に至るまで同被告の下で暮らしている。

㈢　原告は，昭和57年9月ころA寺に対し，祖先の施主を交替したいとの申出をし，A寺の助言により，被告一郎がA寺の墓地にある甲野家之墓の施主となる旨の届出をした。以来，A寺との関係では，被告一郎が甲野家の法事を主宰している。このような被告甲野一郎が施主となつて祭事を行うことについては，被告らの間には異論はない。

㈣　昭和58年1月ころ，原告はA寺に対し，前記原告方の仏壇に納めてある三体の位牌のうち，甲野太郎の位牌以外の二体を預つてもらえないかとの意向を伝えたが，寺の方ではこれを断つた。結局，被告一郎が仏壇を引き取ることになり，昭和59年4月30日ころ，被告一郎と被告三郎が原告方に赴き，原告は，丁山冬子夫婦立ち会いのうえ，甲野太郎の位牌を除く祖先の位牌と仏壇を譲渡する趣旨で被告一郎に引き渡した。その後原告は，新たに仏壇を購入し，これに甲野太郎の位牌を納め，祀つている。

㈤　原告は，東京都葛飾区○○○×丁目××番××号所在のB寺に甲野太郎

の墳墓を新たに建立し，その焼骨を改葬する計画を立て，A寺に対し，改葬の承認を求める旨の書面を提出したが，原告が改葬の対象としている死亡者は甲野太郎のみであつて，甲野大助などの祖先は含まれていない。

以上のとおり認められ，〈証拠判断省略〉他に右の認定を左右する証拠はない。

右の事実を総合すれば，遅くとも原告が甲野太郎の位牌を除く祖先の位牌と仏壇を被告一郎に引き渡したころには，丁山冬子を含む関係者全員の間で，祖先の祭祀財産を承継すべき者を被告一郎と定める旨の協議が成立したものと認めるのが相当であるが，右のとおり承継される祭祀財産の中に甲野太郎の焼骨及び位牌が含まれていたとは到底認められず，他にこれを認めるに足りる証拠はない。してみると，被告一郎が祭祀主宰者の地位に就いたことにより，甲野太郎の焼骨の権利も承継したとの被告等の抗弁は理由がない。

3　右の判断によると，甲野家祖先の祭祀主宰者と甲野太郎の祭祀を主宰する者とが分裂することになるが，もともと，甲野太郎の焼骨及び位牌は，原告が婚家から承継したものではないのであるから，姻族関係の終了により，このような事態になるのもまたやむを得ないところである。

五　よつて，原告は，甲野太郎の焼骨の所有権者としての権能に基づき，これを改葬することができるものというべく，被告らは原告が甲野太郎の焼骨を引き取り，改葬するのを防害してはならないものというべきである。

第二　反訴について

一　原告は，反訴請求は，家庭裁判所の職分に属する事項を求めるもので，不適法であると主張する。しかしながら，被告らの反訴請求は，裁判所に対し，祭祀主宰者たる地位を形成的に定めることを求めているのではなく，当事者の協議によってすでに定まつている法律上の地位の確認を求めているのであるから，原告の右主張は理由がない。

二　そこで本案について判断するに，関係者全員の間で，祖先の祭祀財産を承継すべき者を被告一郎と定める旨の黙示の協議が成立したものと認められるが，その中に甲野太郎の焼骨及び位牌が含まれていたとはいえないことは，前段の四で示したとおりである。

してみると，被告一郎は，甲野家祖先の祭祀主宰者たる地位にあるが，甲野太郎の祭祀の主宰者でもあるとする被告らの主張は理由がないものというべきである。
三　これに対し，原告が，被告一郎が甲野太郎のみならず，甲野家祖先の祭祀主宰者たる地位にあることまで争つていることは，弁論の全趣旨に照らし明らかである。

第三　結論
　以上の認定判断によれば，原告の本訴請求は理由があるから認容し，また，被告らの反訴請求は，被告一郎が甲野太郎を除く甲野家祖先の祭祀主宰者たる地位にあることの確認を求める限度においては理由があるから認容するが，甲野太郎の祭祀主宰者であることの確認を求める部分は失当として棄却……する。

No.114　祭祀承継者指定事件
長崎家諫早出審昭和 62・8・31 家月 40 巻 5 号 161 頁

事案のポイント

　被相続人と氏を異にする長男と二女（末子）がそれぞれ被相続人の祭祀の承継者となることを希望している事案について，被相続人は遺言等明確な形で祭祀承継者を指定してはいないが，その所有している墓碑に建立者として二女の氏名を刻印させるという形で，生活関係の最も密接であった同女に祭祀を承継させる意思を明らかにしていたものと認められるとして，同女を被相続人の祭祀承継者に指定した事例。

審判理由

第1　申立ての要旨
1　被相続人は，昭和 57 年 5 月 29 日上記最後の住所地で死亡し，相続が開始した。
2　相続人は申立人（長男）のほか相手方 5 名である。関連事件の遺産分割

調停で，申立人が祭祀承継者となるように，相手方らの同意を求めたが，相手方田川（次女）は自分が承継者となることを主張し，拒んでいる。他の相手方は傍観している。申立人は長男でありながら，弟があつたので被相続人の生家の名跡をつぐため，山口家に養子に出されたが，父，弟死亡により，長男として被相続人を事実上後見し，祖先の祭祀を執り行つてきた，相手方田川は他家の長男に嫁し，住居は遠隔地にあり，田川家の墓は既に別に設置されている。墳墓管理は困難であるうえ，被相続人の墳墓を相続する必要もない。

3 被相続人は祭祀財産について承継者を指定せず，また，これを承継すべき慣習も明らかでないので，祭祀財産の承継者の指定を求める。

第2 当裁判所の判断

1 本件記録（等）によれば，申立ての要旨記載の事実（但し，2項末尾の墳墓管理は〜から最後までを除く）のほか，被相続人は，祭祀財産として，墳墓（長崎市〇〇町×××番地所在，長崎市〇〇町〇〇〇第×××号〇〇，墓地8坪及び墓碑3基），祭具（佛壇及び位牌（いずれも相手方田川保管中））を所有していたこと，が認められる。

2 ところで，被相続人が，祭祀承継者を指定していないとすれば，慣習によつて祭祀財産の承継者を指定すべきところ，申立人が調査官に対し考えを述べたように長男子において祭祀を主宰するとの慣習が長崎地方において存在すると認めるに足る証拠はなく，祭祀承継に関する長崎地方の慣習は明らかでない。そうすると，祭祀財産の承継者を決定するに当つては，被相続人との生活関係，被相続人の意思，承継者の祭祀承継の意思，能力，生活状況等一切の事情を斟酌すべきである。

これを本件についてみるに，調査の結果によれば次の事実が認められる。

(1) 相続人中，祭祀承継の意思を有している者は，申立人及び相手方田川友子のみで，他の相続人はこれを希望していない。

(2) 申立人は被相続人の実姉山口サヱの養子となり，相手方田川は田川次郎と婚姻して，いずれも被相続人とは氏を異にしている。

(3) 申立人は，熊本県八代市に相手方田川は神奈川県茅ケ崎に居住し，いずれも本件の主たる祭祀財産である墳墓の所在地からは離れて生活しており，

墓地の清掃等現実の管理は主として相手方上田喜美子が行つている。
(4)　申立人は会社役員，相手方田川は保育園調理師をしており共に祭祀能力に欠けるところはない。
(5)　申立人も相手方田川も各自で被相続人の法事等の供養をとり行つている。
(6)　相手方田川は本件祭祀財産である佛壇及び位牌を保管している。
(7)　被相続人は3基の墓碑を所有しており，この建立資金を相手方田川は負担していないにもかかわらず，このうち2基について建立者施主として林田友子（相手方田川の婚姻前の氏名）と刻印させている。この点についてこれ迄関係者から異議を唱えられたことはない。
(8)　申立人も相手方もいずれも被相続人と生活を共にし世話をしたことがあるが，被相続人は末子である相手方田川に最も親愛の情を有し，自ら希望して最後の約1年間を相手方田川の許で生活している。

3　以上認定の事実によれば，被相続人は，遺言等明確な形で祭祀承継者の指定はしていないけれども，墓碑に建立者として氏名を刻印させるという形で，生活関係の最も密接であつた相手方田川に祭祀を承継させるという意思を明らかにしていたものと認められる。また，他の相続人も被相続人の生前は，このことを肯認していたものと認められる。そうすると，申立人と相手方田川とは他の条件においては同等と認められるから，被相続人の意思の推認されるところで，これを決するのが相当と解される。

4　従つて，被相続人の祭祀財産の承継者を相手方田川友子と定めることが相当である。

No. 115　焼骨引取改葬妨害排除本訴請求・本位的祭祀承継者確認予備的分骨反訴請求

東京高判昭和 62・10・8 家月 40 巻 3 号 45 頁

―――― 事案のポイント ――――

①死亡配偶者の祭祀を生存配偶者が原始的に主宰することは，民法の法意及び我が国の近時の慣習に照らし，法的にも承認されるべきもので

あるから，その祭祀財産に属する死亡配偶者の遺体ないし遺骨の所有権は，通常の遺産相続によることなく，その祭祀を主宰する生存配偶者に原始的に帰属し，次いでその子によって承継されていくべきものと解するのが相当である，として本訴請求を認容した事例。
②生存配偶者が姻族関係終了の意思表示をしたとしても，それが死亡配偶者のあとを受けてその祖先の祭祀を事実上主宰してきたことを止める意思を表示したに過ぎないものと認められる場合には，死亡配偶者の祭祀についてはそのこととは関係なく同人の死亡後原始的に生存配偶者においてこれを主宰しているものとみるべきである，として予備的反訴請求を棄却した事例。

──────── **判決理由** ────────

第一　本訴について
一　植田正夫（以下「正夫」という。）が亡植田宗重（以下「宗重」という。）と第一審被告（反訴原告）植田つる（以下「つる」という。）との間の長男であり，第一審被告（反訴原告）植田大次郎（以下「大次郎」という。），同植田努，同植田等，同植田武彦，控訴人がそれぞれ宗重とつるとの間の次男，三男，四男，五男，長女であること，昭和19年10月1日宗重が死亡し，正夫がその家督を相続したこと，昭和28年被控訴人が正夫と婚姻し，その間に長女秀子をもうけたが，昭和49年8月23日正夫が死亡し，被控訴人がその葬儀の喪主をつとめ，正夫の焼骨を分離前第一審被告徳安寺（東京都台東区○○○×丁目×番××号所在）の墓地内にある「植田家之墓」と刻した墳墓に納めたこと，正夫がその生前右墳墓を祭祀財産として承継し，植田家祖先の祭祀を主宰していたことは当事者間に争いがない。
二　（証拠）等を総合すると，以下の事実を認めることができる。
(1)　被控訴人が正夫の葬儀の喪主をつとめ，その焼骨を徳安寺内の前記墓に納めたことについては，親族らのなに人にも異論がなく，右徳安寺との関係においては植田家之墓の施主名義が被控訴人に改められ，以後正夫の1周忌，3回忌，7回忌その他盆などの法事についても被控訴人が施主をつとめたが，これについてもまた親族のなに人からも異論が出なかつたこと，

(2) 被控訴人は正夫死亡後も従前どおり東京都江戸川区〇〇〇×丁目の住居においてつると生活を共にし，右住居には植田家祖先の位牌を納めた仏壇があつたが，正夫の死亡後被控訴人が新たに仏壇を買い求め，右祖先の位牌と共に正夫の位牌を納めて礼拝して来たこと，
(3) 正夫はゴルフ場での競技中に急死したため（享年51歳），あらかじめ植田家祖先の祭祀を主宰する承継者を指定しなかつたこと，
(4) その後被控訴人とつるとの折合いが悪くなり，昭和57年6月16日被控訴人は姻族関係を終了させる旨の意思表示をし，同月26日ころつるは前記住居を出て控訴人方に身を寄せるにいたつたこと（右姻族関係終了の意思表示がなされたことは当事者間に争いがない。），
(5) 同年9月ころ被控訴人が徳安寺に対し植田家祖先の祭祀についての施主を交替したい旨申し出たため，大次郎がこれに代つて施主をつとめることとなり，親族のなに人もこれに異論がなかつたこと，
(6) 昭和58年1月ころ被控訴人は徳安寺に対し被控訴人方の仏壇に納めてある正夫の位牌以外の位牌を預かつてほしい旨申し入れたが断わられ，結局，昭和59年4月30日ころ大次郎が被控訴人から正夫の位牌を除く祖先の位牌と仏壇の引渡を受け，他方，被控訴人は新たに仏壇を購入してこれに正夫の位牌を納めるとともに，東京都葛飾区〇〇〇×丁目××番××号所在の桂林寺に正夫の墳墓を建立し，その焼骨を改葬する計画を立て，徳安寺に対し改葬の承認を求める旨の書面を提出したこと，

　以上の事実が認められ……（る）。

三　以上認定の事実によれば，被控訴人は正夫の死亡に当たり喪主としてその葬儀を営み，これを埋葬するとともに同人の供養等その祭祀を主宰することを開始し，これとは別に植田家祖先の祭祀については，その主宰者が正式にきまらないまま，事実上正夫のあとを受けてこれを主宰して来たが，前記のとおり姻族関係終了の意思表示をした時をもつて右祖先の祭祀を事実上主宰していくことについてはこれを止めるにいたつたものということができる。

　このように，夫の死亡後その生存配偶者が原始的にその祭祀を主宰することは，婚姻夫婦（及びその間の子）をもつて家族関係形成の一つの原初形

態（いわゆる核家族）としているわが民法の法意（民法739条1項，750条，戸籍法6条，74条1号参照）及び近時のわが国の慣習（たとえば，婚姻により生家を出て新たに家族関係を形成したのち死亡した次，三男等の生存配偶者が原始的に亡夫の祭祀を主宰していることに多くその例がみられる。）に徴し，法的にも承認されて然るべきものと解され，その場合，亡夫の遺体ないし遺骨が右祭祀財産に属すべきものであることは条理上当然であるから，配偶者の遺体ないし遺骨の所有権（その実体は，祭祀のためにこれを排他的に支配，管理する権利）は，通常の遺産相続によることなく，その祭祀を主宰する生存配偶者に原始的に帰属し，次いでその子によって承継されていくべきものと解するのが相当である。

したがつて，本件においては被控訴人は正夫の死亡に伴い，その祭祀を主宰する者として本件焼骨の所有権を原始的に取得していたものとみるべきであり，右焼骨が一たん植田家祖先伝来の墳墓に納められたとしても，この理にかわりはないから，被控訴人がこれを争う控訴人に対し右焼骨の引取り及び改葬についての妨害の排除を求める本訴請求は理由があるものといわなければならず，被控訴人が前示のとおり姻族関係終了の意思表示をしたのちに植田家の墳墓から正夫の焼骨を引き取つてこれを改葬せんとすることも格別これを不当視すべきいわれはない。

四　控訴人は，抗弁として，被控訴人が前示のとおり姻族関係終了の意思表示をしたことにより祭祀主宰者の地位を喪失し，したがつてまた正夫の焼骨についての権利も失つた旨主張するが，さきに説示したとおり，被控訴人は右意思表示により植田家祖先の祭祀につき事実上これを主宰して来たことを止めるにいたつたものにすぎず，正夫の祭祀についてはそのこととは関係なく同人の死亡後原始的にこれを主宰しているものとみるべきであるから，右抗弁はその前提を異にし，失当というほかはない。

五　又，被控訴人は，抗弁として，大次郎が植田家の祭祀主宰者と定められたので，正夫の焼骨についてもその権利を取得した旨主張し，さきに認定したとおり，大次郎が植田家祖先の祭祀を主宰することとすることについては，親族のなに人からも異論がなく，同人が昭和59年4月30日ころ被控訴人から正夫の位碑を除く祖先の位碑と仏壇を引き取つた時をもつて，

同人を植田家祖先の祭祀を主宰すべきものに定める旨関係者全員の間で黙示の協議が成立したものと認めることができ，また，このように関係者の協議によつてこれを定めることが民法897条の法意を逸脱するものではないと考えられるが，同人が今後事実上正夫の供養にも当たることはともかく，同人によつて承認された祭祀財産のうちには正夫の焼骨，位碑が含まれていないものとみるべきことはさきにも説示したところによりおのずから明らかであるから，右抗弁も採用の限りではない。

第二　反訴について

一　被控訴人は，控訴人が被控訴人との間において正夫及び植田家祖先の祭祀主宰者が大次郎であることの確認を求める反訴請求は，家庭裁判所の職分に属する事項を求めるものであつて，不適法である旨主張するが，右反訴請求は祭祀主宰者たる地位を形成的に定めることを求めているのではなく，関係者間の協議によつてすでに定まつている右地位の確認を求めているものであるから，被控訴人の右主張は理由がない。

二　ところで，被控訴人が控訴人の反訴にかかる右請求につき争つていることは，本件弁論の全趣旨により明らかである。

三　そこで，本案につき判断するに，大次郎が植田家祖先の祭祀の主宰者に定められたことはさきに認定したとおりであるが，その祭祀財産のうちには正夫の焼骨，位碑が含まれておらず，正夫の祭祀については被控訴人においてこれを主宰しているものとみるべきことはこれまたさきに説示したとおりであるから，右反訴請求は，大次郎が植田家祖先の祭祀の主宰者であることの確認を求める限度においては理由があるが，その余の部分については理由がない。

四　次に，控訴人の当審における予備的反訴の請求については，関係者の間の協議によつて右請求の趣旨を定めることはともかく，そもそもこのような請求を認容すべき法的根拠がないから，これまた理由を欠くものというほかはない。

第三　以上の次第で，被控訴人の本訴請求は，これを正当として認容すべきであり，控訴人の反訴請求は，さきに判示した限度で正当として認容すべきであるが，その余は失当として棄却すべきであり，これと同旨の原判決

は相当であつて，本件控訴は理由がないから，これを棄却することとし，控訴人の当審における予備的反訴請求も失当であるから，これを棄却し，（以下略）。

No.116 損害賠償請求事件
東京地判昭和63・2・22 判タ664号120頁

---- 事案のポイント ----

被相続人の妻が被相続人の遺骨の一部を持ち出したこと及び婚姻前の所在地への転籍は違法ではないとして，被相続人の祭祀承継者からの損害賠償請求を棄却した事例。

---- 判決事実 ----

一　請求原因

2　（不法行為）

㈠　被告は，原告に無断で，天徳院に預けてあつたAの遺骨の一部分を持ち出した。

　これにより，原告は，祭祀供用物の承継者として，精神的苦痛を被つた。

㈡　被告は，原告に無断で，昭和59年4月3日，被告の婚姻前の本籍地に転籍した。

　そのため，被告と同一の戸籍にあつた原告は，回復不能の戸籍の汚点を記され，多大の精神的苦痛を被つた。

㈢　以上，被告の不法行為によつて原告の被つた精神的苦痛を慰謝するためには，少なくとも金100万円が必要である。

---- 判決理由 ----

二　不法行為について

原告は被告の不法行為として請求原因2㈠，㈡の事実を主張するが，被告がAの妻であることに鑑みれば，原告の右主張事実をもつて不法行為に該当

するものと認めることはできない。

したがつて，原告の不法行為に基づく慰謝料請求は理由がない。

No.117 遺骨引渡請求事件
最判平成元・7・18家月41巻10号128頁

―― 事案のポイント ――

遺骨は，慣習に従って祭祀を主宰すべき者に帰属するとされた事例。

―― 判決理由 ――

上告理由第1点について

所論の点に関する原審の認定判断は，原判決挙示の証拠関係に照らし，正当として是認することができ，その過程に所論の違法はない。論旨は，ひつきよう，原審の専権に属する証拠の取捨判断，事実の認定を非難するものにすぎず，採用することができない。

同第2点について

原審の適法に確定した事実関係のもとにおいて，本件遺骨は慣習に従つて祭祀を主宰すべき者である被上告人に帰属したものとした原審の判断は，正当として是認することができ，その過程に所論の違法はない。論旨は，採用することができない。

No.118 祭祀承継者指定事件
前橋家審平成3・5・31家月43巻12号86頁

―― 事案のポイント ――

祭祀財産の承継者の指定の申立事件について，被相続人による祖先の祭祀を主宰すべき者の指定の存在が認められる場合には，申立てを却下すべきでなく，被相続人の指定に基づいて祭祀財産の承継者を指定する

審判をすべきであるとして，主文でその者を指定した事例。

―――――― 審判理由 ――――――

第2　当裁判所の判断
1　本件記録によれば，申立の要旨1記載の事実，被相続人が祭祀財産として，仏壇，仏具及び墳墓として墓石1基を所有し，その他に〇〇市字〇△×××番×墓地187平方メートル（所有者原田賢二）のうち6.06平方メートルにつき永代使用権（護持費年額7000円）を有していた事実が認められる。
2　次に，申立人は被相続人が申立人を祭祀の主宰者として指定した旨主張するので，この点について判断する。
(1)　申立人，相手方大井田恵，同大井田久一，同大井田仁一，同大井田吾一，同大井田富士子及び証人梅木アオイの各審問の結果，家庭裁判所調査官作成の調査報告書及びC19号証を総合すれば次の事実が認められる。
　　被相続人は元来家業として飲食業を営んでいたものであるが，その後継者として，長男である相手方大井田久一が昭和38年ころ家を出て別居したこともあって，二男である相手方大井田仁一を考えていた。そのため同人に対して家業を手伝わせ共に飲食業を営んできた。また，被相続人は，男子たる申立人，相手方大井田久一，同大井田吾一及び同大井田昭司には自己の菩提寺である〇〇〇宗の〇△寺に墓地（永代使用権）を取得させたが，同大井田仁一には，独自の墓地の取得をさせなかった。昭和62年9月27日家業の法人組織たる有限会社大井田商店の社長たる地位を譲った。この段階では，被相続人は同人を稼業の承継者としてだけではなく祭祀財産の承継者としても考えていたものと推測される。
(2)　しかし，相手方大井田仁一は同大井田恵に勧められたこともあって，〇〇〇会が〇〇市に造成した〇〇〇〇〇〇〇墓苑の中に自分の墓石付の墓地を取得した。その事実を知った被相続人は，相手方大井田仁一が自己の祭祀の承継をしてくれないのではないかとの疑いを持つようになり，その不安から申立人に対して，雑談の中で，大井田家の墓を守るように話すようになった。
(3)　昭和63年4月20日被相続人，申立人，相手方大井田吾一及び梅木アオ

イは〇〇県の〇〇寺に参り，そして帰途〇△県の〇〇の仏具店で仏具の買い物をして，被相続人の自宅に帰宅し，その直後自宅において，被相続人は申立人に，墓を申立人において守って欲しい旨述べた。

(4) そこで，上記昭和63年4月20日の被相続人の申立人に対する発言が民法897条1項但し書の「被相続人の指定」に該当するかを検討する。

上記指定は，特定の方式を必要とはしないが，いわば人の死後に効果を生ずる場合が原則である意思表示であるから，表意者の真摯さ，表示内容の明確さにおいて，一般の意思表示より慎重にその存在を判断すべきものと考える。

本件について考えると，被相続人は，自己の祭祀承継者と期待していた相手方大井田仁一が，その固有の墓地を購入したことを知り，同人が被相続人の墓地の承継の意思を持たなくなったのではないかと思い失望したことは容易に推測できる。その結果，被相続人は，それまでの間比較的順調に交際ができていた三男の申立人を自己の祭祀主宰者と考えたとしても不自然ではない。

また，上記昭和63年4月20日の被相続人の発言は，妹の梅木アオイ，息子の申立人，相手方大井田吾一とともに，いわゆる寺参りをし，その後に仏具店にまわってきた後のものであることは，被相続人が自己の死後のことを真剣に考えた結果であることがうかがえる。さらに，それは上記相手方大井田吾一の同席する際になされた発言であるから，明確であることも明らかであり，「墓を守ってくれ」とは「祖先の祭祀を主宰すべき者」の指定と解することができる。

3 以上認定のとおり，本件は，民法897条1項但し書の「被相続人の指定に従って祖先の祭祀を主宰すべき者」が存在することになる。

被相続人の祖先の祭祀を主宰すべき者の指定の存在が認められる場合の，祭祀財産の承継者の指定を求める申立に対する家庭裁判所の審判の内容については，申立を却下すべきであるという考えと，その被相続人の指定に基づいて祭祀財産の承継者を指定すべきであるとの考えとに議論が分かれるところであるが，当裁判所は，「被相続人の指定に従って祖先の祭祀を主宰すべき者」が存在すると認定した場合は，家庭裁判所は，それに基づ

いて祭祀財産の承継者を指定する旨の審判をなすべきであると考える。その理由は以下のとおりである。
(1) 上記のような場合家庭裁判所が申立を却下すると，結局紛争は解決することなく，再度被相続人の指定の存否を前提とした争いが地方裁判所または簡易裁判所に持ち込まれる可能性が高く，そこでの再度の判断を待たねばならないということで訴訟経済に反する。
(2) 被相続人から祭祀を主宰すべき者と指定されたと主張し，他から争われているものは，その主張をするための裁判手続として地方裁判所または簡易裁判所での所有権確認等の訴訟を提起することを選択すべきか（これを選択して，訴訟において上記被相続人の指定の存在が認められなかった場合は，更に家庭裁判所に祭祀財産の承継者の指定を求める審判を申し立てることになる），それとも家庭裁判所に祭祀財産の承継者の指定を求める審判を申し立てることを選択すべきか（家庭裁判所の審判においてその指定の存在が認められるとその申立は却下される），極めて困難な選択を迫られることになる。
(3) 現実の事件処理において，家庭裁判所が祭祀財産の承継者を指定する場合には被相続人の意思は重要な要素になるが，ある事実が「被相続人の指定」であるとまでは認められなくとも，被相続人の意思を推測する重要な事実と認定できることが多い。そうなると，相続人の指定を認められる場合とそこまではいかないが被相続人の意思として尊重されるべき事実が認められる場合とは，いわば程度の問題で，その限界は明確に区別しがたいものが一般である。それにもかかわらず全く別個の手続をとらなければならない特段の理由はない。
 4　なお，申立人は，仏壇，仏具等の引渡を求めており，それらは相手方大井田富士子が保管管理されていることが認められる。それらは元来現在保管されている場所に置かれていたものであり，申立人がその場所に入ることを上記相手方大井田富士子が拒んだ事実は認められないし，本審判により当事者間での任意履行が期待されないでもない。また，申立人は，上記仏壇等なしで被相続人の法事を独自に行った事実も認められ，祭祀の主宰に直ちに必要不可欠ともいえないので，現段階で引渡を命ずることまでの必要性は認められない。

No.119 相続財産分与事件

大阪高決平成4・3・19家月45巻2号162頁

―― 事案のポイント ――

特別縁故者に対する相続財産の分与審判に対する即時抗告審において，抗告人らが民法958条の3の特別縁故者に該当するとした原審の判断を支持した上，分与額の算定に際し，遺産額その他の事情を考慮して，原審の抗告人らに対する分与額を増額変更した事例。

―― 決定理由 ――

（略）

No.120 相続財産分与事件

大阪高決平成4・6・5家月45巻3号49頁

―― 事案のポイント ――

特別縁故者の地位は，その者と被相続人との個人的な関係に基づくもので，相続財産分与の申立てをするか否かはその者の意思に委ねられており，一身専属性の強い地位であるが，一旦，その分与の申立てをすれば，申立人は，相続財産の分与を受けることが現実的に期待できる地位を得ることになり，その地位は，財産的性格を持つから，その後申立人が死亡した場合，その相続人は，分与の申立人の地位を承継すると解するのが相当であるとして，これを否定した原審判を取り消し，甲・乙両事件について相続財産の分与をした事例。

―― 決定理由 ――

5　以上の認定事実にもとづき検討する。
(1)　抗告人両名及び忠は被相続人に残された最も血縁の濃い親族であった。

しかも右3名は被相続人と同じく〇〇市内で生まれ育ち，子供のころから一緒に遊んだりして互いに親しい感情を抱いていたものと推認できる。特に，抗告人悦子は，同居していた母ヤスヨが被相続人の面倒をみた際，これに協力することが多かったし，昭和43年ころからは被相続人と家が近所になり，出会う機会も多く，よき相談相手として交際していた。

(2) もっとも，忠が被相続人の入院の際の保護義務者になることを頼まれながらこれを断ったこと，その入院費用は被相続人の友人である前記清原が出捐したこと，入院当時の面会，外出等の記録によると，被相続人は抗告人ら及び忠よりもむしろ清原ら友人を頼りにしていたように窺えることなどに照らすと，抗告人ら及び忠と被相続人との関係が，必ずしも常に良好であったとはいえず，互いにその交際に一線を画していた面も窺える。しかしながら，被相続人がその入院の前ころ，そして退院してから死亡までの間，抗告人ら及び忠の許に頻繁に電話を架けて長話をしていたことに鑑みると，被相続人は最終的には抗告人ら及び忠を精神的に頼りにしていたものと推認すべきである。

(3) 死亡の前夜，被相続人はわざわざ武藤裕子を自宅に呼んで，自分の死後，自宅を抗告人両名，忠，清原及び〇〇寺の五者で分けてほしい旨話し，更に周到にも抗告人両名及び忠に電話を架けて同様の話をしたのであるから，これは死を覚悟した被相続人の真意であったものと認めるのが相当である。

被相続人が精神的に不安定な面があったとしても，これを軽視するのは相当でない。

(4) してみると，抗告人両名及び忠は，被相続人とは血族四親等の親族であり，かつ被相続人にとってみれば生存親族の中で最も血縁の濃い3名であった上，子供のころからの長い付き合いがあり，時期により又各人によって親交の程度にはばらつきがあるものの，被相続人の死の間際までそれぞれ精神的な繋がりを保っており，その死後は協力してその祭祀をとり行ってきたもので，しかも相続財産を抗告人両名及び忠が引き継ぐことは被相続人の意思であり，被相続人が遺言をしたとすれば遺贈の配慮をしたと認められるものであるから，抗告人両名及び忠を，被相続人と特別の縁故があったものと認め，抗告人両名及び承継人両名に対し被相続人の相続

財産の一部を分与するのが相当である。そして，各人毎に分与すべき具体的な相続財産は，本件に顕れた一切の事情を考慮して，主文のとおり定めるのが相当である。

5 以上の次第で，抗告人両名及び承継人両名の各申立を却下した原審判は相当でないから，家事審判規則第19条2項により，これを取り消して自ら審判に代わる裁判をすることとし，主文のとおり決定する。

No.121 祭祀承継者指定事件

高松家審平成4・7・15家月45巻8号51頁

―― 事案のポイント ――

被相続人所有の祭具，墳墓及び墓地を事実上管理，供養している親族関係のない者（被相続人の内縁の夫の孫）を祭祀財産の承継者と指定した事例。

―― 審判理由 ――

(申立ての要旨)

1 申立人の祖父栗山宏次郎（明治9年10月10日生，昭和20年1月19日死亡）と大川ヨシ（明治13年11月20日生，昭和17年9月1日死亡）とは事実上の夫婦として生活をともにし，栗山千穂（明治44年11月21日生，婚姻により佐藤千穂となる。），栗山広次郎（大正5年5月23日生，同年8月7日死亡），栗山秀樹（大正8年5月14日生，大正9年2月4日死亡）を儲けたが，ともに戸主であったので婚姻の届出をすることなく，生涯内縁関係を続けた。

2 大川ヨシは，明治15年11月22日，大川仁吉（嘉永2年12月10日生），大川サダ（嘉永4年3月3日生）夫婦と養子縁組をし，戸主である養父大川仁吉が大正7年2月9日死亡したので同家の家督を相続して戸主となったところ，養母大川サダも大正13年4月15日死亡した。そして，戸主である上記ヨシは，昭和17年9月1日死亡したが，上記千穂は他家に嫁に行ったことから相続人がなかったため，昭和18年8月18日高松区裁判所の許

可を得て絶家となった。
3 栗出宏次郎は，大川ヨシ死亡後，同人所有にかかる別紙目録記載の祭具，墳墓及び墓地を事実上管理し，同家の供養を行ってきた。
4 栗山宏次郎は，昭和20年1月19日死亡したので，同人が事実上管理し，供養を行ってきた大川ヨシ所有の上記祭具，墳墓及び墓地を養子の栗山幸一郎（明治36年4月4日生）が事実上承継し，同人が昭和61年9月4日死亡したので，同人の長男である申立人が上記の管理及び供養を事実上承継し，これを継続している。
5 ところが，株式会社〇〇〇〇〇製作所は，平成2年ころから，本件墓地を含むその周辺一帯の土地を工場用地として買収し，同地上に工場を建設しようとして申立人に墓地の移転と墓地譲渡の申入れをしてきたが，申立人は法律上の大川ヨシの祭祀承継者ではない。
6 そこで，申立人は，同人が上記会社と墓地に関する契約を締結し，大川ヨシの祭祀を継続するため，申立人を大川ヨシの祭祀承継者とする旨の指定を求める。なお，本件墓地である別紙目録記載3の土地の表示登記における所有者大河伊吉並びに土地台帳における所有者大河伊吉は，戸籍及び寺の過去帳を調査しても全く実在しておらず，上記大河伊吉は大川ヨシの養父である大川仁吉の誤記である。

(当裁判所の判断)

一件記録等によると，申立ての要旨1ないし5記載の各事実が認められるほか，次の事実が認められる。すなわち，上記株式会社〇〇〇〇〇製作所は，申立人の承諾を得て，別紙目録記載2の墳墓を移転し，同目録記載3の土地と同会社所有地との交換を希望しているが，申立人は大川ヨシ所有の祭祀承継者に指定されておらず，上記墓地の所有名義人は大河伊吉となっていること，しかし，上記墓地は，その地上の墓石の記載から少なくとも嘉永4年5月10日から墓地として使用されていることが明らかであり，明治初年の表示登記及び明治15年11月22日の土地台帳には本件墓地の所有者として大河伊吉の記載があるが，人口も少なく狭い田舎における明治初年当時の戸籍及び寺の過去帳などを子細に調査してみても大河伊吉なる人物が存在した形跡は全くなく，しかも大川家が他人の所有地上に本件の墓を設置したことを

認めるに足りる資料がないことなどに徴すると，大河伊吉は大川仁吉の誤記と認められること，大川ヨシが同人所有の祭祀の承継者を指定したことを認めるに足る証拠はなく，また同人所有の祭祀の承継についての慣習の存在を認めるに足りる資料もないこと，そして，申立人は，今後も事実上の祖母にあたる大川ヨシ所有の祭祀財産の管理とその供養の継続を誓っていることが認められる。

　以上の認定事実を総合考慮すると，大川ヨシ所有の別紙目録記載の祭具，墳墓及び墓地の承継者を申立人と指定し，申立人に上記会社との交渉にあたらせ，墳墓及び墓地を確保させて祭祀を継続させるのが相当である。

No.122　葬儀費用請求等事件
東京地判平成6・1・17判タ870号248頁

―― 事案のポイント ――

　被相続人の葬儀を行って，その費用69万5,153円（斎場，葬儀社，寺等への支払から，香典等を差し引いた金額）を負担したとして請求したところ，葬儀を実質的に実施した原告が負担すべきものとして，請求を棄却した事例。

―― 判決理由 ――

二　葬儀費用の求償について

1　葬儀費用を誰が負担すべきかという問題については，一般的に確立された社会通念や法的見解は未だないようであるが，葬儀の主宰者＝喪主（喪主が形式的なものにすぎない場合は，実質的な葬儀の主宰者）が負担する例が多いのではないかと思われるし（労働基準法80条，国家公務員災害補償法18条が，「葬祭を行う者に対して」，それぞれ葬祭料を支払い，葬祭補償を支給するとしていることは，私人間における葬儀費用の負担についても参考とされるべきであろう。なお，香典も，喪主が取得するのが通常であろう），被相続人の葬式費用については，相続税法13条1項2号により，これを負担した相続人の相続財産の価額か

らの控除が認められていることもあってか，相続人の一人又は数人の負担とされる場合もあるようである。

　この問題については，右のような点を参考に，当該地域や親族間の慣習を考慮して，条理に照して判断するほかないと思われるが，いずれにせよ，単に被葬者の扶養義務者であったことや最も親等の近い血族であったことだけで，葬儀費用の負担者とされることは通常ないと思われるし，そうすることが合理的であるという理由も見当たらない。

2　争いのない事実，〈書証番号略〉，原告及び被告Y1の各供述によれば，原告は，Hの曾孫で，Hと長年にわたり同居し世話をしてきて，Hの葬儀を実質的に主宰した喪主である（香典も原告が取得している）のに対し，被告らは，Hの養子ではあるが，Hの死亡する約25年前にHの家を出て，その際，養子離縁届の交付を受け，今後一切無関係との約束をする代わりに，被告Y1がHから贈与を受けた不動産の持分を返還し，被告Y2の持分もHに贈与した者であって，その後Hとはほぼ没交渉で，葬儀にも参列しなかった者であることが認められる。

　右事実からすると，1で述べたところに照らして，葬儀費用の負担者が原告となるのはごく自然であり，少なくとも被告らに対し葬儀費用の全部又は一部の負担を求めるのを正当化できる理由はないといわざるを得ない。

No.123　遺産分割事件

横浜家審平成6・7・27家月47巻8号72頁

──────── 事案のポイント ────────

　遺産である一筆の土地に含まれる墓地について，被相続人が祭祀財産の承継者を指定しておらず，相続人全員の間で本件遺産分割事件において一括解決し，相続人の一部の者が共有することについての合意があるという事情の下では，これを当事者の意見に反してあえて分筆し，別件に委ねることは相当でなく，当事者の祭祀財産の承継についての協議が存在するものとして，墓地部分も含めて本件遺産分割手続において一括

処理することが許されるとして，墓地を含めて一括分割した事例。

―――――――――――――― 審判理由 ――――――――――――――

3　遺産の範囲及び評価
(1)　本件遺産分割の対象となる被相続人の遺産は，別紙遺産目録記載(1)ないし(6)であると認められる。右遺産の評価は，遺産目録「評価」欄記載のとおりである。

　　遺産の現況は，次のとおりである。遺産目録(1)(2)は，相続開始以前から一体として利用され，物件目録記載の各建物が所在し，同(1)の建物は昭和42年5月亡一雄が建築し同人の所有名義で固定資産税が課税され，一範と一恵が従前から住居として利用し，亡一雄の遺産分割は未了であるため，同一雄の相続人らの共有である。同(2)の建物は昭和47年に一範が建築し，一範が申立外トリ商会に一範固有の土地と共に賃貸し，地代家賃併せて月額16万円を得ている。同(3)は雑種地であり利用されていない。同(4)は現況宅地部分約319平方メートル，山林部分約500平方メートル，墓地部分約40平方メートルであり，宅地部分の一部は第三者に賃貸されている。同(5)(6)は，平成2年頃から休耕地になっている。

(2)　遺産目録(4)については，前記認定のとおりその一部分に墓地約40平方メートルが含まれるが，本件被相続人は祭祀財産の承継者の指定をしていないところ，相続人全員が本件において一括解決し，一範，一彰以外の相続人が共有取得することを合意している。本来祭祀財産の承継者について被相続人の指定のない場合には，当事者間の協議に委ねられているが，本件のように墓地であっても登記上遺産である一筆の土地に含まれ，墓地のみ独立していない事情を加味すると，これを当事者の意思に反して敢えて分筆し，別件に委ねることは相当でなく，本件遺産分割手続においては当事者の祭祀財産の承継についての協議の存在するものとして墓地部分も含めて一括処理をすることが許されるものと解することができるので，本件墓地部分についても遺産分割の対象として一括分割することとする。

No.124	祭祀承継者指定事件
	東京高決平成6・8・19判時1584号112頁

---- 事案のポイント ----

祭祀承継者は1人であるべきところ，被相続人との特別な事情を考慮して，祭祀用財産の一部を被相続人の前妻の子に，一部を後妻に指定する審判がなされた場合，後妻を指定したことは，相続人の中で被相続人と共同生活を最も親密に送った者として承継者に相応しいと考えられることから相当であり，被相続人の前妻の子と後妻とを指定する審判は是認されるとした事例。

---- 決定理由 ----

一　本件抗告の趣旨は，「原審判のうち主文第2項にかかる部分を取消し，本件を東京家庭裁判所に差し戻す。」との裁判を求めるものであり，抗告の理由の要旨は，「(1)　平成元年2月24日，相手方Y1は，兄弟4人が墓の承継者をAにすることを承知するなら，承継者はAでよいとの意思を表明し，A，抗告人，相手方Y2，同Y3も，相手方Y1の死亡の際には，多摩墓地に埋葬することを条件にAを承継者にすることを承諾し，相続人全員の間に，祭祀の承継者をAとするとの合意が成立した。(2)　右合意の成立が認められないとしても，相手方Y1は，一旦Aを承継者にすることを表明しながら，遺産分割協議書や相続税申告書にAと抗告人の署名押印を得た後，その態度を翻し，Aや抗告人を騙したものであり，このような相手方Y1を承継者とすることは不当である。(3)　Aは，独立して家庭を営んでいたとはいえ，わざわざ器具を携えて被相続人のもとに赴き同人の歯の治療をするなどして被相続人と親密な関係を保っていたし，抗告人においては，被相続人の近くに居住し，家族ともども日常生活において行き来も頻繁で，子供のなかで最も被相続人と親密であったこと，また，被相続人は，遺言においてAと抗告人とを遺言執行者に指定し，Aと抗告人が甲野家を取り仕切って欲しいとの意思を明確に表明していたのに対し，相手

方Y1は，一旦Aを承継者にすることに同意しながら，これを翻したり，抗告人が相手方Y2から土地を騙し取ったなどと抗告人に濡れ衣を着せたりして次々と嘘をついてきているほか，山の辺霊園の墓地を廃止ないしは無縁仏にしようとしたり，平成4年6月に死亡したAや抗告人の実母の位牌を抗告人らに相談もなく塗りつぶそうとしたりしており，Aや抗告人の心情を思いやる心や位牌に対する畏敬の念に欠けているうえ，Aの埋葬を力づくで阻止しようしたり，墓誌にAの銘を刻むことを拒否しており，相手方Y1には，被相続人の意思を尊重して多摩霊園の墓地の管理運営をしていく意思は全くないのであり，相手方Y1はその人格からして祭祀用財産の承継者としてふさわしくない。」というものである。

二　当裁判所も，東京都多摩霊園の墓地（一種5区12側三番）の使用権と墓石等，相手方Y1宅内にある仏壇，仏具，深誉誠心禅定文，深誉姉心禅定文，求道院清誉雄心居士，梅薬院芳誉雄魂居士の4名と甲野家先祖代々とを列記した位牌，梅岸院芳雪妙薫大姉，容顔智芳善童女，心鏡無善童子の3名列記の位牌の承継者を相手方Y1と定めるべきものと判断するが，その理由は，（引用部分略）。

三　抗告理由について

2　抗告理由(2)について

相手方Y1の審問の結果によると，相手方Y1は，Aを祭祀用財産の承継者にする旨の意向を一旦表明し，その後右意向を撤回したが，これは被相続人の遺産分割にあたっての抗告人の態度から，抗告人に対して不信感を募らせ，抗告人に柔順なAを祭祀用財産の承継人とすることは適当ではないとの考えから，態度を変えたものであることが認められ，相手方Y1がこのように態度を変えたことをもって，同相手方を祭祀用財産の承継者として相応しくない事由とすることはできないから，抗告人の右主張も採用することができない。

3　抗告理由(3)について

相手方Y1は，結婚以来40年以上にわたり，被相続人と生活をともにして同人を支えてきたものであること，同人は相手方Y1の所有名義とした東京都練馬区東大泉の土地に同相手方と27年間にわたり居住し，また，仏壇，

仏具，位碑は昭和48年に新築した同相手方の所有名義の被相続人の自宅に置かれていること，先妻の子である相手方Y2も，相手方Y1が祭祀承継者となることを望んでいること，同相手方は被相続人も葬儀の喪主を務めるとともに，四十九日の法要も相手方Y1が主宰したこと等の前記認定の同相手方と被相続人との関係，同相手方の祭祀主宰の意思や能力あるいは関係者の意向等の諸事情に照らすと，相手方Y1が，相続人の中では被相続人と共同生活を最も親密に送った者として祭祀用財産の承継者に相応しいと考えるのが相当であり，抗告人が相手方Y1をして祭祀用財産の承継者とすることが相当でないと主張する事情は，いずれもこれを首肯することができないから，抗告人の右主張も採用することができない。

No.125 祭祀承継者指定事件
福岡家小倉支審平成6・9・14家月47巻5号62頁

―― 事案のポイント ――

被相続人の指定に従って祖先の祭祀を主宰すべき者がある場合でも，祭祀財産の承継者の指定の申立てがあり，被相続人の指定の存否や慣習の存否について当事者間に争いのある限り，家庭裁判所は，被相続人の指定の存否又は慣習の存否について審理をし，指定の内容又は慣習の内容に従って祭祀財産の承継者の指定をする審判をすべきであると解するのが相当であるとして，被相続人の指定に従って審判で指定し，かつ本件墓地の明渡しと，同墓地上の墳墓及び平成3年12月3日付け市長作成の使用名義人甲野一郎に対する霊園使用許可証の引渡しを命じた事例。

―― 審判理由 ――

1 本件記録によれば，次の事実を認めることができ……(る)。
(1) (略)
(2) 被相続人の残した祭祀財産の主たるものとして，○○市○○霊園×号地区×号墓地（×・×平方メートル）上の墳墓と，その敷地の所有者○○市に

対する霊園使用権があり，相手方甲野一郎が，平成3年12月3日に○○市から上記霊園の使用許可を得てその許可証（○○戸建管第H×ー×××号）を所持し，同墳墓とその敷地を占有している。

(3) 申立人は，昭和37年6月12日に被相続人夫婦との養子縁組をすると同時に被相続人の二女甲野夏江と婚姻するようになったが，その際，被相続人から申立人に対し，「我々夫婦の養子になって，甲野家を継いで欲しい」と言われ，「継ぐ」と言うことは，遺産を相続し，甲野家の先祖代々を供養してもらうことだ，と説明された。又，申立人が被相続人に，被相続人には長男一郎がいるのに何故養子が必要なのかと尋ねたところ，被相続人は，「一郎は自分勝手に商売をしており，あてにならない。」又，「親の面倒をみない，と言って15歳の時に家を出て以来被相続人の家に寄りつかない。自分が養子を迎えることは一郎も承知している。」と答えた。被相続人からこのような説明があったので，申立人は，被相続人夫婦の養子となり，被相続人の氏と同じである「甲野」の氏を称することにした。

又，被相続人は，昭和38年に主文記載の墓地について○○市から霊園使用許可をえてその許可証を交付してもらい，同墓地上の墓石を建て替えた際，申立人に対し，「どうせ次郎達が墓も継ぐのだから」といってその経費50万円の内の一部10万円を負担するように求め，申立人もこれに応じて負担した。

昭和48年に被相続人の居住していた家屋の建替えを行った際，被相続人は，将来の相続のことを考えて，その家屋とその敷地の土地の所有名義を被相続人から申立人夫婦に変更した。更に，昭和49年4月2日に，被相続人は，当時所有していた不動産の全てを，被相続人死亡後申立人の長男孫一に贈与する旨の公正証書遺言書を作成した。

(4) 被相続人は，明治37年12月24日二男として○○市○○で出生し，長兄が早く死亡したため被相続人が家督を相続した。昭和3年春子と婚姻し，春代（昭和3年12月1日生）が出生したが，翌年協議離婚した。春代は被相続人の知人夫婦の養子になり甲野の親族との交流は絶えていた。

昭和8年夏子と婚姻し，一郎（昭和9年2月15日生），夏江（昭和10年11月27日生），夏代（昭和14年11月15日生）が出生したが，夏子は昭和14年

12月に死亡し，夏代は生後間もなく他人の養子となり，甲野の親族との交流は無くなっていた。昭和36年に秋子と婚姻したが，秋子との間には子供は無かった。

　申立人は，高校卒業後，△△県警に勤めていたが，生活が健全で，性格が温厚であったので，被相続人は，妻秋子の兄嫁の弟に当たる申立人を非常に気に入り，「是非養子になって娘の婿になってもらいたい」と申し入れた。被相続人と申立人との養子縁組，被相続人の娘夏江と申立人との婚姻の条件等については，前記のとおりである。

　被相続人は，昭和20年まで○○製鉄所に勤務した後，○○通運の関連会社に数年勤務した後は無職となり，父から家督相続した都市部の土地約500坪の利用収益で充分生活できていた。被相続人の妻秋子は，昭和50年頃からアルツハイマー病になり○○病院に入院していて，被相続人が死亡した後の昭和55年1月1日に死亡した。被相続人は，昭和53年11月頃から筋肉の痛みを訴えるようになり，○×病院に入院することになった。被相続人は，生活的には，前記の様になんら困ってはいなかったが，精神的な事，体の不調等については，△△県警に勤務していた申立人によく相談していた。被相続人入院中の看護は，申立人が付添婦を世話をして付き添ってもらっており，又，被相続人の姉の子甲野冬子に何かがあれば申立人に連絡するように依頼していた。被相続人は，昭和54年3月24日に病院で死亡した。死亡について，甲野冬子，甲野一郎から申立人に知らされた。その際一郎は，申立人に対し，今まで親孝行らしいことをしていないし，申立人が△△から被相続人の遺体を引き取りにくるには時間がかかるし，それまで遺体を病院に置いておくわけにもいかないから，一郎の自宅に引き取りたい，と申し入れたので，申立人もこれを了承し，遺体は一郎方に移し，喪主を一郎と申立人として葬式は一郎方で執り行った。

(5)　被相続人は，生前に前記のように主文記載の墓地を○○市から借りて使用許可証の交付を受けていたが，申立人は，被相続人から家屋や仏壇等を承継しており，前記墓地，墓石も当然承継しているものと考えており，被相続人の死亡後の昭和54年3月頃，前記墓地の使用名義人を被相続人から申立人に変更しようと考え，○○市役所にその申し入れをしたところ，

役所の係員から相続人全員の承諾書が必要である，名義変更には期限はない，と言われたので，申立人は未だ△△県警に勤務していた事でもあり，承継の手続きをしない儘にしていた。ところが相手方一郎は，祖先崇拝の信仰心に厚く，仏壇等は自分独自で購入して祖先の供養等していたものであるが，前記墓地の使用名義人が10年以上も被相続人名義の儘に放置されていたので，申立人にはこれを承継する資格も意思もないものと考え，平成3年12月3日に前記墓地の使用名義人を一郎へと変更する手続きを市役所にしたら，一郎が長男であることもあって，他の相続人の承諾書を提出するまでもなく，市役所から一郎名義の前記霊園使用許可証書が一郎宛に交付された。

　申立人は，平成4年に△△県警を定年退職し，平成5年1月に〇〇市の現在の住所に転居し，すべき事で延ばしていた本件墓地の申立人への承継手続きをしようとしたところ，前記のように既に相手方一郎が同人への承継手続きをしていたことが判明し，本件墓地の正当承継人である申立人への墓地使用許可証の交付を受けるには，〇〇市都市公園，霊園，駐車場等の設置及び管理に関する条例施行規則第10条，18条により，承継理由を記載した申請書に前使用者の使用許可証及び承継原因を証明する書類を添付して市長に提出しなければならないことが判った。

　そこで，申立人は，一郎に対し，申立人が被相続人から祭祀財産の承継の指定を受けているので，本件墓地を明渡し，前記一郎名義の霊園使用許可証を引渡す等して，前記墓地の使用名義人を申立人名義にすることに協力して欲しいと何度となく申し入れたが，一郎は，祭祀は長男である一郎が承継するのが当然である，被相続人が祭祀の承継人を申立人に指定した事実はない，申立人は被相続人の養子になっているが，養子としての義務を果たしていない等の理由で申立人の申し入れを拒否し続けている。

　申立人は，止むなく平成5年7月23日に本件審判の申立てをし，本件審判は一度調停に付され，調停期日が3回開かれたが，双方とも従来の主張を固執して合意に達する見込みがなく，調停は不調に終わり，審判手続きに移行した。

(6)　被相続人の最後の住所地地方に於ける民法897条1項本文の被相続人の

祭祀を主宰すべき者についての慣習は明らかでない。
2　以上認定の事実を総合すると，被相続人は，生前において，被相続人の祖先の祭祀を主宰すべき者を申立人と指定していたと認めるのが相当である。

　ところで，民法897条の解釈として，被相続人の指定に従って祖先の祭祀を主宰すべき者があるときは，家庭裁判所への祭祀財産の承継者の指定を申立てるまでもないものであり，申立ては利益がなく，申立ては不適法とも解釈されうるが，被相続人の指定に従って祖先の祭祀を主宰すべき者がある場合でも，祭祀財産の承継者の指定の申立があり，被相続人の指定の存否や慣習の存否について当事者間に争いのある限り，家庭裁判所は，被相続人の指定の存否又は慣習の存否について審理をし，指定の内容又は慣習の内容に従って祭祀財産の承継者の指定をする審判をすべきであると解するのが相当である。

　よって，被相続人甲野太郎所有の系譜，祭具，墳墓の承継者を申立人甲野次郎と定め，本件墓地を占有している相手方甲野一郎に対し，本件墓地を申立人に明渡し，本件墓地の上の墳墓を占有し，〇〇市長発行の本件墓地使用許可証を所持している相手方甲野一郎に対し，本件墳墓及び本件墓地使用許可証を申立人に引き渡すよう命ずることとし，主文のとおり審判する。

No.126　遺骨等引渡請求反訴事件

高知地判平成8・10・23判タ944号238頁

―――― 事案のポイント ――――

　被相続人の妻子（反訴原告）から祭祀承継者たる内縁の妻（反訴被告）に対する被相続人の遺骨・位牌や死後に授与された叙勲（死後叙勲）の返還請求が認められなかった事例。

―――――――――――――――――― 判決理由 ――――――――――――――――――

第二　事案の概要

　本件は，被告らが敏博の妻子であるところ，原告が敏博と内縁関係にあり，その内縁中に２分の１の共有持分登記をなした別紙物件目録記載の不動産について，敏博の死後，原告から敏博の持分権については実質的にすべて原告の所有であったとして，右持分権につき，敏博の相続人である被告らに対して真正な登記名義の回復を原因とする所有権一部移転登記手続を求め（本訴），これに対して，被告らにおいては，逆に，原告の持分権については実質的にすべて敏博の所有であったとして，右持分権につき，原告に対して真正な登記名義の回復を原因とする所有権一部移転登記手続を求めるとともに（反訴），原告が管理している遺骨や敏博の死後に授与された勲章等の引渡を求めた（併合事件）事案である。

　（中略）

二　争点２のうち，敏博の遺骨及び本件位牌の帰属について
１　敏博の遺骨及び本件位牌の管理に関する事実関係は次のとおりである。
㈠　敏博は，高知県において警察官として勤務し，昭和52年３月安芸警察署長を最後に定年退職し，その後家族が居住していた不動産及び退職金，預金，年金等めぼしい財産のほとんど全てを妻被告富士子に渡し，あるいは委ねて家を出て，昭和54年12月ころから原告と内縁関係に入り，原告の住居において同棲を始めたことは，既に判示のとおりである。
㈡　原告と敏博は，同棲後，社会的に夫婦同然に生活し，他人から依頼されて夫婦として結婚の仲人をなし，また，敏博の弟である義博が平成６年１月に死去した際には，喪主敏博の妻横畠みな子と明記した会葬礼状を郵送し，敏博が死亡した平成７年３月ころには，原告と敏博は既に社会的に実体的な夫婦として認められており，敏博の死去に際しても，原告が喪主となって会葬を執り行い，喪主伊藤みな子とする会葬礼状を郵送した……。
㈢　敏博兄弟の先祖の位牌等の祭具は，当初，右義博が祭っていたところ，兄弟の合意のうえ，敏博と敏博のもう一人の弟である磨瑳博において，同様の祭具を作って２箇所（そのうちの１箇所は原告の住所）において祭るよう

になったが，本件位牌は原告において製作させ，原告の自宅において祭っている。

(四) 敏博は，生前において，原告と話し合った結果，一緒の墓に入ることにして，高知市内の小高坂山三の丸に墓地を求める準備中に死亡したが，原告において敏博の遺志を継ぎ，平成7年4月12日右三の丸に墓地を購入し，墓碑を建立して敏博の遺骨を納めて，これを管理している……。

2　ところで，被相続人が死亡した場合には，その遺体，遺骨も物体となって，所有権の対象となると考えるべきであるが，その遺体，遺骨の所有権といっても，性質上埋葬，管理，祭祀，供養の範囲内で権限を行使できるものであって，通常の所有権の概念からは著しく離れており，むしろ，祭具と近似するものであるから，民法897条の準用により承継されるとするのが相当である。

　そして，前記に判示したとおり，敏博は，生前において，自己の遺骨の管理について，原告に委ねているのであるから，敏博の遺骨は原告において承継すべきものである。

　なお，被告博昭は，予備的に敏博の長男として慣習上の祭祀承継者であると主張するが，既に判示のとおり，先祖の祭祀に関しては，敏博（原告）と敏博の弟が別々に祭っており，仮に，敏博が祭っていたものについては被告博昭が慣習上の祭祀承継者であるとしても，先祖の祭祀に関するものと敏博のそれとは同一に考えることはできず，敏博自身のものは敏博の意思が優先するというべきであるから，敏博の遺骨が祭祀財産であるといっても，被告博昭において，敏博の遺骨について所有権を取得するものではない。したがって，被告博昭の請求はその余の点について判断するまでもなく失当である。

3　本件位牌は，原告において，敏博を供養するために製作させたもので，敏博の遺骨，供養と一体となるものであるから，その所有権は原告に属し，被告らに帰属するとは考えられない。したがって，被告らの請求は認められない。

三　争点2のうち，表彰状及び勲章の帰属について

1　原告が正六位の表彰状及び勲五等瑞宝章を保管している経緯は既に「争

いがないか証拠により容易に認定できる事実」として判示したとおりであり，証拠（……）及び既に他の争点に関して判示したところによれば，警察庁から表彰状等を原告に伝達した理由とする事実はほぼすべて認定できるところである。
2　被告は，死後叙勲による表彰状及び勲章は相続財産を構成し，被告ら3名は相続人であるから，不法占有者である原告に対して所有権に基づく引渡請求権を有する旨主張する。

　確かに，勲章は本来着用することが建前であるから，死後叙勲もその発令日は生前の最後の日とされ，生前に叙勲されたように擬制されているため（栄典事務の手引き―監修総理府賞勲局），死後に叙勲が行われても遡及効があり，生前の叙勲と同様の効果が発生し，その後誰が勲章を保持するかは相続法規によるとすることも全く考えられない理論ではないし，また，死後叙勲は，死亡した被叙勲者を表彰する行為と，死者に代わる者に勲章を保持させる行為が合体したものであって，勲章はその死者に代わる者に帰属し，その者が相続人である（これが祭祀承継者であるとすれば，原告の主張と同じになる）とすれば，やはり，被告ら3名が相続したものと考える余地がないではない（とはいえ，前者においては，法理論的にはかなり無理な構成であるし，後者においては，やや技巧にすぎるとの非難が可能ではある）。

　しかしながら，勲章その他栄典の授与は，これを受けた者一代に限り効力を有するものであって（憲法14条3項），勲章は，生前叙勲の場合を考えると，被叙勲者本人のみがこれを保有できるというべきであり，被叙勲者の相続人は，被叙勲者本人が保有していた勲章について返還を免除される（保管を許される）に過ぎないと考えるのが相当であるから，相続人以外の者に勲章が伝達され，相続人において占有権を取得していない場合には，所有権は勿論占有権に基づく引渡請求権も有しないといわざるを得ない。

　そして，本件の場合は，死後叙勲であるが，その理は生前叙勲と同様であって，死者となった被叙勲者のみが勲章を保有できるところ，既に生存していないために，これが相続人以外の者に伝達されたとしても，相続人において占有権を取得していない以上，所有権は勿論占有権に基づく引渡請求権も有しないというべきである。つまり，死者に与えられた栄誉とい

うものは、この栄誉を表彰する勲章を争い合うということと全く無縁のものであって、本来誰が勲章を保管すべきであったかとの観点からの権利構成はできないと考えられる。

ちなみに、戦前における「勲章還納の件（明治22年3月21日勅令第38号）」においては、叙勲を受けた者が死亡したときは勲章を還納させることも考えられるし、そのような例は各国に多くみられるが、子孫の情を考慮して還納を不問にするとされ、戦後の昭和23年6月11日に提出された栄典法案（不成立）9条1項は、「勲章は本人に限り終身これを着用することができ、その遺族はこれを保存することができる」との規定がされている。つまり、叙勲された個人が着用していた勲章は、その個人の遺族において単に保管を許されているに過ぎないとの考えが示されているのである。

したがって、本件の場合、既に判示のとおり、勲章は内縁の妻である原告が伝達を受けて保管している以上、いかに被告らが相続人であるとしても、所有権及びその所有権に基づく引渡請求権は有しないというべきであるから、被告らの請求は失当であって、これを認めることはできない。

四　以上の次第で、本訴請求は認容し、反訴及び併合事件の請求はいずれも棄却することとして、主文のとおり判決する。

No.127 祭祀承継者指定事件

東京家審平成12・1・24家月52巻6号59頁

―――― 事案のポイント ――――

祭祀財産の承継者の指定申立事件において、被相続人及びその亡夫は、亡夫が創業した会社の経営の任に当たる息子に墓地が承継されることを望んでいたと推認されるとして、同会社の経営にあたっている被相続人の三男を祭祀財産の承継者に指定した事例。

―――― 審判理由 ――――

3　そこで、本件において祭祀財産の承継者として申立人と相手方のいずれ

がより相応しいかについて検討する。本件記録並びに審問の結果によれば，次のとおり認められる。

(1) 亡父道晴及び母なお間には，長男啓，二男申立人及び三男相手方の3人の子が出生した（長男啓は満4歳で死亡している。）。亡夫道晴は昭和54年9月20日死亡したため，母なおは，亡夫道晴から本件祭祀財産を承継していた。

(2) 母なおは，昭和63年11月25日死亡したが（相続人は申立人及び相手方），母なお死亡後は，本件墓所については申立人及び相手方が事実上共同で管理し，母なおの自宅内に存置してあったその余の本件祭祀財産については，母なおの遺産分割によって母の自宅不動産を相手方が取得した結果，相手方が現在管理している。

(3) 亡父道晴は，高級ハムの製造販売で知られる〇〇株式会社の創業者であって社業の興隆発展に生涯情熱を傾けていた。亡父道晴の戒名は〇〇株式会社の社名を採って「〇〇院殿」が用いられている。亡父道晴死亡後は，母なおが〇〇株式会社の代表取締役会長，申立人が代表取締役社長，相手方が代表取締役副社長の立場で〇〇株式会社の経営に当たった。母なお死亡後は，申立人が代表取締役会長，相手方が代表取締役社長となったが，その後，申立人・相手方間で不和を生じ，平成6年8月23日開催の取締役会において代表取締役会長であった申立人を解任する旨の決議がされた。その後，申立人は〇〇株式会社及びその他の関係会社の株式等をすべて相手方に代金14億9750万円で譲渡すること，各会社の取締役を辞任すること，辞任に伴う退職金として6000万円の支払を受けることなどを内容とする平成7年12月18日成立の訴訟上の和解（東京地方裁判所平成7年(ヨ)第××××号事件）により，〇〇株式会社及び関係会社から離脱した。以後，相手方が〇〇株式会社の経営に当たっている。〇〇株式会社社内では，亡父道晴を創業者として畏敬の念を払い，役員・従業員は本件墓所の墓参を行っている。

4 上記3認定事実によれば，本件墓所は〇〇株式会社の創業者である亡父道晴及びその妻であった母なおが永眠するものであり，亡父道晴は，社業の興隆発展に生涯情熱を傾けていたことからすれば，本件墓所については，

○○株式会社の経営の任に当たる息子に承継させることを望んでいたと推認される。また，亡父道晴の妻であった母なおも同様の希望を有していたと考えるのが自然であり，上記3認定事実にこれらの事情をも考慮すると，本件においては，祭祀財産の承継者を相手方と定めるのが相当というべきである。

No.128 祭祀承継事件

広島高判平成 12・8・25 家月 53 巻 10 号 106 頁

―― 事案のポイント ――

①墓地は，墳墓と社会通念上一体の物と捉えてよい程度に密接不可分の関係にある範囲に限って墳墓に含まれるから，そのうち墓石等の墳墓が存在せず，祖先の祭祀と直接の関係が認められない部分を除いた範囲のみが祭祀財産に属するとされた事例。
②当事者の合意（協議）による祭祀承継者の指定の効力を否定した事例。

―― 判決理由 ――

一 本件土地は祭祀財産かについて（争点1）

本件土地は墓地であり，土地区画整理法による換地処分により増歩したことは当事者間に争いがない。民法897条1項は，「系譜，祭具及び墳墓の所有権は，……祖先の祭祀を主宰すべき者がこれを承継する。」と規定しているところ，墓地が墳墓として祭祀財産となるか否かが問題となる。墳墓は，遺骸や遺骨を葬っている設備である，いわゆる墓石等をいい，墓地は，その墳墓を所有するための敷地であるので，墳墓と墓地とは，一応，別の客体ということができる。しかしながら，墳墓が墳墓として遺骨などを葬る本来の機能を発揮することができるのは，墳墓の敷地である墓地が存在することによるのであって，墳墓がその敷地である墓地から独立して墳墓のみで，その本来の機能を果たすことができないことを考慮すると，社会通念上一体の物ととらえてよい程度に密接不可分の関係にある範囲の墳墓の敷地である墓地

は，墳墓に含まれると解するのが相当である。したがって，墳墓と社会通念上一体の物ととらえてよい程度に密接不可分の関係にある範囲の墳墓の敷地である墓地は，民法897条に規定する墳墓として祭祀財産と解される。

　そこで，本件土地につき祭祀財産と認められる範囲を検討すると，前説示のとおり，墳墓に含まれる墓地の範囲は，墳墓と社会通念上一体の物とみてよい程度に密接不可分の関係にある範囲に限られるから，墓地のうち墓石等の墳墓が存在せず，祖先の祭祀と直接の関係が認められない墓地部分は，祭祀財産には属しないものというべきである。本件の基礎となるべき事実及び証拠（略）によれば，本件土地は，もと地積69平方メートルの墓地で，平成10年4月15日，土地区画整理法による換地処分により地積161平方メートルに増歩された墓地であり，右161平方メートルの土地は，約92平方メートルの土地部分とその余の土地部分とにより構成され，その約92平方メートルの土地部分に畑宮家の歴代の墓石及び畑宮三郎家の墓石等が複数点在しており，その墓石は，別紙図面の墓所甲，墓所乙及び墓所丙内にそれぞれ設置されていることが認められる。右認定事実によれば，畑宮家の墓石等の墳墓は，本件土地のうち別紙図面の墓所甲，墓所乙及び墓所丙内の土地部分に存し，その余の土地部分には墳墓が存しないことが認められるから，墳墓と社会通念上一体の物とみてよい程度に密接不可分の関係にあると認められる墓地の範囲は，右墓所甲，墓所乙及び墓所丙の範囲内の土地と認めるのが相当である。

　したがって，本件土地のうち，右墓所甲，墓所乙及び墓所丙の範囲内の土地は祭祀財産と認めることができ，その余の土地は祭祀財産ではなく，被相続人新次の相続財産として，本件相続人らの共同相続の対象となる財産と認められる。

　ところで，控訴人は，別紙図面のか，y，き，イ，ロ，ハ，x，かの各点を順次直線で結んだ範囲内の土地は，墳墓に至るための通路として祭祀財産である旨主張する。同部分の土地には墳墓に至るための通路と認められる部分（別紙図面のか，y，ロ，ハ，x，かの各点を順次直線で結んだ範囲）もあるが，通路部分は，祭祀と直接の関係を有せず，また，墳墓の維持管理自体に直接必要な土地とも認められないから，墳墓と社会通念上一体の物とみてよい程

度に密接不可分の関係にある範囲の墓地とは認められず，控訴人の主張は採用できない。
二　祭祀承継者は定まっていたかについて（争点２）
1　合意に基づく祭祀承継者
　控訴人は，本件分割協議の際，控訴人が新次の祭祀承継者となる旨の合意がなされた旨主張する。
　しかしながら，民法897条によれば，祭祀財産の承継者は，慣習に従って祖先の祭祀を主宰すべき者が承継するか，被相続人の指定に従って祖先の祭祀を主宰すべき者があるときは，その者がこれを承継するのであるから，新次が，祭祀承継者は本件相続人らの協議によって定めることとするとの指定方法を採り，これに基づいて本件相続人らが協議して祭祀承継者を定めたというのであれば格別，仮に，本件相続人らが協議して祭祀承継者を定めたとしても，それは，家庭裁判所が同条２項に基づいて祭祀承継者を指定する際の重要な一資料になるとしても，右の指定がない限り，右協議して定めた者を祭祀承継者であると認めることはできない。しかるところ，本件全証拠を精査しても，新次がその祭祀承継者を本件相続人らで協議して定めるものとするとの指定方法を採ったことを認めるに足る証拠はないから，控訴人の右主張は採用できない。
2　慣習に基づく祭祀承継者
　控訴人は，慣習により控訴人が新次の祭祀承継者となった旨主張する。
　新次の子には畑宮チヨコを除く本件相続人らのほか長男及び長女がいたものの，右長男は戦死し，右長女は病死したため，本件分割協議時において，控訴人は戸籍上二男であるが，男性のうちの長子であることが認められる。しかしながら，長子承継の慣習が存すると認めるに足る証拠はなく，また，本件土地の墓の世話は，控訴人を除く本件相続人らが主として行っている旨の被控訴人畑宮修三の本人尋問の結果に照らし，控訴人の右主張を採用することはできない。
3　そうすると，本訴提起時においては，前記認定した祭祀財産である別紙図面の墓所甲，墓所乙及び墓所丙の各墓地部分についての祭祀承継者はいまだ定まっていなかった状態にあったものというべきところ，控訴人は，

民法897条2項に基づき控訴人が畑宮家の祭祀承継人と家庭裁判所より指定された旨主張する。証拠（略）によれば，広島家庭裁判所は，申立人を被控訴人畑宮修三，相手方を本件相続人らとする同裁判所平成11年（家）第1316号祭祀財産の承継者の指定申立事件で，平成12年3月15日，新次所有の墳墓の承継者を控訴人と定める旨の審判をし，同審判は同年4月1日確定したことが認められる。したがって，本件土地のうち，祭祀財産と前記認定した範囲の土地部分については，本件登記は，現在の法律関係を反映しているものということができるから，同登記は有効であるというべきであり，これの更正を求める被控訴人らの請求には理由がないものというべきである。

　一方，本件土地のうち，前示のとおり祭祀財産と認められない範囲の土地部分については，これは，被相続人新次の相続財産として本件相続人らが共同相続したものであるところ，本件全証拠を精査しても，本件分割協議に際して，同土地部分につき遺産分割協議がなされたことを認めるに足る証拠はないから，同土地部分は，本件相続人らが共同相続したままの状態にあるものというべきである。そうすると，同土地部分について，控訴人の単独名義で所有権移転登記がなされていることについては当事者間に争いがないから，同土地部分の右登記について被控訴人らの各法定相続分に従った更正登記手続を求める被控訴人らの請求は，理由があるものと認められる（以上によれば，本訴において，固有必要的共同訴訟かどうかについて判断する必要がないことに帰着する。）。

三　以上によれば，被控訴人らの本訴請求は，主文一1の限りで理由があるからこれを認容すべきであり，その余の請求については理由がないから棄却すべきである。

No.129 祭祀承継者指定事件

奈良家審平成13・6・14家月53巻12号82頁

---- 事案のポイント ----

祭祀財産の承継者の指定申立事件において、被相続人と当事者の生活関係、祭具の管理状況、当事者の対立状況等によれば、祭祀財産の承継者を各別に指定することもやむをえないとして、祭具の承継者を申立人とし、墳墓の承継者を相手方と定めた事例。

---- 審判理由 ----

4 以上の事実を前提に、祭祀財産承継者を誰に指定するかを検討する。
(1) 被相続人は、退職後約30年余のうち、最後の1年間を除き、相手方守と同居生活を送っていることが明らかであるから、被相続人との生活関係は相手方守の方が申立人より深く緊密であったと考えることができる。
　被相続人が、最後に申立人の元で死亡していることや、申立人が長男であることから、被相続人が申立人との同居を望んでいたことは想像に難くないが、他方、約30年間の同居中、被相続人から申立人との同居を申し出た形跡がないことからすると（仮に、そのような申し出があると相手方守がこれを拒否するはずがないから、その時点で申立人の元に移っているはずである。）、申立人は相手方守との同居生活をより望んでいたのではないかと考えられる。
(2) また、被相続人の扶養に関しても、申立人は最後の1年間は引き取ったものの、それまで相手方守からの申し出をことごとく拒否していたのであるから、申立人が被相続人の扶養について積極的であったとは考えにくい。これに対し、相手方守は、妻と被相続人との嫁姑関係に気を配りながら、同居中ずっと被相続人の面倒をみてきたのであるから、被相続人の扶養について積極的であったと考えることができる。確かに、同相手方も何度か被相続人の扶養を申立人に申し出ることがあったが、それまでの生活実態からすると、長男である申立人に比べ自分の負担が大きいと考えたとしても無理のないことであるから、これを非難するのはあたらない。したがっ

て，被相続人の扶養についても，もっぱら同相手方が積極的で，現実にそのほとんどを同相手方が負担してきたと認めるのが相当である。

(3) 申立人と相手方守は被相続人の扶養をめぐり激しく対立してきたが，被相続人は，子供たちと上手にバランスを取りながらつきあっており，子供たちも，終生，被相続人を敬慕し，親愛感を抱いていたため，親子関係自体には問題がなかった。したがって，被相続人は，子供たちの誰もが，それぞれ自由に自分の供養，墓参りをしてくれることを望んでいたはずである。しかるに，申立人は，被相続人の墳墓について合葬を主張し，申立人自身そこに合葬されることを望んでいるが，相手方らは申立人が合葬された墳墓を参拝する意思がないことを明確にしているから，仮に，申立人が祭祀財産の承継者となると，相手方らの参拝が途絶える事態が予想される。

これに対し，相手方守は，被相続人の墳墓での合葬は望まず自身の墳墓は別に求めるとして，被相続人の墳墓は「父母の墓」とすることを主張しているから，仮に，同相手方が墳墓を承継するとしても，申立人の参拝は妨げられない。

(4) (1)ないし(3)の事情によれば，被相続人の祭祀財産承継者は相手方守と指定するのが相当である。しかしながら，被相続人の仏壇（位牌を含む。）については，現在申立人がこれを管理しているところ，申立人と相手方守の対立状況からみて，仮に，この承継者を同相手方とすると，その引渡をめぐって新たな紛争が生じることがほとんど必至であると考えられること，仏壇の購入代金を被相続人と申立人のいずれが負担したかについて争いがあるが，少なくても相手方守がこれを負担した事実はないこと等の事情が認められる。これによると，仏壇（位牌を含む。）の承継者については申立人と指定するのが相当である。

5 以上のとおり，本件では被相続人の墳墓については相手方守を，祭具（仏壇，位牌）については申立人を，それぞれの承継者と指定するのが相当である。本来，祭祀財産の承継者の指定は1人に限るのが望ましいが，本件のように，当事者間の対立が激しい事案では，各別に指定することもやむを得ない。

No.130 大谷祖廟門扉開錠等請求事件

京都地判平成 13・11・1 裁判所ウェブサイト

―― 事案のポイント ――

被告は，原告に対し，被告が指定した年間 30 日の中から，原告が選択した 3 日について，原告の求めに応じて，日中の 30 分間，京都市 a 区 b 町 c 番の境内地に存する大谷祖廟の祖廟地の門扉の錠を開き，原告及び原告に同行する原告の家族に同祖廟地内において 3 段に石積みされた壇状の墳墓の墓前に参詣させなければならないとした事例。

―― 判決理由 ――

（略）

No.131 墓地使用権者届出取消請求事件

札幌地判平成 13・12・20 裁判所ウェブサイト

―― 事案のポイント ――

本件は，原告が，被告らに対し，墓地使用権に基づき，小樽市に提出した墓地使用権者の各届出の取消しを求めた事案であり，原告は，故 C が祭祀主宰者として墓地の使用権を有していたところ，同人が原告を祭祀主宰者として指定した，あるいは慣習上原告が祭祀主宰者とされたとして，それに伴い墓地の使用権も取得したと主張したが，原告主張が認められなかった事例。

―― 判決理由 ――

(1) 原告は，慣習に基づいて祭祀を承継した旨を主張する。原告が主張する慣習は，最年長者，又は一族の家業を継ぎかつ一族の中心として墓地の維持管理，檀家寺との交流，過去帳の管理保持を行う者が，一族の主要関係

者の協議を経て祭祀主宰者となるという内容のものである。
(2) ところで，かかる原告の主張が認められるためには，当該慣習が，G家も含めて，ある程度の人的・地域的広がりを持つもので，かつ現在に至るまで続行されているものでなければならない。
(3) Hの証言及び原告の尋問結果によると，小樽市の旧家においては，親族間の協議で祭祀主宰者を決定することが結構あり，G家の親戚にも同様の方法で祭祀承継が決定されたことがあったことが一応認められる。しかし，原告が主張するような慣習に従って，E，F，Cに順次，G家の祭祀が承継されたと認めるに足りる証拠はなく，かえって，原告本人尋問の結果によると，Eは，生前から，G家の祭祀をF，継いでCに承継させることを決めていたことが認められる。これによると，G家においてすら，原告主張のような慣習にしたがって，祭祀が順次承継されていた事実は認められず，結局，原告が主張するような慣習が，ある程度の人的・地域的広がりをもって存在するとは認められない。
(4) 以上に加えて，（証拠）によると，以下の事実が認められる。
ア 昭和57年8月15日にCが死亡した際，Cの妻である被告AがCの墓を引き継ぐことに特に異議はなく，G家の間で墓の名義を変えるような話はしていなかった。仏壇，過去帳も，引き続き被告Aのもとに置かれていた。また，被告Aは，有限会社NG商店の代表取締役に就任している。原告は，有限会社NG商店がつぶれないように資金援助をしたことはあったが，Cが死去した当時，その経営に参加する考えはなかった。
イ 被告Aは，会社経営のストレスから病気になり，平成元年12月1日，有限会社NG商店の代表取締役の地位を退いた。同日原告が代表取締役に就任した。昭和61年8月9日，Q夫婦，故Rの配偶者S，H，I，J，原告及び被告Aら10名で親族会議を開き，被告Aが有限会社NG商店の代表者から退きたい旨言ったことから，お墓の問題などの今後の方針を話し合う機会があったが，祭祀主宰者が決定されることはなかった。
ウ 原告は，平成2年頃，本件墓地の補修をしたことがある。
　平成11年6月27日，G家の主要関係者であるI，J，H，K，L及び原告が協議したが，Cの兄弟の中最年長者であるIは病気療養の予定で

あったことから，原告をＧ家の祭祀主宰者とする旨を決定した。しかし，これに被告Ａは参加していなかった。

上記事実からは，原告らＧ家の関係者は，Ｃの死亡直後，一応，被告ＡがＧ家の家業である有限会社ＮＧ商店を継ぐ者であり，Ｃの後の祭祀主宰者であるとしたが，結局平成11年の親族会議において，被告Ａを祭祀主宰者として適さないとした上で，あらためて原告を祭祀主宰者にすると合意したものと認められる。しかし，これは原告が主張するような慣習があったとしても，これにしたがったものではなく，かつ被告Ａの同意もない。

(5) 結局，原告が，被告Ａと比して，祭祀主宰者として適任であるか否かはともかく，原告主張のような慣習の存在も，これにしたがって原告が祭祀主宰者となったとの事実も認めることができない。

第４　以上より，原告がＣより祭祀主宰者たる地位を承継したとの事実は認められず，原告はＣより本件墓地使用権を承継したものとも認めることはできない。

No.132　墓石引渡等請求事件
神戸地姫路支判平成 14・1・10 裁判所ウェブサイト

―――― 事案のポイント ――――

本件は，亡Ｃの養子である原告が，Ｃの妻であり，かつ，原告の養母である被告Ａ及びＣ，被告Ａ間の四女の夫である被告Ｂに対し，原告がＣの祭祀承継者であるにもかかわらず，被告らは，共謀の上，Ｃの祭祀財産として原告が承継した墓石類を破壊したとして，共同不法行為に基づく損害賠償を請求するとともに，被告Ａに対し，所有権に基づき，Ｃの遺骨全ての引渡し及びこれが執行不能になったときの代償金の支払を求め，一部認容された事例。

No.133 祭祀承継者指定事件

東京高決平成18・4・19 判タ1239号289頁

―― 判決理由 ――

（略）

―― 事案のポイント ――

　本件は，被相続人所有の祭祀財産である複数の墓地・過去帳・仏壇・位牌等について，抗告人らが位牌を除く財産の承継者を抗告人甲野一枝に指定することを求め，相手方らが墓地と位牌の承継者を相手方丙川一郎に指定することを求めたのを受けて，原審判が，墓地及び位牌の財産の承継者を相手方丙川一郎に，過去帳及び仏壇の承継者を抗告人甲野一枝に指定したのに対し，抗告人らが原審判の取消しと本件を原審裁判所に差し戻すことを求めて抗告したところ，抗告審で一部承継者を変更した事例。なお，本件は祭祀承継者指定の一般的判断基準を明示したリーディング・ケースとして注目されている。

―― 決定理由 ――

　……その余の財産である本件１及び２の財産については，抗告人らの求めるところにより抗告人一枝と定めるべきか，それとも，相手方一郎の求めるところにより同相手方と定めるべきかについて更に検討する。

　この点については，承継候補者と被相続人との間の身分関係や事実上の生活関係，承継候補者と祭具等との間の場所的関係，祭具等の取得の目的や管理等の経緯，承継候補者の祭祀主宰の意思や能力，その他一切の事情（例えば利害関係人全員の生活状況及び意見等）を総合して判断すべきであるが，祖先の祭祀は今日もはや義務ではなく，死者に対する慕情，愛情，感謝の気持ちといった心情により行われるものであるから，被相続人と緊密な生活関係・親和関係にあって，被相続人に対し上記のような心情を最も強く持ち，他方，

被相続人からみれば，同人が生存していたのであれば，おそらく指定したであろう者をその承継者と定めるのが相当である。
　したがって，この観点から本件について検討する。
(1)　認定事実
　　（中略）
(2)　検討
　　以上認定の事実を基にして本件について検討するに，本件墓地の使用権は，遺骨等を埋葬するための施設である墓石の設置，使用を目的とするものであるから，墓石及びその付属物の承継と不可分かつ一体のものとして承継されるべきである。そうすると，本件1及び2の財産は，同一人に承継されるべきことになる。そして，本件墓地の使用権については，東京都霊園条例に基づき東京都知事の許可を得ているところ，同条例6条によれば，その使用者は少なくとも東京都の区域内に住所を有し，かつ，祖先の祭祀をすべき者である必要がある。この点においては，抗告人一枝及び相手方一郎も，東京都内に住所を有し，被相続人や丙川家の祖先の祭祀をする意思を表明していることから，どちらも本件1及び2の財産を承継する資格を有しているものと認められる。そこで，これらの者のうち，いずれが前記祭祀財産の承継者として相応しい者であるかについて次に検討する。
　　前記2の冒頭において示した判断基準によれば，被相続人と緊密な生活関係・親和関係にあって，被相続人に対する慕情，愛情，感謝の気持ち等を強く抱いており，被相続人が仮に生存していたとすれば，その候補者を祭祀承継者に指定していたであろうといえる者が同承継者に指定されるべきである。この観点に立って本件について検討すれば，相手方一郎は被相続人の唯一の男子であって，丙川姓を名乗っているのに対し，抗告人一枝は他家に嫁ぎ，他家の姓を名乗っているという違いはあるものの，被相続人だけでなく，その夫であり，抗告人一枝や相手方一郎の父である太郎と同人らが死亡するまで同居を続ける等緊密な生活関係・親和関係にあったものであり，被相続人及び太郎が同抗告人を信頼し，同抗告人も被相続人らに対し深い愛情を抱いていたことも明らかである。これに対し，相手方一郎は，昭和45年ころから平成6年ころまでの間，抗告人らとは長期音

信不通の状態にあり，父である太郎の葬儀にすら出席せず，抗告人一枝とは異なり，被相続人や太郎の世話をしたり，生活の少なくとも一部を同じくする等のことが一切なかったばかりでなく，かえって同人らに対し多大な迷惑をかけ，一時自己の姓を変える事態にまで至っていたのである。これに加えて，被相続人死亡後の本件祭祀の意思についてみると，抗告人一枝は，被相続人の遺言等に顕れた意思（太郎の意思も同様であることが窺われる。）を尊重して，本件墓地にある丙川家と甲野・乙山両家の墓を維持していく意思を表明しているのに対し，相手方一郎は，抗告人らに対し，本件墓地から甲野・乙山両家の墓石を撤去させることのみならず，昭和57年に建立した丙川家の墓石等を損壊して平成4年に現在の丙川家及び甲野・乙山両家の墓石を新たに建立したことを非難し，その損害賠償を請求しているのであって，このような行為が被相続人や太郎の意思に反するものであることは明らかである。

　これらの事情を総合すれば，本件1及び2の財産の承継者は，抗告人一枝に指定するのが相当である。

　もっとも，これに対しては，①本件墓地の使用許可が現在相手方一郎の名義になっていること，②被相続人は，平成6年11月14日，相手方一美を養女とし，相手方一郎が従前の辛本姓（相手方一美の婚姻前の姓）から丙川姓に戻ることを容認していること，③太郎は，昭和43年6月付けの念書において，宛先を「丙川一郎以下丙川家の後継者へ」と表示して，相手方丙川一郎が丙川家の後継者であることを明記したと解されなくもないことが問題となる（なお，前記認定によれば，被相続人の葬儀や法要の際，相手方一郎が喪主として行動したり，扱われた事実を認めるに足りる資料はない。）。

　そこで，これらの点について検討するに，前記①の点については，本件墓地の使用許可の名義人を被相続人から相手方一郎に改めるに際しては，抗告人ら被相続人の親族と協議することなく，無断で行われたものであり（記録によれば，通常従前の本件墓地の使用許可証が必要なところ，それは被相続人から託された抗告人一枝が保管しており，これが同名義変更の手続において使用されなかったことからも窺われる。），したがって，この点を本件祭祀財産承継者の指定の判断において斟酌するのは相当ではないというべきである。次に前記

②の点については，そもそも，その養子縁組の事実は被相続人から抗告人らが生前に知らされることはなく，被相続人もその事実を窺わせる行動をしていたことを認めるに足りる資料はないこと，及び，養子縁組届の被相続人名義の署名が相手方一美の署名と筆跡が酷似し，かつ，被相続人の遺言書（甲5）の署名とは明らかに異なっていて，被相続人自身が養子縁組届に署名していないものと認められることから，仮に被相続人が同養子縁組をする意思を持ち，同手続を委ねたとしても，その動機や経緯は明らかではなく，これを本件祭祀承継者指定の判断において重要な事実として評価することはできないというべきである。さらに，前記③の点については，太郎の念書が作成された昭和43年6月ころは，記録によれば，相手方一郎も太郎や被相続人と通常の親子としての関係を保っていて，特に同人らと音信不通の状態になることはなかったことが窺われることから，そのころの太郎の意思は，相手方一郎を丙川家の後継者として考えていたとしても，前記認定のとおり，それ以降の被相続人や太郎と相手方一郎との関係を斟酌すれば，そのころの太郎の意思を重視することは明らかに相当ではないというべきである。

してみれば，これらの点を斟酌したとしても，なお本件1及び2の財産の承継者は抗告人一枝と指定すべきであるとする前記判断を左右しない。

そうすると，これらの財産の承継者を抗告人一枝に指定すべきであるとする抗告人らの主張は理由がある。

No.134 祭祀承継者指定事件

大分家審平成18・10・20判時1980号95頁

―― 事案のポイント ――

祭祀承継者指定の一般的判断基準を明示した上，実母は被相続人の通夜，葬儀，火葬等に立ち会わず被相続人の祭祀や遺骨等に無関心な態度をとったこと，対して実子は，通夜，葬儀等に出席してこれを施行し，墓地を購入して被相続人の墓碑を建立したこと，他の親族も実子を祭祀

承継者と認めていることから，実子を被相続人の祭祀承継者と定めることが相当である，として被相続人の祭祀承継者を申立人母ではなく相手方長男と定めた事例。

---——————— **審判理由** ———————---

二　ところで，祭祀承継者の指定に当たっては，第一に被相続人の指定によるものとし，第二に慣習が存するときにはその慣習に従うものとし，第三にこれらがいずれも認められないときには家庭裁判所の指定による（民法897条）とされる。

　本件では，被相続人は祭祀承継者について，格別指定をしなかったことが認められ，その点に関する慣習の存在も認められない。

　もっとも，申立人は，前記遺言公正証書の遺言の趣旨から，被相続人は申立人を祭祀承継者と指定したものと解釈すべきであると主張するが，同遺言は遺産の帰属について定めるに過ぎず，祭祀承継者の指定まで含むとは到底解することはできないので，申立人の主張は採用しない。また，申立人は，申立人が平成9年1月ころ譲り受けた別府市営墓地にあるD1家の墓地について，被相続人はそのころ自分の墓所に指定したと主張するが，この点は，申立人が平成9年1月ころD2から別府市営〇〇墓地の墓地使用権を譲り受けたことは認められるものの，被相続人が同墓地を自分の墓所に指定した点は，日時，場所，話の経緯など具体性に欠け，何ら裏付けがないうえ，被相続人は平成9年1月当時は現職の医師であり，まだ妻と離婚もしていない状況であって，申立人との間で墓地や祭祀承継について具体的な話がされたものとは到底考えられず，さらに，後記のとおりその後Eが同墓地に自分の墓碑を建立した経緯等も総合すると，祭祀承継者について被相続人の指定があったとはいえない。

　そうすると，家庭裁判所が祭祀承継者を指定することになるが，家庭裁判所は，その際，祭祀承継候補者と被相続人との血縁関係・生活関係，被相続人の意思の推認，同候補者の祭祀承継の意思・能力，職業，年齢，生活状況，家業承継の有無，利害関係人の意見その他一切の事情を総合的に考慮して指定することになる。

三 本件記録，申立人及び相手方 Y2，A2 の審問結果によれば，以下の事実が認められる。

(1) (中略)

四 以上の事実関係を前提にして検討すれば，(1)被相続人は平成 10 年 11 月 4 日に C と協議離婚する前の 8 月 11 日に前記遺言公正証書を作成し，申立人に全遺産の包括遺贈をして，財産関係については申立人に後事を託する意向であったことがうかがえるが，被相続人は当時 54 歳で，現役の開業医でもあり，祭祀承継者については明確に意識していなかった節がうかがえること，(2)被相続人は，前記の経緯により，平成 14 年 8 月に末期の肺癌が判明して入院して手術を受け，遺産相続のほかに祭祀承継についても真剣に検討した形跡がうかがえるが，入院中の 8 月 14，15 日，9 月 15 日の 3 回にわたって相手方両名と面会したことやその際の親子交流の状況，あるいは被相続人が 9 月 6 日に G1 に口述した内容等と，申立人，A2，E が被相続人から病室への出入りを禁止されていたことを対比すると，その時点では，被相続人は自分の祭祀承継者として申立人や A2，E を想定していたとは考えにくいこと，(3)申立人は，喪主や葬儀場所等について F，G1 と対立したとはいえ，被相続人の通夜，葬儀，火葬等に立ち会わずに帰郷しており，被相続人の祭祀や遺骨等への無関心な態度がうかがえるうえ，被相続人のために購入し，墓碑を建立したという墓地は，事実上 E の所有となっていて，E との間では被相続人の遺産の帰属を巡って厳しく対立しているので，同墓地に被相続人を祀ることは事実上不可能であり，さらに，自らは同墓地や亡夫の墓地に祀られる意思はなく，自分が被相続人の祭祀承継者になった後の祭祀承継者についても E から A2 にするなど，意向が度々変化し，帰一するところがないこと，(4)これに対し，相手方 Y1 は，F，G1 が主になって進めた通夜，葬儀等に出席して，これを施行したうえ，平成 15 年 5 月に墓地を購入し，被相続人の墓碑を建立して納骨するなどしたこと（もっとも，相手方 Y1 と被相続人とは氏を異にするが，申立人の主張するような「異姓を祀らず。」という慣習や原則の存在は認められないうえ，祭祀承継者となるには必ずしも被相続人と氏を同じくする必要はないというほかない。民法 769 条（749 条，751 条 2 項，771 条，808 条 2 項，817 条）は，婚姻解消，離縁な

どに伴い，復氏した場合の規定であって，本件には該当しない。）(5)そのほか，申立人は，審問の際，申立人作成名義の陳述書記載の詳しい事情，経緯等について聞かれても，余り十分に知っていないことや，F，G1らも相手方Y1の祭祀承継者を認めていることがうかがえることなど一切の事情を総合的に考慮すると，相手方Y1を被相続人の祭祀承継者と定めることが相当である。

五 以上のとおり，相手方Y1を被相続人の祭祀承継者と定める。

No.135 祭祀承継者指定事件
福岡高決平成19・2・5判時1980号93頁

―― 事案のポイント ――

被相続人の祭祀の承継をめぐって被相続人の実母と実子が争ったという事案において，被相続人との密接な生活関係という点では実母に分があるものの，祭祀の将来的な継続性という点では高齢の実母よりも実子の方が明らかに優っているため，実子を祭祀承継者とすべきであるとして，原審判断を支持し抗告を棄却した事例。

―― 決定理由 ――

二 (1) 民法897条は「系譜，祭具及び墳墓の所有権」を承継すべき者（祭祀承継者）について規定しているところ，本件で問題となっているのは，被相続人の遺骨を祀る権利であるが，これも同条の対象となることは当然である。

そして，同条は，その祭祀承継者について，慣習に従って祖先の祭祀を主宰すべき者が承継するが，被相続人の指定があるときはこれが優先するとし（同条一項），それ以外の場合には家庭裁判所が定めることとしている（同条二項）。

(4) 以上のとおり，被相続人の指定も格別の慣習も認められないとすれば，家庭裁判所が祭祀承継者を定めるほかない。その場合，家庭裁判所として

は，被相続人との身分関係が近く，その生前において生活をともにするなど被相続人との間に密接な生活関係が形成されていて，被相続人に対して思慕の念を強く持ち，末永くその祭祀を主宰して行くにふさわしい者を祭祀承継者として指定すべきである。

　なお，抗告人は，被相続人が指定したであろう者を合理的に解釈して，祭祀承継者に指定すべきであり，そうであれば抗告人が指定されるべきである旨主張するが，「被相続人が指定したであろう者を合理的に解釈する」といっても，被相続人の意思について検討した結果が上記(2)カのとおりであってみれば自ずから限界がある。

ア　ところで，本件の場合，抗告人は被相続人の実母，相手方ら（なお，相手方らは，相手方Y1を祭祀承継者とすることで合意している。）は被相続人の実子であるから，被相続人との身分関係という点で優劣は付けがたいが，被相続人との密接な生活関係という点からすれば，明らかに抗告人に分がある。もっとも，被相続人と相手方らとの父子としての交流が断絶したのは，被相続人と相手方らの母が離婚したと，いう事情があったことによるものであって，相手方らが好んでそうしたわけではない。しかも，被相続人の入院という事態を迎えて，被相続人の強い希望があったからではあるが，相手方らが被相続人を見舞う中で，父子の親密な関係が再確認されていることを考慮すれば，この点において相手方らを過度に不利に扱うべきではない。

イ　被相続人の祭祀に対する抗告人と相手方らの関わり方及び今後の方針などは次のとおりである。

　抗告人は，当初から，被相続人が死亡した場合，自分が喪主となって被相続人の葬儀を主宰する意図であったが，D及びE1の反対で，それが適わないとみるや，葬儀に出席せず，帰宅してしまったこと，しかし，その後，被相続人が医師として活動していた大分県中津市で，病院関係者等を集めての「お別れ会」，大分県別府市での「四九日法要」「一周忌法要」を執り行ったことが認められ，また，被相続人の祭祀の具体的方法については，被相続人を自らが墓地使用権を有する大分県別府市の市営墓地に一人だけ埋葬し，抗告人死亡後は，A2とその子孫が祭祀を承継することを予定しているとしている（ただし，抗告人自身は，自分の実家であるG家の墓に埋葬

されることを希望している。なお，被相続人の父であるA3は，大分県佐伯市にあるH家の墓地に埋葬されているため，上記墓には被相続人だけが埋葬されることになる。ただし，同墓地は，今や抗告人と対立関係にあるFが墓を建立してこれを占有している。）。

　これに対して，相手方らは，相手方Y2は被相続人の臨終には立ち会ったが，喪主になるのは断ったこと，相手方Y1は臨終には間に合わなかったが，葬儀には相手方Y2とともに出席したこと，被相続人の位牌と遺骨を持ち帰ったDから，これらの引渡しを受けたこと（ただし，遺骨の一部は，Dの要望により，分骨してDが保管している。），相手方Y1において，大分県中津市の市営墓地に被相続人だけのために，被相続人が生前に口にしていたという禅宗の教えである「人間本来無一物」からとった「本来無一物」を墓碑銘とする墓を建立して，埋葬し，同墓においてその後の法要を行っていることが認められる。

ウ　以上によれば，抗告人と相手方Y1のいずれを祭祀承継者と指定すべきかは甚だ困難な判断を迫られるものがある。

　被相続人との密接な生活関係という点からすれば，抗告人に分があるようにも考えられるものの，祭祀の将来的な継続性という観点からすれば，既に高齢の抗告人よりも相手方Y1の方が優っているのは明らかである。抗告人を祭祀承継者と指定した場合には，抗告人亡き後は，A2やその子孫が承継するというのであって，むしろ，実子である相手方Y1が祭祀を承継した方が長期にわたり安定した祭祀が執り行えることは見易いところである。

エ　以上の諸事情を総合すると，甚だ微妙なところではあるが，相手方Y1の方が祭祀承継者としてよりふさわしいものというべきである。

No.136　祭祀承継者指定事件

東京家審平成19・10・31家月60巻4号77頁

――――――　事案のポイント　――――――

　被相続人から会社の代表取締役社長の地位を譲り渡された長男である

申立人が，自己を祭祀財産の承継者とすることなどを求めた事案において，被相続人死亡後，被相続人の位牌等は全て被相続人の妻が管理していること，祭祀を主宰する意思の堅固性及び継続性等を考慮すると，高齢であることを考慮しても，被相続人の妻が承継者として最も適任であるとして，被相続人所有の系譜，祭具及び墳墓の承継者を妻と定めた事例。

―――――― 審判理由 ――――――

3　当裁判所による祭祀財産の承継者の定めについて
(1)　本件記録によれば，次のような事実を認めることができる。
ア　被相続人の死亡に際しては密葬の後社葬が行われ，相手方甲山B子が喪主を，申立人が葬儀委員長をそれぞれ務めた。
　　なお，申立人は社葬において申立人自身が葬儀の最後に参会者に対する御礼の挨拶をしたことを理由に自分が喪主であった旨主張するが，社葬における葬儀委員長は密葬における喪主に該当すると考えることができるから，申立人が当該挨拶をしたことをもって直ちに申立人が喪家を代表する喪主の立場にあったと言うことはできない。むしろ，申立人が会社を代表し，相手方甲山B子が喪家を代表するという役割分担があったと見るのが自然である。
イ　被相続人の死亡後被相続人所有の位牌は相手方甲山B子が一貫して管理している。他方で，申立人は平成19年3月×日に祭祀財産の承継者の指定調停事件（同年（家イ）第××号）の申立てをする以前にその引渡しを求めたことはなく，位牌の詳細も把握していなかった。
ウ　被相続人の死亡後相手方甲山B子は毎朝イの位牌が収められた仏壇に供物を供えて礼拝し供養している。また，被相続人の一周忌，三回忌及び七回忌については日程の決定及び菩提寺の○○寺（東京都○○区△△町）への申込みは申立人が行ったが，関係者に対する連絡その他必要な手筈は相手方甲山B子が調えた。
エ　平成13年相手方甲山C男，相手方甲山E男及びこれらの子3名（合計5名）が原告となり，会社（当時の代表取締役は申立人）を被告とする訴えを提

起したことを契機として相手方全員は申立人と冠婚葬祭において同席することを避けるようになった。このような状況の中で，申立人は被相続人の十三回忌を平成16年×月×日に○○寺において執り行うことを予定していたが，その直前に相手方甲山Ｂ子が○○寺に十三回忌の中止を依頼する事態となり，結局申立人は被相続人の十三回忌を中止した。他方で，相手方甲山Ｂ子は申立人を除く親族の参加を得て被相続人の供養等のための会合を持った。

オ　相手方甲山Ｂ子は毎年７月末ころ○○寺において執り行われる施餓鬼に出席してきたが，ここ数年相手方甲山Ｃ男を代理出席をさせている。ただし，申立人が施餓鬼に出席することが事前に判明したときは会場でのトラブルを避けるため，相手方甲山Ｂ子及び甲山Ｃ男は出席を差し控えざるを得なかった。

カ　申立人は被相続人の十三回忌の前ころ被相続人と同じ墓（○○寺所在の墓石正面に「甲山Ｇ男家之墓」と刻まれたもの）には入らないと言明した。

　　なお，申立人は，被相続人の墓は狭いので申立人は入れないと言ったものであると弁解するけれども，このような弁解は○○寺所在の墓地の規模から見て極めて不合理であって信用することができない。

キ　本件において，申立人は祭祀財産の承継者を申立人と指定することを求め，相手方甲山Ｂ子，甲山Ｃ男，甲山Ｅ男及び甲山Ｆ男は相手方甲山Ｂ子を祭祀財産の承継者と指定することを求めている。なお，相手方甲山Ｄ男は申立人又は相手方甲山Ｂ子のいずれが承継者となるべきかについては意見を留保している。

(2)　以上，被相続人死亡後の祭祀財産の管理状況及び祭祀の執行状況，申立人及び相手方甲山Ｂ子の祭祀を主宰する意思の堅固性及び継続性並びに被相続人に対する慕情，愛情，感謝の気持ちの程度の相違，今後の祭祀を円滑に執り行う見通し，関係者の意見を総合すると，その年齢を考慮してもなお相手方甲山Ｂ子が承継者として最も適任であるというべきである。

No.137	祭祀承継者指定事件
	東京家審平成21・3・30家月62巻3号67頁

―― 事案のポイント ――

　被相続人の遺骨は相続財産を構成するものではなく、その性質上祭祀財産に準じて扱うのが相当であり、被相続人の指定又は慣習がない場合には、家庭裁判所は民法897条2項を準用して遺骨の取得者を指定することができる、とされた事例。

―― 審判理由 ――

　ア　民法897条1項本文は、系譜、祭具及び墳墓の所有権について、相続財産を構成せず、祖先の祭祀を主宰すべき者が承継することを定めている。

　前記認定事実によれば、申立人が被相続人D所有の祭祀財産として主張している①被相続人Dの位牌、②仏壇、③○○寺の墳墓、④神棚、⑤被相続人Dの遺骨のうち、①被相続人Dの位牌、②仏壇及び③○○寺の墳墓は、被相続人Dの死後に、被相続人Eが相手方らと共に取得し、被相続人Eが相手方らの助力を得て管理していたものと認められるから、被相続人Dが生前に所有していた祭祀財産ではなく、被相続人E所有の祭祀財産というべきである。

　なお、申立人は、③○○寺の墳墓について、被相続人Dの死後に、被相続人Eが取得し、以後、同人が管理していたものであり、その費用は被相続人Eが支払ったが、これは、本来申立人が受け取るべき被相続人Dの遺産から支出されたものであって、申立人が購入したのと同じであるから、被相続人E所有の祭祀財産ではない旨主張する。しかしながら、申立人の主張を前提としても、○○寺との間で、対価を支払って墓地使用権を取得したのは被相続人Eであるから、墳墓に関する権利の主体は被相続人Eというほかなく、仮に、親子の間で内部的に、申立人が費用を実質的に負担するのと同視できる事情があったとしても、上記権利の帰属には影響しないから、上記権利が被相続人Eの祭祀財産であることに変わりはない。

イ　次に，④神棚は，神を祀るために家の中に設ける棚であって，神道で祖先を祀る霊璽を納めた御霊舎とは性格を異にするところ，前記認定事実によると，○○家の祭祀は，××宗の○○寺を菩提寺として，同寺に墓所を設け，仏壇に位牌を納めて供養していることが認められるから，申立人が主張する神棚は，祖先の祭祀の用に供するものとは性格を異にし，民法897条1項本文にいう祭祀財産には当たらないと解される。

ウ　また，⑤被相続人Dの遺骨は，生前の被相続人Dに属していた財産ではないから，相続財産を構成するものではなく，民法897条1項本文に規定する祭祀財産にも直接は該当しないというべきである。しかしながら，遺骨についての権利は，通常の所有権とは異なり，埋葬や供養のために支配・管理する権利しか行使できない特殊なものであること，既に墳墓に埋葬された祖先の遺骨については，祭祀財産として扱われていること，被相続人の遺骨についても，関係者の意識としては，祭祀財産と同様に祭祀の対象として扱っていることなどからすると，被相続人の遺骨についても，その性質上，祭祀財産に準じて扱うべきものと解するのが相当である。したがって，被相続人の指定又は慣習がない場合には，家庭裁判所は，被相続人の遺骨についても，民法897条2項を準用して，被相続人の祭祀を主宰すべき者，すなわち遺骨の取得者を指定することができるものというべきである。

エ　以上によると，被相続人Dが生前所有していた祭祀財産の存在は認められないから，甲事件では，被相続人Dの遺骨についてのみ，取得者を定めることになる。

　　また，前述のとおり，被相続人Eが所有していた祭祀財産は，①被相続人Dの位牌，②仏壇及び③○○寺の墳墓であり，別紙目録記載のとおりであることが認められ，乙事件では，これらの承継者を定めることになる。なお，被相続人Eの位牌は，同人が生前所有していた祭祀財産には当たらない。

(2)　被相続人Dの遺骨について

　（中略）

イ　そこで，被相続人Dの祭祀を主宰すべき者，すなわち被相続人Dの遺骨

の取得者の指定について検討する。

　祭祀を主宰すべき者を指定するにあたっては，被相続人との身分関係や生活関係，被相続人の意思，祭祀承継の意思及び能力，祭具等との場所的関係，祭具等の取得の目的や管理の経緯，その他一切の事情を総合して判断すべきである。

　これを本件についてみるに，被相続人Ｄの配偶者である被相続人Ｅが生存していないため，祭祀承継の意思を示している長女である申立人と長男である相手方Ｂについて，比較検討して決することになる。

　前記認定事実によれば，申立人は，婚姻後，□□姓を名乗り，以来，現在まで遠隔地で生活しているのに対し，相手方Ｂは，婚姻後も○○姓を名乗り，昭和53年1月以降は，被相続人Ｄの自宅から徒歩圏内に居住していたこと，被相続人Ｄは，亡くなる前，相手方Ｂに対し，「○○家のことを頼む。」と述べていたこと，被相続人Ｄは，晩年，申立人と不和になり，交流もほとんどなかったこと，被相続人Ｄの遺骨は，相手方Ｂが被相続人Ｅと共に費用を負担して取得した○○家の墳墓に納められていること，○○寺との檀家としての付き合いは，現在まで主に相手方Ｂが行ってきたこと，申立人が祭祀承継を主張し始めたのは，○○寺の○○家の墳墓に，申立人の亡夫の遺骨を埋葬することが目的であると窺われること，以上の事実が認められ，これにその他の前記認定の諸事情を総合すると，被相続人Ｄの祭祀を主宰すべき者，すなわち，被相続人Ｄの遺骨を取得すべき者として相手方Ｂを指定するのが相当である。

(3)　被相続人Ｅ所有の祭祀財産について

　　（中略）

イ　そこで，被相続人Ｅ所有の祭祀財産を承継すべき者の指定について，前記被相続人Ｄの場合と同様に検討する。

　被相続人Ｅ所有の祭祀財産について，承継の意思を示しているのは，同人の長女である申立人と長男である相手方Ｂであるから，以下，両名を比較検討して決することになる。

　前述のとおり，申立人は，婚姻後，□□姓を名乗り，以来，現在まで遠隔地で生活し，被相続人Ｅが最初に○○の手術を受けた昭和63年から亡

くなるまでの約10年間に，同人を訪ねたのはわずか3回であり，その訪問時には，被相続人Ｅと口論の末，暴力行為に及ぶなど，晩年の両者の関係は極めて悪く，被相続人Ｅは，申立人の廃除を望むほどであったことが認められる。

　一方の相手方Ｂは，婚姻後も○○姓を名乗り，被相続人Ｅの自宅から徒歩圏内に居住して，相手方Ｃと共に，同人の日常生活の世話や家事援助を行い，同人の病状が悪化してからは身体介助も行い，被相続人Ｅは相手方Ｂを頼りにして，同人に，○○家のことを全て頼むと述べていたことが認められる。

　さらに，申立人は，現在も奈良県に居住しており，菩提寺である○○寺から地理的にも遠く，歩行に支障を生じていることもあって，祭祀を行うには，不便，不自由な状況にあり，○○家の法事にも出席したことはないこと，前述のとおり，申立人が祭祀承継を主張し始めたのは，○○寺の○○家の墳墓に，申立人の亡夫の遺骨を埋葬することが目的であると窺われることがそれぞれ認められる。

　他方，相手方Ｂは，○○寺の墳墓，被相続人Ｄの位牌及び仏壇の取得に要した費用の多くを負担し，被相続人Ｅの葬儀では喪主を務め，その後，○○寺からの連絡は，相手方Ｂに宛ててされるようになり，○○寺の墳墓，位牌及び仏壇は，現在，いずれも同人において管理し，○○家の法事も同人が執り行っていることが認められる。

　以上に，その他の前記認定の諸事情を総合すると，被相続人Ｅ所有の祭祀財産を承継すべき者を相手方Ｂと定めるのが相当である。

No.138　祭祀承継者指定事件
東京家審平成21・8・14家月62巻3号78頁

―――― 事案のポイント ――――

　成年後見人が被相続人の妹である成年被後見人（申立人）を代理してした祭祀承継者指定申立てについて，被相続人の親族に積極的に祭祀承

継者になろうとする者がおらず，申立人は従前被相続人と親しく交際し，被相続人も申立人が死亡したら同じ墓に埋葬することを希望するなど，申立人は被相続人や同人らの実父との関係が深かったことが認められ，申立人は現在成年後見開始の裁判を受けているが，永代供養の手続等により，申立人自身の死後の祭祀も可能になること等の諸事情を併せ考えると，申立人を被相続人の祭祀承継者に指定するのが相当である，とされた事例。

―――― **審判理由** ――――

2　上記1において認定した事実に基づいて検討する。

　本件において，被相続人が祖先の祭祀を主宰するべき者を指定した事実は認められず，祭祀承継者に係る慣習の存在も明らかではない。

　そこで，家庭裁判所が，被相続人の祭祀財産の承継者を定めることになるところ，現在，被相続人の祭祀を承継し得るのは，妹である申立人，子であるD，相手方及びE並びにめいであるGの4人であるということができる。しかしながら，D及びEは，被相続人の実子ではあるものの，被相続人との関わりをむしろ避けようとしており，現に，被相続人の祭祀を承継する意思がない旨明言している。Gは，祭祀承継についての意思を明確にはしていないが，従前の経緯にかんがみると，祭祀承継に対して積極的ではないことがうかがわれる上，○○家の墓がある○○寺は東京都○○区所在であり，○○県在住のGが祭祀を行うのは事実上困難であると思われる。相手方は，申立人法定代理人成年後見人からの問い合わせに回答せず，本件審判の審判期日にも出頭しない状況であって，その意思は全く不明である。

　これに対し，申立人は，従前被相続人と親しく交際していたこと，被相続人も，申立人が死亡したら○○寺の○○家の墓に埋葬することを希望していたこと，申立人及び被相続人の実父である亡Hも，生前申立人と同居していたことは上記1において認定したとおりであり，申立人は，被相続人や亡Hとの関係が深かったことが認められる。また，D及びEは，申立人が被相続人の祭祀承継者になることに異議がない（甲第4号証の1，2）。さらに，申立人は現在後見開始の審判を受けているが，申立人が被相続人の祭祀承継者と

なり，法定代理人成年後見人を通じ○○寺に永代供養の手続をすることによって，申立人自身の死後の祭祀も可能になるというのであり，これらの諸事情を併せ考えると，申立人を被相続人の祭祀承継者とすることが相当というべきである。

No.139 貸金返還等請求事件

名古屋高判平成24・3・29 裁判所ウェブサイト

---- 事案のポイント ----

本件は，控訴人Bが，亡Eの葬儀費用等を支出したと主張して，亡Eの子である被控訴人らに対し，不当利得返還請求を行ったところ，喪主を務めた者が葬儀費用を負担し，埋葬等の費用は祭祀承継者が負担するとして，控訴が棄却された事例。

---- 判決理由 ----

(2) ところで，葬儀費用とは，死者の追悼儀式に要する費用及び埋葬等の行為に要する費用（死体の検案に要する費用，死亡届に要する費用，死体の運搬に要する費用及び火葬に要する費用等）と解されるが，亡くなった者が予め自らの葬儀に関する契約を締結するなどしておらず，かつ，亡くなった者の相続人や関係者の間で葬儀費用の負担についての合意がない場合においては，追悼儀式に要する費用については同儀式を主宰した者，すなわち，自己の責任と計算において，同儀式を準備し，手配等して挙行した者が負担し，埋葬等の行為に要する費用については亡くなった者の祭祀承継者が負担するものと解するのが相当である。

なぜならば，亡くなった者が予め自らの葬儀に関する契約を締結するなどしておらず，かつ，亡くなった者の相続人や関係者の間で葬儀費用の負担についての合意がない場合においては，追悼儀式を行うか否か，同儀式を行うにしても，同儀式の規模をどの程度にし，どれだけの費用をかけるかについては，もっぱら同儀式の主宰者がその責任において決定し，実施

するものであるから，同儀式を主宰する者が同費用を負担するのが相当であり，他方，遺骸又は遺骨の所有権は，民法897条に従って慣習上，死者の祭祀を主宰すべき者に帰属するものと解される（最高裁平成元年7月18日第三小法廷判決・家裁月報41巻10号128頁参照）ので，その管理，処分に要する費用も祭祀を主宰すべき者が負担すべきものと解するのが相当であるからである。

　これを本件についてみるに，上記(1)の認定事実からすると，亡Eは予め自らの葬儀に関する契約を締結するなどしておらず，かつ，亡Eの相続人である被控訴人らや関係者である控訴人らの間で，葬儀費用の負担についての合意がない状況において，控訴人Bが，亡Eの追悼儀式を手配し，その規模を決め，喪主も務めたのであるから，控訴人Bが亡Eの追悼儀式の主宰者であったと認められ，控訴人Bが亡Eの追悼儀式の費用を負担すべきものというべきである。

　他方，亡Eの遺骸，遺骨の埋葬等の行為に要する費用については，亡Eの祭祀を主宰すべき者が負担すべきものであるが，亡Eの祭祀を主宰すべき者については，亡Eにおいてこれを指定していた事実は認められないから，民法897条1項本文により，慣習に従って定められるべきものであるが，亡Eには被控訴人らという二人の子があるものの，上記(1)で認定したとおり，20年以上も親子の交渉が途絶えていた状況である一方（なお，亡Eの長男である被控訴人Aは，亡Eの葬儀にも出席しなかった。），兄弟である控訴人らとの間に比較的密な交流があった事情が認められることも考慮すると，亡Eの祭祀を主宰すべき者を亡Eの子である被控訴人ら又はそのいずれかとすることが慣習上明白であると断ずることはできず，結局，本件における証拠をもってしては，亡Eの祭祀を主宰すべき者を誰にすべきかに関する慣習は明らかでないというほかない。そうすると，家庭裁判所で，同条2項に従って，亡Eの祭祀承継者が定められない限り，亡Eの遺骸等の埋葬等の行為に要する費用を負担すべき者が定まらないといわざるを得ない。

　したがって，控訴人Bが被控訴人らに対し，葬儀費用を請求する法的根拠はないというべきであり，これに反する控訴人らの主張はいずれも採用できない。

(3) この点に関し，控訴人Ｂは，葬儀費用は相続財産・遺産から支出されることが予定されている（民法306条，309条）から，亡Ｅの遺産を相続した被控訴人らが亡Ｅの葬儀費用を負担すべきであると主張する。

しかし，民法306条，309条は，葬儀の費用が先取特権になる旨を規定したものにすぎず，誰が葬儀の費用を負担すべきかを定める規定ではないから，控訴人Ｂの同主張は採用できない。

また，控訴人Ｂは，亡Ｅの相続人である被控訴人らが，葬儀費用を負担すべきであると主張する。

しかし，葬儀費用は，相続開始後に生じた債務であるから，相続人であるからといって，ただちに葬儀費用を負担すべきものとは解されず，控訴人Ｂの同主張は採用できない。

なお，控訴人Ｂは，亡Ｅは，控訴人Ｂに対して，自分が死亡した際には，葬儀費用等は自らの年金から支出することができるため，控訴人らに迷惑がかかることはないと常々述べていたと主張する。

しかし，控訴人Ｂが亡Ｅより年金支払通知書と受給証書の提示を受けていたとしても，同事実を推認しうるものとは言い難く，他に，同事実を認めるに足りる的確な証拠はない。したがって，控訴人Ｂの同主張は採用できない。

No.140 祭祀承継者指定事件

松江家審平成24・4・3家月64巻12号34頁

―――― 事案のポイント ――――

戸籍等が見当たらず，被相続人の相続人及び相続関係人の存否が不明であることから，相手方を指定しないで道路改良事業起業者から申し立てられた祭祀承継者指定申立事件において，墓地等は被相続人が所有していたこと，現時点においては被相続人が生存している可能性がないこと，祭祀財産である墓地等の承継者についての被相続人の意思及び慣習は不明であること，墓地等を現在管理している者（個人）がその承継者

となることを承諾していることなど判示の事情の下では，同人を祭祀承継者に指定することが相当である，とされた事例。

---- **審判理由** ----

1　本件は，被相続人名義の別紙祭祀財産目録記載の土地（本件墓地）及びその近隣の土地に係る道路改良事業の起業者である申立人が，本件墓地及び本件墓地上にある別紙祭祀財産目録記載の墳墓類（本件墳墓類）について祭祀承継者が指定されておらず，かつ，被相続人の相続人の存否が不明であるとして，相手方を指定しないで，本件墓地及び本件墳墓類についての祭祀承継者の指定を求めた事案である。

2　一件記録によれば，本件墓地は被相続人が所有していたこと，被相続人の戸籍等が見当たらないため，被相続人の死亡の時期は不詳であるが，本件墓地については，明治39年×月×日付けで被相続人名義による保存登記がなされており，現時点においては，被相続人が生存している可能性はないといえること，本件墓地及び本件墳墓類は祭祀財産であるといえるところ，その承継者についての被相続人の意思及び慣習は不明であること，本件墓地及び本件墳墓類については，現在，甲山△△が管理していること，甲山△△は本件墓地及び本件墳墓類の承継者となることについて承諾していることなどの事情が認められるところ，これらの事実関係を前提とすると，祭祀財産である本件墓地及び本件墳墓類の承継者については，これを上記甲山△△と指定するのが相当である。

　なお，祭祀承継者指定の申立てをするに当たって，相手方とすべき者が不明である場合には，相手方を指定しないで申立てをすることができると解されるところ，本件においては，上記のとおり，被相続人の戸籍等が見当たらないため，被相続人の相続人及び相続関係人の存否は不明であるから，相手方を指定しないで申立てをすることができる。

No.141 課税処分取消請求事件

東京地判平成 24・6・21 判時 2231 号 20 頁

―― 事案のポイント ――

　本件は，相続に係る相続税につき，相続財産である土地のうち，弁財天及び稲荷を祀った各祠の敷地部分（一筆の土地の一部分であり相続税法12条1項2号の非課税財産とする内容を含む）について申告及び更正の請求をしたところ，税務署長が，納付すべき税額を申告額よりも減じるものの，本件敷地は非課税財産に当たらないとしたことから，原告がこれを不服として，主位的には本件敷地が非課税財産に該当すると主張し，予備的に本件敷地は一般人が移設を躊躇する本件各祠が所在するため売却困難であるから，土地について一定の評価減を行わなかった本件処分は相続税法22条に違反すると主張して，本件処分の取消しを求めたところ，一部認容された事例。

―― 判決理由 ――

（略）

No.142 祭祀承継者指定事件

さいたま家審平成 26・6・30 家判 3 号 83 頁

―― 事案のポイント ――

　二男が長男を相手に申し立てた祭祀承継者指定申立事件において，被相続人母と申立人二男とは長年生活を共にし，被相続人が主宰する法事等を申立人が補助していたこと等から，被相続人は申立人を祭祀承継者と考えていたと推測されること，一方相手方が被相続人の死亡を親族に伝えなかったことなど承継者として相応しくない行為があった等として，申立人を祭祀承継者に指定した事例。

―――――――――――――― **審判理由** ――――――――――――――

(1) 前記認定事実によれば，被相続人は，祭祀財産として仏壇，位牌，〇〇聖地霊園の永代使用権を有していたこと，被相続人は，祖先の祭祀を主宰すべき者について，格別，指定しなかったことが認められる。

(2) 被相続人及び当事者らが居住する地域において，祭祀を主宰すべき者についての慣習が存在することを認めるに足りる証拠はない。そうすると，祭祀財産の承継者を決めるに当たっては，被相続人との間の身分関係や事実上の生活関係，被相続人の意思，祭祀承継の意思及び能力など，その他一切の事情を斟酌して決定することとなる。

　これを本件につきみるに，申立人は，被相続人と平成21年×月まで同居して生活を共にし，また，被相続人が主宰するＤの葬儀及び法事等を補助していたことに鑑みると，被相続人も祭祀の承継者として，同居していた申立人と考えていたと推測されること，被相続人が相手方と同居したのは，申立人宅の建替工事期間のごく短期間につき高齢の母親を預かるということが契機となっており，被相続人と申立人との関係が悪化したことによるものではないことがうかがえること，一方，相手方は，申立人との関係が悪化していたとはいえ，被相続人の子である申立人をはじめ，被相続人の実妹らに対し，被相続人が危篤状態となった際にも，その後死亡した事実も伝えず，密葬を済ませたことは，親族など関係者らの意思を踏まえ末永くその祭祀を主宰していくに相応しい行為ではなかったことなどが認められる。

(3) これらの諸事情を勘案すると，申立人を被相続人の祭祀財産の承継者と定めることが相当である。

第2　全裁判例の類型別事件内容

　以下の裁判例の類型別分類では，以下の4期に分けて検討した。その理由は以下の通りである。

　第1期　戦前明治民法時代（昭和22（1947）年まで）

明治民法下では、家事審判制度がなく、専ら民事訴訟等で争われた。
第2期　戦後昭和前期時代（昭和44（1969）年まで）
　　この期はいわば定着期である。新憲法と新民法の精神が浸透していった時代である。戦前と戦後の継続性の有無とその後のあり方が模索された時代でもあり、新民法制定の意義とその妥協的立法の当否が問われた時期でもあった。また、昭和37（1962）年に特別縁故者に対する相続財産分与制度ができるなど次期発展期の基礎となる時代でもあった。
第3期　戦後昭和後期時代（昭和64（1989）年まで）
　　この期はいわば発展期である。前述の昭和37年にできた特別縁故者に対する相続財産分与制度が浸透し、昭和55（1980）年には寄与分制度ができた。いわばこの時期は相続制度や祭祀承継制度が、形式的平等から実質的平等に発展した時代と捉えることができよう。
第4期　戦後平成期時代（平成元（1989）年から）
　　この期はいわば展開期である。政治経済的にはバブル経済が崩壊していわゆる新自由主義が台頭し始め、祭祀承継制度も新展開を始めた時代である。様々なイデオロギー過剰の展開がみられ、戦後レジュームに対する対応の仕方に苦慮し始めた時期だともいえよう。

1　葬祭・墓地・遺骨関係事件
(1)　戦前明治民法時代
　大判大正4・2・27［裁判例1］は、明治維新前にあっても、包括名義をもって他家の墓地をその宅地と共に譲り受けることは有効であったとされたものである。
　大判大正5・7・28［裁判例2］は、民法施行前において、墳墓の所有権は慣習上家督相続の特権に属するものであって、戸主が隠居にあたりそれを留保することは許されないとしたものである。
　大判大正10・7・25［裁判例3］は、明治民法987条は被相続人に属した系譜祭具及び墳墓の所有権が家督相続人に当然に移転し、遺贈の目的とならないことを定めたに過ぎないから、同条の規定を引いて家族の遺骨が戸主の所有に属し若しくは戸主の管理に属するものと解することはできないとし

たものである。

大判昭和2・5・27［**裁判例4**］は，遺骸に対する所有権は，それを放棄することを許さないとしたものである。

大判昭和8・6・14［**裁判例5**］は，墳墓はいわゆる不融通物ではなく，その所有者が相続開始前に売買・贈与若しくは担保権設定のような処分行為をすることは，その自由の権能として是認されるとしたものである。

大決昭和9・12・19［**裁判例6**］は，明治民法987条は，被相続人に属した系譜・祭具及び墳墓の所有権は家督相続人に当然移転し遺贈の目的とならない旨を定めたものに過ぎず，したがって，墳墓・墓地を不融通物として譲渡等の生前処分を禁じたものではないとして，競落許可決定を適法としたものである。

東京控判昭和11・9・21［**裁判例7**］は，遺族として当然営まなければならない葬式の費用は，道義上必然の行為であって，明治民法1024条1号にいう相続財産の処分に該当しないとしたものである。

大判昭和12・12・7［**裁判例8**］は，墳墓の所有者は，相続開始前に売買・贈与等の処分行為をすることができ，明治民法987条は相続開始前の処分行為を禁止する趣旨ではないとしたものである。

大判昭和15・6・15［**裁判例9**］は，一家伝来の位牌又は仏壇のような礼拝の用に供される祭具は，祖先の霊の奉祀と密接なる関係を有するが，これらの物の所有者たる戸主がこれを他に売買贈与その他の処分をできないものではないとしたものである。

(2) **戦後昭和前期時代**

広島高判昭和26・10・31［**裁判例12**］は，祭祀財産たる仏壇の相続開始前の処分の自由を認めたもので，大判昭和15・6・15［**裁判例9**］の延長線上にある。おしなべて，祭祀財産の処分に関する判例の態度は，戦前と戦後では格段の変化はない。

東京高決昭和28・9・4［**裁判例13**］は，祭祀承継を承認しても，祭祀主宰者は祭祀施行義務を負うわけではないとしたものである。

東京高決昭和30・9・5［**裁判例15**］は，葬式費用は遺産分割の対象とはならないとしたものである。

甲府地判昭和31・5・29［**裁判例17**］は，葬式費用は施主が負担すべきもので，被相続人の妻に不当利得返還請求をすることはできないとしたもので，施主（葬式主宰者）負担説の先駆けである。

東京家審昭和33・7・4［**裁判例18**］は，葬式費用は相続財産の負担としたものである。

松山家審昭和42・12・22［**裁判例54**］は，墓地を遺産分割の対象から除外したものである。

宇都宮家栃木支審昭和43・8・1［**裁判例57**］は，祭祀承継者であっても祭祀施行義務を負わないと明言したものである。

東京家審昭和44・5・10［**裁判例62**］は，東京消防庁職員共助規約に基づく慰霊金及び同庁職員互助会規約に基づく退職記念品代はいずれもいわゆる香典として，被相続人の葬儀に関連する出費に充当することを主たる目的として相手方にされた贈与とみるべきで遺産には属しないとして，遺産分割の対象から除外したものである。

(3) **戦後昭和後期時代**

東京地八王子支判昭和48・9・27［**裁判例77**］は，遺骨は所有権の対象とならず，相続の対象ともならないとして，実妹による遺骨所有権に基づく実姉の遺骨引渡請求が棄却され，さらに祭祀主宰者であることを根拠に請求していると解されるとしても，祭祀主宰者は被相続人の傍系姻族である被告側であるとして，この点からも請求は理由がないとしたものである。訴訟裁判所が形成的に祭祀承継者を定めることができるかは問題であり，本判決は理由を付して肯定しているが，やはり被相続人の指定もなく，慣習もない場合に祭祀承継者を形成的に指定できるのは，家庭裁判所の専属的職分管轄であろう。本件は，所有権に基づく請求に関する判断だけに絞っておくべきだったろう。

大阪家審昭和52・1・19［**裁判例91**］は，宝暦年間以降の被相続人の先祖代々の遺骸が埋葬され墓標や墓石が数多く置かれている被相続人所有名義の墓地は，民法897条所定の墳墓に準じて取り扱うべきであるとしたものである。

大阪家審昭和52・8・29［**裁判例92**］は，被相続人の遺骨の所有権は，

祭祀財産に準じて被相続人の祭祀を主宰すべき者が取得するとしたものである。

東京高決昭和54・4・24［裁判例94］は，墳墓の承継者を相手方と定めた原審審判を不当とし，抗告人を承継者と指定したものである。

東京高決昭和54・9・26［裁判例95］は，抗告審において，原審と異なる者を祭祀承継者に指定したものである。

仙台家審昭和54・12・25［裁判例96］は，一般に祭祀の承継者は1人に限られるべきであるが，墓地の所有形態が甲・乙の共有であって，両家の祖先が埋葬され，「甲乙両家の墓」として代々祭祀が行われ，管理されてきたこと等の特別の事情がある場合には，祭祀財産を共同して承継するものとして，承継者を共同指定することも差し支えないとしたものである。

大阪家審昭和56・6・8［裁判例100］は，本件墳墓及び位牌は被相続人の死後のもので，被相続人の所有であったものではなく，祭祀承継の対象財産にはならないとしたものである。

名古屋高判昭和59・4・19［裁判例101］は，被相続人の生前に祭祀承継者に指定されたとする者が，相続人の一部を被告にして祭祀財産につき所有権の確認を求めた事件の控訴審において，被相続人が家業である理容業を継がせ，自己の全資産を生前贈与したこと等からすると，控訴人（原告）を祭祀承継者に指定したものとするのが相当であるとして，控訴人の請求を棄却した原判決を取り消して，祭祀財産が控訴人の所有に属することを確認した民事判決である。

福岡高判昭和59・6・18［裁判例103］は，本件土地の所有権（共有持分権）は排斥したが，墓地使用権（準共有物権）を認め，それに基づく本件地上建物収去・土地明渡し，及び共同不法行為に基づく慰謝料請求を認容したものである。

東京地判昭和59・7・12［裁判例105］は，相続放棄後の被相続人の死後預金を引き出しても，同預金は被相続人の葬式費用にあてたもので不当利得ではないとしたものである。

東京高判昭和59・12・21［裁判例107］は，人の遺骨は所有権の対象となるが，相続財産として相続の対象となるものではなく，民法897条所定の

祭祀財産に準じて祭祀承継者が取得し管理すべきとしたものである。

東京地判昭和61・1・28［**裁判例110**］は，葬式費用は特段の事情がない限り，葬式を準備し手配等をして挙行した実質的な葬式主宰者が負担すると解すべきであり，死者の実兄である葬式主宰者から死者の妻子である相続人らに対する葬式費用の請求を棄却したものである。香典についても，葬式費用にあてることを目的として，葬式の主宰者である喪主に対して贈与されたものであるとしている。

神戸地判昭和61・4・9［**裁判例111**］は，本件墓地のある寺の住職が，「天皇絶対神論」という天皇崇拝の思想を基本に置いている宗教法人の教祖らに対し，本件墓碑の菊の御紋章を用いることを許された旨の虚偽の説明をしたため，教祖らが，その祖先は天皇から「菊の御紋章を下賜された」武将であるという点を，その宗教的活動及び政治的活動に格好の具として利用した事案について，住職が法人の役員としての職務を行うにつき行った違法行為により，本件墓碑についての祭祀主宰者が権利を侵害されたということができ，また住職は教祖らに対し，本件墳墓の所有者ないし祭祀主宰者の点について全く言及しなかったものであるから，その注意義務違反は明らかであって，本件墳墓のある寺には，権利侵害により生じた祭祀主宰者の損害を賠償すべき義務（不法行為責任）があるとしたものである。

東京地判昭和62・4・22［**裁判例113**］は，被相続人の遺骸ないしこれを火葬した焼骨の所有権は，被相続人に属していた財産ではないから，相続財産を構成するものではなく，被相続人との身分関係が最も近い者の中で，その喪主となった者に当然に帰属するとしたものである。

東京高判昭和62・10・8［**裁判例115**］は，東京地判昭和62・4・22［**裁判例113**］の控訴審判決であるが，死亡配偶者の祭祀を生存配偶者が原始的に主宰することは，民法の法意及び我が国の近時の慣習に照らし，法的にも承認されるべきものであるから，その祭祀財産に属する配偶者の遺体ないし遺骨の所有権は，通常の相続によることなく，その祭祀を主宰する生存配偶者に原始的に帰属し，次いでその子によって承継されていくと解するのが相当であるとして，引渡本訴請求を認容したものである。

東京地判昭和63・2・22［**裁判例116**］は，被相続人の妻が被相続人の

遺骸の一部を持ち出したこと及び婚姻前の所在地へ転籍したことは違法ではないとして、被相続人の祭祀承継者からの損害賠償請求を棄却したものである。

(4) 戦後平成期時代

最判平成元・7・18［裁判例117］は、遺骨は慣習に従って祭祀を主宰すべき者に帰属するとしたものである。

東京地判平成6・1・17［裁判例122］は、被相続人の葬儀費用（斎場・葬儀社・寺等への支払から香典等を差し引いた金額）は、葬儀を実質的に実施した原告（喪主）が負担すべきものとして、被相続人の相続人に対する支払請求を棄却したものである。

高知地判平成8・10・23［裁判例126］は、被相続人の妻子から祭祀承継者である内縁の妻に対する被相続人の遺骨・位牌・死後叙勲の返還請求が認められなかったものである。

広島高判平成12・8・25［裁判例128］は、墓地は墳墓と社会通念上一体の物として捉えてよい程度に密接不可分の関係にある範囲に限って墳墓に含まれるから、そのうち墓石等の墳墓が存在せず、祖先の祭祀と直接の関係が認められない部分を除いた範囲のみが祭祀財産に属するとされたものであり、かつ祭祀承継は相続人や関係者の合意のみでは決められないとしたものである。

京都地判平成13・11・1［裁判例130］は、被告は原告に対し、被告が指定した年間30日の中から原告が選択した3日について、原告の求めに応じて、日中の30分間、京都市a区b町c番の境内地に存する大谷祖廟の祖廟地の門扉の錠を開け、原告及び原告に同行する原告の家族に同祖廟地内において3段に石積みされた壇状の墳墓の墓前に参詣させなければならないとしたものである。

札幌地判平成13・12・20［裁判例131］は、原告が被告らに対し、墓地使用権に基づき、小樽市に提出した墓地使用権者の各届出の取消しを求めたところ、原告は故Cが祭祀主宰者として墓地の使用権を有していたが、同人が原告を祭祀主宰者として指定した、あるいは慣習上原告が祭祀主宰者とされたとして、それに伴い墓地の使用権も取得したと主張したが、認められな

かったものである。

神戸地姫路支判平成14・1・10［**裁判例132**］は，亡Cの養子である原告が，Cの妻であり，かつ原告の養母である被告A及びC，被告A間の四女の夫である被告Bに対し，原告がCの祭祀承継者であるにもかかわらず，被告らは共謀の上，Cの祭祀財産として原告が承継した墓石類を破壊したとして，共同不法行為に基づく損害賠償を請求するとともに，被告Aに対し，所有権に基づき，Cの遺骨全ての引渡し及びこれが執行不能になったときの代償金を求め，一部認容されたものである。

東京高決平成18・4・19［**裁判例133**］は，事実関係と請求内容と裁判所の判断内容は複雑であるが，この裁判例で重要なのはその判断基準を詳細に判示している点にある。すなわち，祭祀承継者の指定については，「承継候補者と被相続人との間の身分関係や事実上の生活関係，承継候補者と祭具との間の場所的関係，祭具等の取得の目的や管理等の経緯，承継候補者の祭祀主宰の意思や能力，その他一切の事情（例えば利害関係人全員の生活状況及び意見等）を総合して判断すべきであるが，祖先の祭祀は今日もはや義務ではなく，死者に対する慕情，愛情，感謝の気持ちといった心情により行われるものであるから，被相続人と緊密な生活関係・親和関係にあって，被相続人に対し上記のような心情を最も強く持ち，他方，被相続人からみれば，同人が生存していたのであれば，おそらく指定したであろう者をその承継者と定める」べきだとしたものである。この判断基準は，その後家裁実務に大きな影響を与えた。

東京家審平成21・3・30［**裁判例137**］は，被相続人の遺骨は相続財産を構成するものではなく，その性質上祭祀財産に準じて扱うのが相当であるとしたものである。

名古屋高判平成24・3・29［**裁判例139**］は，葬儀費用は同儀式を主宰した者，すなわち自己の責任と計算において同儀式を準備し，手配等をして挙行した者の負担に帰し，埋葬等の行為に要する費用は被相続人の祭祀承継者が負担するとして，被相続人の相続人に対する不当利得返還請求を認めなかったものである。

東京地判平成24・6・21［**裁判例141**］は，相続財産のうち，弁財天及

び稲荷を祀った各祀の敷地部分を相続税法12条1項2号の非課税財産にあたるとして課税処分取消請求をしたところ，本件各祀及び本件敷地の外形及び機能に鑑みると，本件敷地は本件各祀と社会通念上一体の物として日常礼拝の対象とされているといってよい程度に密接不可分の関係にある相当範囲の土地ということができるから，上記非課税規定の「墓所，霊びょう及び祭具」「これらに準ずるもの」に該当するとしたものである。

2 祭祀承継者指定事件

（本書末尾の「祭祀承継者指定事件一覧表」（303頁以下）を参照されたい。）

(1) 戦前明治民法時代

制度創設前で該当事例なし。

(2) 戦後昭和前期時代

大阪高決昭和24・10・29［裁判例10］は，戦後新民法下の祭祀承継制度ができて，いち早く出されたリーディングケース的な裁判例である。戦後の新憲法・新民法の下で，家制度の廃止と個人の尊厳に反する戸主中心主義の慣習があったとしても，これをもって祭祀の承継者を定める慣習があったとすることはできないとして，明治民法下と新民法下の慣習の断絶を明言した。また，民法769条以下の規定は被相続人の相続人や氏を同じくする親族であることを予想したに過ぎず，祭祀承継者と氏との直接的関連を否定した。この先例は，その後多くの影響を与えた。

名古屋高決昭和37・4・10［裁判例22］は，祭祀承継者を事実上の家の後継者である二女と定めたものである。

東京家審昭和38・7・16［裁判例29］は，被相続人の生死は不明だが現に生きているとすれば142歳になるとして，墓地の承継者を定めたものである。

東京家審昭和42・10・12［裁判例51］は，祭祀承継者指定事件の当事者に関しては，各共同相続人及び当該祭祀財産の権利承継につき，法律上の利害関係を持つ親族又はこれに準ずる者と解し，指定すべき祭祀承継者の人数は，一般的には系譜・祭具及び墳墓の承継者は1人に限られるが，特別の事情があるときはこれを分けて指定しても差し支えないとし，本件では墳墓及

び墳墓地の所有権の承継者を申立人に，系譜及び祭具の承継者を参加人に指定し，参加人に対して，申立人のために本件墳墓地の所有権移転登記の手続をすることを命じたものである。

鳥取家審昭和42・10・31 [**裁判例52**] は，家督相続人が祭祀財産の承継者になるという明治民法の定めを現在においても慣習として是認することには疑問があるとして，被相続人の意思やその生前における生活状況等を考慮して，被相続人の妻を祭祀財産の承継者に指定したものである。

宇都宮家栃木支審昭和43・8・1 [**裁判例57**] は，祭祀承継者に指定されても祭祀実施義務を負うわけではないとしたものである。

(3) **戦後昭和後期時代**

東京家審昭和46・3・8 [**裁判例68**] は，被相続人との血縁関係，親族関係，共同生活関係，祭祀承継の意思及び能力，被相続人との親和関係等については，養女である申立人と，被相続人の前妻の生存中から被相続人と婚外関係にあり，前妻の死後に婚姻して妻となった相手方との差異はないが，本件墳墓取得の目的，管理の経緯等からすると養女を祭祀承継者とするのが相当であるとしたものである。すなわち，養女と後妻との争いで，養女が指定された。

福岡家柳川支審昭和48・10・11 [**裁判例78**] は，もともと部落民300人余の共有であるが，明治22 (1889) 年には34人の共有として持分登記されたもので，本件墓地の管理世話人である申立人は，墓地共有者の要望により墓地の一部を売却処分の必要が生じ，ほとんどは売却・登記手続まで完了したが相続人も祭祀承継者もいない被相続人の墓地が残ったため，祭祀承継者の指定を求めた事案において，本件墓地の管理委員長を祭祀承継者に指定したものである。

大分家審昭和50・7・18 [**裁判例82**] は，遺産たる各土地の形状及び利用関係，相続人らの資力，意向，鑑定評価額についての問題点，相続人間の対立関係等を考慮すると，本件においては，遺産を競売に付し，売却代金から競売手続費用を控除した残額を相続人らの各相続分に応じて取得させるのが相当であるとしたほか，遺産の一部について祭祀承継者指定の申立てがあったものと解して，その承継者を定めたものである。

福岡家柳川支審昭和50・7・30［**裁判例83**］は，近親者がない場合には，最も血縁の近い者が祭祀を承継するという本籍地の慣習が推認される上，申立人姪において従来から被相続人夫婦の墓地及び先祖の墓石を管理し，供養を続けてきている事情を考慮して，申立人を祭祀承継者に指定するとともに，遺骨を保管している同居者に対してその引渡しを命じたものである。

仙台家審昭和54・12・25［**裁判例96**］は，祭祀承継者を甲乙両家の共同指定としたものである。

大阪高決昭和59・10・15［**裁判例106**］は，祭祀承継者について被相続人の指定もなく，慣習の存在は明らかでないとして，祭祀承継者中の墓地使用権は長男である相手方に帰属しており，改めて指定することはできないとする原審判を取り消し，被相続人と長く同居し医師の家業を引き継ぎ，被相続人の葬儀その他の法事も施行してきた抗告人三男を指定したものである。

東京家八王子支審昭和60・2・26［**裁判例108**］は，被相続人の三女が長女を相手方として，墓地及び系図の承継者を三女とする旨申し立てた事案において，被相続人は長女夫妻の許で生涯を終えたとみられるところ，被相続人は晩年長女夫婦によって最後を看取ってもらい，死後の祭祀も長女夫妻に委ねようとする気持ちを有していたものと推測するのが自然であると考えられるところにより，本件墓地及び系図の承継者は長女と指定すべきとしたものである。

東京地判昭和62・4・22［**裁判例113**］は，祭祀承継者について，民法897条の規定は，祖先の祭祀財産の承継については，共同相続の原則とは異なった伝統的な習俗が存在していることを尊重し，祭祀財産を一般の相続財産から除外すると共に，その承継をめぐって生起する紛争解決方法の最終的な保障として定められたものであって，関係当事者の合意によってその承継者を定めることを排除した趣旨とは解されないとしたものである。祭祀承継者の指定の手続は，①被相続人の指定，②慣習，③裁判所の指定の順位によるが，このうち最後の裁判所の調停・審判による指定の前段階あるいはその当然の前提として当事者の合意（協議）による指定が認められており，上記判旨はこのことを指摘しているのである。調停による解決が可能なのは，合意（協議）による解決が可能なことを前提としている。

また，上記東京地判昭和62・4・22［裁判例113］は，生存配偶者の姻族関係終了の意思表示との関連について，婚家先の祭祀財産を承継した生存配偶者が姻族関係終了の意思表示をした場合，民法751条2項によって準用される民法769条の規定によれば，協議により祭祀財産を承継する者を定めるべく，協議が調わず又はできないときは，家庭裁判所がこれを定めることとされているのであって，協議又は家庭裁判所の審判は形成的なものと考えられるから，生存配偶者が姻族関係終了の意思表示をしたからといって，当然に祭祀主宰者の地位を喪失するものではないとしたものである。

　長崎家諫早出審昭和62・8・31［裁判例114］は，被相続人と氏を異にする長男と二女（末子）がそれぞれ被相続人の祭祀の承継者となることを希望している事案について，被相続人は遺言等明確な形で祭祀承継者を指定してはいないが，その所有している墓碑の建立者として二女の氏名を刻印させるという形で，生活関係の最も密接であった同女に祭祀を承継させる意思を明らかにしていたものと認められるとして，同女を被相続人の祭祀承継者に指定したものである。

　東京高判昭和62・10・8［裁判例115］は，東京地判昭和62・4・22［裁判例113］の控訴審判決であるが，生存配偶者が姻族関係終了の意思表示をしたとしても，それが死亡配偶者のあとを受けてその祖先の祭祀を事実上主宰してきたことを止める意思を表示したに過ぎないものと認められる場合には，死亡配偶者の祭祀についてはそのこととは関係なく同人の死亡後原始的に生存配偶者においてこれを主宰しているものとみるべきであるとして，予備的反訴請求を棄却したものである。

(4) 戦後平成期時代

　前橋家審平成3・5・31［裁判例118］は，被相続人による祖先の祭祀主宰者の指定の存在が認められる場合には，申立てを却下すべきではなく，被相続人の指定に基づいて祭祀財産の承継者を指定する審判をすべきであるとしたものである。

　東京高決平成6・8・19［裁判例124］は，祭祀承継者は1人であるべきところ，被相続人との特別な事情を考慮して，祭祀用財産の一部を被相続人の前妻の子に，一部を後妻に指定する審判がされた場合，後妻を指定した

ことは，相続人の中で被相続人と共同生活を最も密接に送った者として承継者に相応しいと考えられることから相当であり，被相続人の前妻の子と後妻とを指定する審判は是認されるとしたものである。

福岡家小倉支審平成6・9・14［**裁判例125**］は，被相続人の指定に従って祖先の祭祀を主宰すべき者がある場合でも，祭祀財産の承継者の指定の申立てがあり，被相続人の指定の存否や慣習の存否について当事者間に争いのある限り，家庭裁判所は，被相続人の指定の存否又は慣習の存否について審理をし，指定の内容又は慣習の内容に従って祭祀財産の承継者の指定をする審判をすべきであると解するのが相当であるとしたものである。

東京家審平成12・1・24［**裁判例127**］は，相続人及びその亡夫の意思が推認されるとして，同会社の経営にあたっている被相続人の三男を祭祀承継者に指定したものである。

広島高判平成12・8・25［**裁判例128**］は，関係当事者による合意（協議）による祭祀承継者指定の効力を認めなかったものである。

奈良家審平成13・6・14［**裁判例129**］は，被相続人と当事者の生活関係，祭具の管理状況，当事者の対立状況等によれば，祭祀財産の承継者を各別に指定することもやむをえないとして，祭具の承継者を申立人とし，墳墓の承継者を相手方と定めたものである。

大分家審平成18・10・20［**裁判例134**］は，被相続人の実母と実子が被相続人の祭祀承継をめぐって争った事案において，被相続人による祭祀承継者の指定も地方の慣習もない場合には家庭裁判所が祭祀承継者を定めるほかなく，家庭裁判所は，被相続人との血縁関係や生活関係，被相続人の意思の推認，祭祀承継候補者の祭祀承継の意思や能力，職業，年齢，生活状況，家業承継の有無，利害関係人の意見その他一切の事情を総合的に考慮すべきであるところ，実母は被相続人の通夜，葬儀，火葬等には立ち会わず被相続人の祭祀や遺骨等に無関心であったこと，対して実子は，通夜，葬儀等に出席してこれを施行し，墓地を購入して被相続人の墓碑を建立したこと，他の親族も実子を祭祀承継者と認めていることから，実子を被相続人の祭祀承継者と定めるのが相当であるとしたものである。

福岡高決平成19・2・5［**裁判例135**］は，大分家審平成18・10・20

［裁判例134］の控訴審判決で，被相続人による祭祀承継者の指定も地方の格別の慣習も認められない場合には，家庭裁判所が祭祀承継者を定めるほかなく，家庭裁判所は，被相続人との身分関係が近く，生前において被相続人との間に密接な生活関係が形成されていて，被相続人に対して思慕の念を強く持ち，末永くその祭祀を主宰していくにふさわしい者を祭祀承継者に指定すべきであるところ，被相続人との密接な継続性という点では高齢の実母よりも実子の方が明らかに優っているため，実子を祭祀承継者とした原審の判断を支持したものである。

東京家審平成19・10・31［裁判例136］は，被相続人から会社の代表取締役の地位を譲り渡された長男である申立人が，自己を祭祀財産の承継者とすることを求めたところ，被相続人死亡後，被相続人の位牌等は全て被相続人の妻が管理していること，祭祀を主宰する意思の堅固性及び継続性等を考慮すると，高齢であることを考慮しても，被相続人の妻が承継者として最も適任であるとして，被相続人所有の系譜，祭具及び墳墓の承継者を妻と定めたものである。

東京家審平成21・8・14［裁判例138］は，成年後見人が被相続人の妹である成年被後見人（申立人）を代理してした祭祀承継者指定申立てについて，被相続人の親族に積極的に祭祀承継者になろうとする者がおらず，申立人は従前被相続人と親しく交際し，被相続人も申立人が死亡したら同じ墓に埋葬することを希望するなど被相続人との関係が深かったこと，申立人は現在成年後見開始の裁判を受けているが，永代供養の手続等により，申立人自身の死後の祭祀も可能になること等の諸事情を併せ考えると，申立人を祭祀承継者に指定するのが相当であるとしたものである。

松江家審平成24・4・3［裁判例140］は，戸籍等が見当たらず，被相続人の相続人及び相続関係人の存否が不明であることから，相手方を指定しないで道路改良事業起業者から申し立てられた祭祀承継者指定申立事件において，墓地等は被相続人が所有していたこと，現時点においては被相続人が生存している可能性がないこと，祭祀財産である墓地等の承継者についての被相続人の意思及び慣習は不明であること，墓地等を現在管理している者（個人）がその承継者となることを承諾していることなどの事情の下では，同

人を祭祀承継者に指定するのが相当であるとされた。

3 遺産分割事件
(1) 戦前明治民法時代
該当事例なし。
(2) 戦後昭和前期時代
東京高決昭和28・9・4［裁判例13］は，遺産分割と祭祀料の負担ひいては祭祀承継との直接的関連を否定したものである。

福岡高決昭和30・10・21［裁判例16］は，遺産分割と父祖の祭祀の負担ひいては祭祀承継との直接的関連を否定したものである。

東京家審昭和33・7・4［裁判例18］は，葬式費用は相続財産の負担だが，祭祀承継は別途処理すべきとし，遺産分割と祭祀承継の関連性を否定したものである。

大阪家堺支審昭和35・8・31［裁判例19］は，葬祭費用等を遺産分割の対象としなかったものである。

高松高決昭和38・3・15［裁判例26］は，葬儀費用も相続財産の負担としたものである。

高松高決昭和38・4・1［裁判例27］は，葬祭費用等の負担も含め相続人のうちの1人が取得するとの協議が成立した（すなわち分割済み）として，遺産分割の申立てを棄却したものである。

仙台家古川支審昭和38・5・1［裁判例28］は，葬式費用や墓石費用について，遺産分割の対象としなかったものである。

福岡高決昭和40・5・6［裁判例37］は，被相続人の葬儀費用は特段の事情がない限り共同相続人の負担とすべきであるから，遺産分割の考慮外とすべきであるとしたものである。

広島高決昭和40・10・20［裁判例39］は，遺産分割・祭祀承継者指定審判の併合事件において，相続人間で共有を欲しないのに共有による分割方法を定めることは遺産分割として違法であり，同時にした祭祀承継者指定の審判も違法であるとして，両事件を原審に差し戻したものである。

大阪家審昭和40・11・4［裁判例40］も，同様に両事件の併合事件であ

るが，祭祀承継者指定事件において，被相続人の祭具及び墳墓の所有権の承継者につき相手方と指定したものである。

大阪地判昭和41・3・30［**裁判例42**］は，葬祭費用にあてたとの主張の取扱いは遺産分割の過程で決せられるべきで，遺産範囲確認請求訴訟の判断に影響を及ぼさないとしたものである。

大阪高決昭和41・10・21［**裁判例47**］は，仏壇は祭祀用財産であるから遺産分割の対象としないとしたものである。

盛岡家審昭和42・4・12［**裁判例49**］は，現金について葬儀費用にあてたとして遺産分割の対象から除外したものである。

松山家審昭和42・12・22［**裁判例54**］は，墓地を遺産分割の対象から除外したものである。

(3) 戦後昭和後期時代

福岡家柳川支審昭和48・10・11［**裁判例78**］は，本件墓地は300人余の部落民の共有に属するが，本件墓地の一部を売却処分と登記手続をする必要上，明治24（1891）年に死亡し相続人がなく，祭祀主宰者もいない被相続人につき，祭祀承継者の指定を求めた事案において，市議会議長であり本件墓地の管理委員長である相手方を祭祀承継者に指定したものである。

大阪高決昭和49・9・17［**裁判例81**］は，葬祭費等は遺産の管理費に該当せず，遺産分割の対象とはならないとしたものである。

大阪家審昭和51・11・25［**裁判例89**］は，墓地は祭祀用財産でその購入費は遺産分割とは別個に解決されるべきであるとしたものである。

長崎家審昭和51・12・23［**裁判例90**］は，葬式費用は遺産分割の対象とはならないとしたものである。

長野家審昭和55・2・1［**裁判例98**］は，被相続人の葬式費用・墓石・仏壇に支出した郵便貯金は，全額遺産分割の対象から除外すべきであるとしたものである。

(4) 戦後平成期時代

横浜家審平成6・7・27［**裁判例123**］は，遺産である一筆の土地に含まれる墓地について，被相続人が祭祀財産の承継者を指定しておらず，相続人全員の間で本件遺産分割事件において一括解決し，相続人の一部の者が共

有することについての合意があるという事情の下では，これを当事者の意見に反してあえて分筆し，別件に委ねることは相当でなく，当事者の祭祀財産の承継についての協議が存在するものとして，墓地部分も含めて本件遺産分割手続において一括処理することが許されるとして，墓地を含めて一括分割したものである。

　京都地判平成13・11・1［裁判例130］は，京都市 a 区 b 町 c 番の境内地に存する大谷祖廟の祖廟地の門扉の錠を開け，原告及び原告に同行する原告の家族に同祖廟地内において3段に石積みされた壇状の墳墓の墓前に参詣させなければならないとしたものである。

4　氏変更事件・子の氏変更事件

(1)　戦前明治民法時代

該当事例なし。

(2)　戦後昭和前期時代

　大阪高決昭和24・12・15［裁判例11］は，祭祀承継を理由とする氏の変更を認めなかったもので，祭祀承継と氏との直接的関連を否定した大阪高決昭和24・10・29［裁判例10］の延長線上にある。

　長野家上田支審昭和29・12・6［裁判例14］も，祭祀承継者と氏変更の直接的関連を否定した大阪高決昭和24・10・29［裁判例10］の延長線上にある。

　神戸家審昭和36・2・21［裁判例20］は，父方祖先の祭祀を主宰するため，死亡した父への氏の変更を許可した事例であり，この種の事件について積極説であることを明らかにした最初の裁判例であって，その理由づけの詳細なこともあり，積極説のリーディングケースとなった。新民法における氏の本質が単なる個人の呼称に過ぎないとする消極説を批判し，新民法も完全な個人制度化したものではなく，夫婦の扶助的生活共同体と未成熟子と親との保育的生活共同体を基本単位とする小家族の段階に止まっているとし，立法は所詮妥協であり，家の名を残したいという国民感情を全面的に阻止するような法律を作ってみたところで，国民感情は容易に窒息するものではないと論ずる。そして，親子の間でできるだけ同一の氏を残したいというのが国

民感情であり，民法791条は，親子の共同生活の有無とは無関係に親子が同一の氏を残したいという国民感情を容認したものであり，民法751条で民法769条を準用し，婚姻によって氏を改めた者が配偶者の祖先の祭祀主宰者となって祭具等を承継した後，配偶者が死亡して婚姻前の氏に復氏した場合には，姻族関係を断たなくても承継した祭具等を返還すべきものと定めていることからしても，新民法は祖先の祭祀は祖先と氏を同じくする者に承継させたいという因襲的な国民感情を妥協的に容認しているものと解するほかないとした。説得力のある論旨の展開であり，今日でも支持できる考え方である。

　広島高決昭和39・8・17 [**裁判例36**] は，離婚復氏した夫が婚氏を継続的に使用してその氏の祭祀を行うなど社会的地位を築いてきた等の事情がある場合は，「やむを得ない事由」があるものとして婚氏への変更を認めたものである。

　長野家審昭和41・4・20 [**裁判例43**] は，祖先の財産を引き継ぎ，祖先の祭祀を承継するために祖先の氏に変更したいとの申立ては，変更しなければ著しく社会生活上不都合を生じるとは考えられず，氏変更事由には該当しないとしたものである。

　和歌山家審昭和41・9・2 [**裁判例45**] は，被相続人の後えいたることを示す者が1人もおらず，被相続人の慰霊をしたいとの理由で氏変更の申立てをしたのを認容したものである。

　東京家審昭和41・9・19 [**裁判例46**] は逆に，母方祖母の後継者がいないので祖先祭祀のためとの理由による氏変更の申立てを却下したものである。

　京都家園部支審昭和44・3・31 [**裁判例61**] は，祖先の祭祀・家名継続のため離婚後も婚姻中の氏を称し，それについて同家の親類縁者の承諾をえて日常生活をしているなどの事情があっても，それのみでは改氏の「やむを得ない事由」には該当しないとして，申立てを却下したものである。

(3) **戦後昭和後期時代**

　徳島家審昭和45・2・10 [**裁判例66**] は，母方実家の家名を存続させ，その祭祀を行わせる目的で婚姻共同生活関係を終了させる意思がないのに，父母が協議離婚届出をして母が復氏した上，妻子を有し独立の生計を営んでいる子から，復氏した母の氏への変更許可を申し立てた事案において，個人

の尊厳・両性の本質的平等の理念に背馳する結果をもたらさず，かつ民法791条1項の立法趣旨にも反しないとして，申立てを許可したものである。

仙台高決昭和46・12・15［裁判例71］は，祖先の祭祀の権利承継者になるためというのは，改氏理由の「やむを得ない事由」には該当しないとしたものである。

静岡家富士支審昭和50・9・2［裁判例84］は，母がその実家の家名を息子夫婦に承継させる目的で実質的な夫婦関係解消の意思もなく父と協議離婚して復氏し，息子夫婦が母の氏への変更許可を申し立てた事案につき，本件申立ては，子の氏変更により家名を承継するという専らいわれのない因習的感情を満足させるためになされたものと認めざるをえず，家の制度を廃止した現行民法の精神に反し，子の氏変更申立権の濫用として容認することができないし，また父母の協議離婚は無効で母は依然復氏していないのであるから，申立ての前提を欠くとして，申立てを却下したものである。

東京高決昭和59・5・30［裁判例102］は，離婚後亡夫の氏を称している申立人が，父の意向を受けてその祭祀承継者となるために必要があるからとして申し立てた父の氏への変更申立てを却下したものである。

那覇地判昭和59・6・19［裁判例104］は，課税処分取消請求事件の判決において，課税処分に関係する贈与の時期に関連して，沖縄では兄の跡を弟が継ぐことは，「チョーデー・カサバイ」として忌み嫌われ，戸籍上の長男が祭祀承継者とされる慣習があったと認定判断したものである。

佐賀家審昭和61・6・3［裁判例112］は，離婚にあたり民法767条2項の規定に基づく婚氏継続の届出をした女性から，祭祀の承継を理由に婚姻前の氏への変更を求めた事案において，婚氏が社会的に定着していること，祭祀承継者となるためには必ずしも被祭祀者と同一氏でなければならないとはいえないことを理由に，申立てを却下したものである。

5 特別縁故者相続財産分与事件

(1) 戦前明治民法時代

制度創設以前で該当事例なし。

(2) 戦後昭和前期時代

　横浜家審昭和37・10・29［**裁判例23**］，横浜家審昭和38・1・16［**裁判例25**］は，被相続人の後継者として祭祀を承継してきた者を民法958条の3の規定に基づく特別縁故者と認め，相続財産を分与したものである。特別縁故者の認定と祭祀承継者との密接な関連性が窺われる。

　長野家伊那支審昭和38・7・20［**裁判例30**］は，特別縁故者に墓地を分与したものである。祭祀承継者として指定したとの実質を有することになろう。

　東京家審昭和38・10・7［**裁判例31**］は，被相続人の葬儀を営み菩提を弔う内縁の妻を特別縁故者と認め，これに対し，相続財産を分与したものである。

　鹿児島家審昭和38・11・2［**裁判例32**］，岡山家玉野出審昭和38・11・7［**裁判例33**］は共に，被相続人の生前はその看護に尽くし，死後は葬祭一切を執行し，さらに相続財産管理人として管理してきた親族に相続財産を分与したものである。

　大阪家審昭和39・3・28［**裁判例34**］は，被相続人の葬祭を主宰し，祖先の供養等をする被相続人の叔母を特別縁故者とし，農地を分与したものである。

　大阪家審昭和39・7・22［**裁判例35**］は，被相続人の療養看護に努め，現に被相続人の祭祀を主宰し遺産を管理しているなどの点から特別縁故者といえるが，相続開始後分与までの期間と分与の相当性の点から相続財産の分与を認めるべきでないとしたものである。

　東京家審昭和40・8・12［**裁判例38**］は，菩提寺たる宗教法人が申し立てた相続財産分与事件において，位牌又は過去帳を含む仏壇1個等を申立人である寺に分与したものである。

　長崎家審昭和41・4・8［**裁判例41**］は，精神異常者の被相続人につき，葬儀その他の諸事万端及び初盆あるいは墓地管理等により特別縁故者と認め，相続財産を分与したものである。

　松山家審昭和41・5・30［**裁判例44**］は，被相続人の死後，その祭祀を行い，かつ被相続人の相続財産を管理してきたとの事情があっただけでは，

生前の縁故関係が認められない本件では特別縁故者として相続財産の分与は受けられないとしたものである。

広島家尾道支審昭和41・12・23 [**裁判例48**] は，父の代より引き続き，被相続人の祭祀を行いかつ相続財産の管理等をしてきたので特別縁故者にあたるとして，相続財産を分与したものである。

熊本家天草支審昭和42・8・11 [**裁判例50**] は，被相続人の死亡との同時存在の原則を不必要とし，墳墓の管理や祭祀を行ってきた被相続人の従姪を特別縁故者と認め，相続財産を分与したものである。

大阪家審昭和42・11・21 [**裁判例53**] は，被相続人の一家の支柱となり，その療養看護や葬祭主宰者等を担ってきた，戦死した長男の嫁に対し，相続財産の全部を分与したものである。

福島家郡山支審昭和43・2・26 [**裁判例55**] は，被相続人の看護にあたり，死後は葬儀一切を執り行い，法事をし，その墓を守っているなどの事情により特別縁故者と認め，相続財産の分与を認めたものである。

大阪家堺支審昭和43・3・17 [**裁判例56**] は，被相続人の従兄の申立人が，被相続人の石碑の建立や供養等を行ったとして特別縁故者と認め，相続財産を分与したものである。

大阪高決昭和44・12・24 [**裁判例64**] は，民法958条の3は，特別縁故者の範囲を例示的に掲記したに止まり，その間の順位に優劣はなく，家庭裁判所は，被相続人の意思を忖度尊重し，被相続人との自然的血縁関係の有無，生前における交際の程度，被相続人の精神的物質的に庇護恩恵を受けた程度，死後における実質的供養の程度その他諸般の事情を斟酌して分与の許否及びその程度を決すべきである。また，自然的血縁関係が認められる場合は，そのこと自体切り離すことのできない因縁であって縁故関係は相当に濃いものと認めるのが相当であるとして，4,400万円の遺産につき諸般の事情を斟酌の上，認知を受けていない子，被相続人の父から認知を受けていない異母妹，被相続人を永年看護した女中，内縁の妻等にそれぞれ特別縁故者として相続財産を分与したものである。

(3) **戦後昭和後期時代**

鹿児島家審昭和45・1・20 [**裁判例65**] は，特別縁故者とは被相続人の

生前において特別の縁故関係があった者に限定され，被相続人の死後，その葬儀・供養等をしたとしても，その事実は生前の縁故関係の存否程度を推測させる事情となり得るに止まり，それ自体は特別縁故性を具有するものではない。そして，申立人による葬儀・供養は主として農村を支配する社会的習俗及び同族感情に由来するものと考えられるから，生前の特別縁故関係を推測する事情としては希薄であるとして，申立てを却下したものである。

大阪高決昭和45・6・17［裁判例67］は，被相続人に財産があって特にその生前金銭的な世話をした事実がない場合であっても，幼少時より身近な親族として絶えず交際し，死亡後は葬祭・納骨・法要等，遺族同様の世話を行い，今後も被相続人の祭祀回向を怠らぬ意向である者は，特別縁故者に該当するとして，相続財産の分与をしたものである。

福島家審昭和46・3・18［裁判例69］は，申立人はその両親と共に被相続人所有の家に同居していたが，申立人の兵役中被相続人は死亡し，その後復員して両親の許に戻り，両親死亡後も同所に居住して被相続人の祭祀を主宰しているなどの事情の下においては，申立人が特別縁故者にあたると解するのが相当であるとしたものである。

熊本家審昭和47・10・27［裁判例72］は，特別縁故は，被相続人と親族とが友人など単なる縁故だけでは足りず，縁故に加えて被相続人に関連する客観的事実を要求しているものであって，死後縁故を含まないと解する理由はなく，被相続人の親族という縁故に加えて，被相続人の祭祀や遺産管理をしている者は，特別縁故者にあたるとしたものである。

名古屋高決昭和48・1・17［裁判例73］は，抗告人は被相続人の唯一の血縁者（従兄）であり，被相続人の葬儀を他の者と共に営み，その位牌を自宅に安置して祭祀を主宰していること，被相続人の生前に経済的援助や農業の手伝いなどをしなかったのは，生活に窮していたり住居が遠方であったりしたためであって，その意思は有していたこと等の事情の下では，被相続人の特別縁故者にあたるとしたものである。

広島家審昭和48・2・23［裁判例74］は，死後の墓守や祭祀の施行など被相続人と特別縁故関係にあった者が相続財産分与申立権を行使しないで死亡したときは，その行使に障害があった場合など特別の事情がない限り，申

立権を行使する意思がなかったものとして取り扱い，同人の特別縁故関係を相続人において承継又は援用することはできないとしたものである。

名古屋家審昭和48・2・24［**裁判例75**］は，被相続人は自己の文化活動の遺産として，居住する名古屋市の文化の向上に資するため私財を投じて会館を建設して，多数の蔵書とともに市にこれを寄付し，市はこれに報いるために被相続人を同会館の嘱託管理人として採用してその一室を与え，毎月謝金を支給し，専属職員2名をもって会館の管理や被相続人の身の回りの世話等にあたらせて，被相続人の晩年における最も大きい支柱となっていたこと，被相続人の葬儀は被相続人の義弟を喪主として市教育委員会が担当して営まれたこと等の事情の下においては，市を被相続人の特別縁故者とみるのが相当であるとしたものである。

福岡家行橋支審昭和48・4・9［**裁判例76**］は，被相続人死亡の際には葬儀を主宰し，その後の法事を営んできた継母について特別縁故者と認めたものである。

東京高決昭和51・7・8［**裁判例86**］は，被相続人の相続財産を管理しその祭祀を営んできたことを理由に相続財産分与を申し立てた事案につき，祖先の祭祀を行うかどうかは各人の信仰ないし社会の風俗・習慣等に委ねられるべきところであるから，被相続人の祭祀を行うからといって，被相続人の特別縁故者であると解することは，家督相続を廃止した現行民法の精神に反するとして，申立てを却下した原審判を相当としたものである。

宮崎家審昭和51・8・2［**裁判例87**］は，相続開始後40年を経過した相続財産分与申立事件において，被相続人の内縁の夫の養子の子である申立人について，被相続人との間に祭祀の施行や石碑建立など死後の縁故関係があったが，それが民法958条の3にいう生前の「特別の縁故」とまではいえないとして，申立てを却下したものである。死後縁故の特別縁故性を否定したわけである。

松江家審昭和51・11・2［**裁判例88**］は，申立人の養母において，被相続人の生前，同人と同居してその療養看護に尽くし，死亡後はその遺産を管理して祭祀を執り行い，養母が死亡した後は，申立人が事実上被相続人の遺産管理及び祭祀を承継したことが認められ，また被相続人は自己の財産を養

母に贈与若しくは遺贈する意思であり，ひいてはその養子である申立人が財産を相続したであろうことが推認されるとして，申立人を特別縁故者であると認めたものである。

大阪家審昭和54・4・10［**裁判例93**］は，被相続人の葬儀を執り行い法要をはじめ祭祀一切を執り行ってきた等の死後縁故等を理由に特別縁故者として相続財産を分与したものである。

岡山家備前出審昭和55・1・29［**裁判例97**］は，申立人と被相続人との関係が死後縁故に尽きる場合において，被相続人と申立人の亡父とが親子同様の関係にあったこと，申立人が被相続人の祭祀を亡父から引き継いでいること，相続財産の内容等を考慮して，申立人を特別縁故者と認めたものである。

横浜家小田原支審昭和55・12・26［**裁判例99**］は，特別縁故者は，生前縁故者に限るべきで，被相続人の死後に相続財産を事実上管理したり，被相続人の祭祀を行ってきた者を含まないとしたものである。

(4) **戦後平成期時代**

大阪高決平成4・3・19［**裁判例119**］は，抗告人らが特別縁故者に該当するとした原審の判断を支持した上，分与額の算定に際し，遺産額その他の事情を考慮して，原審の抗告人らに対する分与額を増額変更したものである。

大阪高決平成4・6・5［**裁判例120**］は，特別縁故者の地位は，その者と被相続人との個人的な関係に基づくもので，相続財産分与の申立てをするか否かはその者の意思に委ねられており，一身専属性の強い地位であるが，一旦，その分与の申立てをすれば，申立人は相続財産の分与を受けることが現実的に期待できる地位を得ることになり，その地位は財産的性格を持つから，その後申立人が死亡した場合，その相続人は分与の申立人の地位を承継すると解するのが相当であるとして，これを否定した原審判を取り消して，相続財産を分与したものである。

高松家審平成4・7・15［**裁判例121**］は，被相続人所有の祭具・墳墓及び墓地を事実上管理・供養している親族関係のない者（被相続人の内縁の夫の孫）を祭祀財産の承継者と定めたものである。

6 養子縁組関係事件

(1) 戦前明治民法時代

該当事例なし。

(2) 戦後昭和前期時代

福岡家小倉支審昭和43・12・23［**裁判例59**］は，家名存続・祖先の祭祀を主たる目的とし，未成年者を引き取り監護養育することを考えない養子縁組は，例え未成年者に多少の財産上の利益があるとしても，民法798条が家庭裁判所の許可を要するとして，養親の利益を図ることを排斥し，養子となる者の幸福を期待している趣旨に反するとして，未成年縁組許可申立てを却下したものである。

大阪地判昭和44・9・17［**裁判例63**］は，かなりの高年齢者間の成年養子縁組においては，親子らしい情愛の交流を軸とする生活実態よりも，永世への願望を秘めた養親側の財産ないし祭祀の養子側への承継をもって，親子関係の標識とすることが社会通念であるというべきであるから，縁組当事者間に情交関係が存在したとしても，ただそのことによって当然に縁組意思まで否定されなければならないとする推論も成り立たなければ，事実上の牽連関係も認められないので，縁組届出にあたり当事者双方に縁組意思の欠缺を認めることはできず，縁組は有効であるとされたものである。

(3) 戦後昭和後期時代

最判昭和46・10・22［**裁判例70**］は，大阪地判昭和44・9・17［**裁判例63**］の上告審判決であるが，養子縁組の当事者である養親と養女がたまたま過去に情交関係にあったが，事実上の夫婦然たる生活関係が形成されるには至らなかった場合で，養女は養父の姪で永年養親方に同居してその家事や家業を手伝い，家計をも取り仕切っていたものであり，養親は既に高齢に達し，病をえて家業もやめたのち，養女の世話になったことへの謝意をも込めて，養女を養子とすることにより，自己の財産を相続させ，あわせて死後の供養を託する意思をもって，縁組の届出に及んだものであるなどの事実関係があるときは，両名間に縁組を有効に成立させるに足りる縁組の意思が存在したものということができる，としたものである。

東京高決昭和51・4・12［**裁判例85**］は，家名及び家の祭祀（墓地管理）

の承継を目的とした未成年養子縁組は許可できないとしたものである。

　最判昭和60・12・20［裁判例109］は，農業及び祭祀の承継を目的としてされた成年者を養子とする縁組において，会社に勤務しつつ農作業に従事することを了解していた養子の農業の手伝い方などをめぐって養父母と養子との間に感情的対立が生じ，互いに暴言やいやがらせの言動が重なり，養子が養父母に対し押し倒したり足蹴にするなどの暴行を加えたことがあるなどの事実関係があるときは，民法814条1項3号に規定する「縁組を継続し難い重大な事由」があるものと認めるのが相当であるとしたものである。

(4) 戦後平成期時代

　該当事例なし。

7　賃借権・遺言関係事件

(1) 戦前明治民法時代

　該当事例なし。

(2) 戦後昭和前期時代

　最判昭和37・12・25［裁判例24］は，家屋賃借人の事実上の養子として賃借人の死後も賃借家屋に居住し，祖先の祭祀も同人に行わせる等の事情があるときは，その者は家屋の居住につき，相続人らの賃借権を援用して賃貸人に対抗できるとしたものである。

　宇都宮家栃木支審昭和43・8・1［裁判例57］は，祖先の祭祀主宰者と指定された者は，死者の遺産のうち系譜・祭具・墳墓のような祭祀財産の所有権を承継することがあるだけで，それ以上の法律上の効果はないものであり，受遺者がたまたま祭祀主宰者に指定されたからといって，これを負担付遺贈を受けた者とすることはできず，葬式費用の負担者については，その地方又は死者の属する親族団体における慣習若しくは条理に従って決せられるべきであって，祭祀主宰者と必ずしも一致するものではないとして，公正証書遺言の取消しの申立てを却下したものである。

　東京高決昭和44・2・26［裁判例60］は，遺言による祭祀承継者の指定によって祭祀を営むべき法律上の義務を負担するものではないとして，遺言の取消しを認めなかった原審の判断を是認したものである。

(3) 戦後昭和後期時代

大阪高決昭和49・6・6［裁判例80］は，本件遺言第二項は，その内容からして相続分の指定等の委託，祭祀承継者の指定としての効力を生じえないとして原審が遺言執行者選任の申立てを却下したのは相当であるとしたものである。

(4) 戦後平成期時代

該当事例なし。

第3　各事件における問題点とその方向性

1　葬祭・墓地・遺骨関係

（本書末尾の「祭祀承継者指定事件一覧表」(303頁以下)を参照されたい。）

(1) 墳墓・墓地に関するもの

明治民法下では，系譜・祭具・墳墓といった祭祀財産について，世襲財産・商号及び商標等とともに家督相続の特権とされていた。すなわち，明治民法986条で戸主となるべき家督相続人は，単独で家産を全て承継することを規定すると共に，明治民法987条で家産とは別に祭祀財産も家督相続人の特権として1人で承継するとされていたのである。

そこで勢い，祭祀財産の承継に関する紛争そのものよりも，墳墓や墓地に関するもの大判大正4・2・27［裁判例1］，大判大正5・7・28［裁判例2］，大判昭和8・6・14［裁判例5］，大決昭和9・12・19［裁判例6］，大判昭和12・12・7［裁判例8］，あるいは遺骨や遺骸に関するもの大判大正10・7・25［裁判例3］，大判昭和2・5・27［裁判例4］，それに関連して祭具（位牌・仏壇）に関するもの大判昭和15・6・15［裁判例9］，さらには葬式費用に関するもの東京控判昭和11・9・21［裁判例7］で占められることになる。戦前におけるこれらの考え方は，原則的には戦後も引き継がれたことは注目に値する。

墳墓や墓地に関しては，被相続人の生前・死後（祭祀承継者）の譲渡性・処分可能性が問題とされた。大判昭和8・6・14［裁判例5］，大決昭和9・12・19［裁判例6］，大判昭和12・12・7［裁判例8］は，いずれも不融通

物ではないとして，その生前処分性を肯定した。大判昭和 12・12・7［**裁判例 8**］は，当時の民事訴訟法 570 条 10 号 11 号の差押禁止は譲渡禁止までは意味せず，また墳墓の売買譲渡も公序良俗に反しないとし，このような解釈は戦後も引き継がれた（広島高判昭和 26・10・31［**裁判例 12**］など）。位牌や仏壇などの祭具が生前処分の対象となるとした大判昭和 15・6・15［**裁判例 9**］も，異論がないであろう。現行法の民事執行法 131 条 8 号は，差押禁止動産の例示として「仏像，位牌その他礼拝又は祭祀に直接供するため欠くことができない物」を挙げているが，これも譲渡性・処分性までも禁止するものではないと解される。なお，戦後のものであるが，墳墓と墓地の関係として，墓地は墳墓と社会通念上一体の物として捉えてよい程度に密接不可分な範囲に限って墳墓に含まれるとした広島高判平成 12・8・25［**裁判例 128**］がある。なお，墓地に関しては，その不当利用や所有権・使用権の侵害をめぐって不法行為による損害賠償（福岡高判昭和 59・6・18［**裁判例 103**］，神戸地判昭和 61・4・9［**裁判例 111**］，神戸地姫路支判平成 14・1・10［**裁判例 132**］など）や行政処分の違法性が民事訴訟（行政訴訟）として登場することが多い（札幌地判平成 13・12・20［**裁判例 131**］，東京地判平成 24・6・21［**裁判例 141**］など）。

(2) 遺骨・遺骸に関するもの

家族の遺骨が戸主の所有や管理下に置かれないとしたもの大判大正 10・7・25［**裁判例 3**］，遺骸に対する所有権は放棄できないとしたもの大判昭和 2・5・27［**裁判例 4**］がある。異論はないと思われる。これらの考え方は戦後も引き継がれ，遺骨については，祭祀主宰者に所有権があるとしたものとして大阪家審昭和 52・8・29［**裁判例 92**］，東京地判昭和 62・4・22［**裁判例 113**］，東京高判昭和 62・10・8［**裁判例 115**］，最判平成元・7・18［**裁判例 117**］，東京家審平成 21・3・30［**裁判例 137**］などがある。

(3) 葬式費用に関するもの

葬式費用に関しては，東京控判昭和 11・9・21［**裁判例 7**］は，遺族として当然営まれなくてはならないもので明治民法 1024 条 1 号（法定単純承認，現行民法 921 条 1 号）の「相続財産」には該当しないとした。葬式費用を誰が負担するかに関しては，学説上大別して相続財産説（相続債務とみる説や民法 885 条の相続財産費用説など）・喪主説（喪主その他の葬祭主宰者の負担とする説）等

があるが，裁判例では，相続財産の負担としたものとして東京家審昭和33・7・4［裁判例18］，相続財産に含まれないとしたものとして東京地判昭和59・7・12［裁判例105］などがある。甲府地判昭和31・5・29［裁判例17］は，葬祭主宰者負担説の先駆けであり，以後の裁判例にはこれに従うものが多い（東京地判昭和61・1・28［裁判例110］，東京地判平成6・1・17［裁判例122］，名古屋高判平成24・3・29［裁判例139］など）。葬式費用は，祭祀承継の問題とせず，葬祭主宰者の負担としたことは，現実の葬祭執行の実体に合う考え方であり，支持できると思われる。この場合，祭祀主宰者とは形式的に喪主とされた者（例えば高齢の配偶者）ではなくて，葬儀屋との交渉や当日の差配をする等その責任と計算で行う担当者をいう（名古屋高判平成24・3・29［裁判例139］など）。

(4) 香典に関するもの

香典に関するものとして東京家審昭和44・5・10［裁判例62］，東京地判昭和61・1・28［裁判例110］，東京地判平成6・1・17［裁判例122］などがある。このうち東京地判昭和61・1・28［裁判例110］は，香典を葬式費用にあてることを目的として，葬式の主宰者で喪主に対して贈与されるものであるとしている。形式的な喪主ではなく，実質的な祭祀主宰者に対する贈与とみるのであろう。もっとも，香典の授受の法律関係は単純ではなく，被相続人も他の親族とも全くこれまで交渉がなく，ただ郷里から出てきた特定の子ども（友達）とだけ交際があり，香典をその友達に渡したというような場合には，その香典の授受は友達に対する贈与だと解し得る場合もあろう。要は契約の意思解釈の問題である。

(5) 公的墓地の利用規制に関するもの

なお，公的墓地の利用規制が問題とされることがある。例えば，二宮周平「葬送の多様化と民法897条の現代的意義〜沿革と立法のあり方を問う」（戸籍時報698号（2013）8頁）では，東京都霊園条例などでは，使用権者の1要件として「祖先の祭祀を主宰すべき者であること」が掲げられ，その疎明資料「死亡者との間の続柄記載」が求められていることから，祭祀承継者が生存配偶者や長男の場合とそれ以外の場合とで事実上の差異が問題だとされる。確かに，民法897条の祭祀承継者に指定される資格は配偶者や長男に限られ

ないわけであるから，事実上にせよ配偶者や長男以外の者を公的墓地から締め出すことのないようにすべきであるのはいうまでもない。

この点に関して，二宮・前掲は，実際上葬儀の際に，生存配偶者又は長男が「喪主」となる実情もあり，これをもって家制度の残滓とまでいえないが，生存配偶者が「喪主」「祭祀主宰者」となることが可能となったこと自体，家制度から脱却した新しい家族像への確実な変化があったことを物語るとしている。確かに，ある団体が戦後の新聞紙上で著名人の死亡記事をつぶさに調査したところ，戦後の当初の頃は長男が喪主となるのが圧倒的に多かったが，しばらくして配偶者が喪主となる事例が逆転したということである。最近では配偶者が喪主となる場合（実質的祭祀主宰者が他にいるときでも形式的にせよ）が圧倒的に多いようであり，今後ますますこの傾向は続くであろう。

2 祭祀承継者指定事件

（本書末尾の「祭祀承継者指定事件一覧表」（303頁以下）を参照されたい。）

(1) 祭祀承継者指定の順位と判断基準・人数

民法897条は，祭祀承継者が決まる順位として，第一に被相続人の指定，第二に慣習，第三に家庭裁判所の審判という3段階に定めている。ただし，その規定ぶりは極めて複雑である。条文上，その1項でまず「慣習に従って祖先の祭祀を主宰すべき者が承継する」と定める。そして，ただし書で「ただし，被相続人の指定に従って祖先の祭祀を主宰すべき者があるときは，その者が承継する。」と規定している。そうすると，慣習よりも被相続人の意思が優先する。ということは，被相続人は，慣習にとらわれることなく，その慣習の内容に反してでも祭祀承継者をその自由意思で決められることになる。そして最後に，第1順位の被相続人の指定，あるいは第2順位の祭祀承継者決定の慣習がないときに初めて，家庭裁判所の審判で決めるべきことになる。家庭裁判所は，被相続人の指定や慣習が存在しない限り（存在した場合にはそれに抵触しない内容で），自由に裁量権を行使して祭祀承継者を指定することができる。

それでは，審判では，どのような判断基準で祭祀承継者を指定すべきか。この点については指導的な役割を果たした東京高決平成18・4・19［裁判

例133〕があり,「承継候補者と被相続人との間の身分関係や事実上の生活関係,承継候補者と祭具等との間の場所的関係,祭具等の取得の目的や管理等の経緯,承継候補者の祭祀主宰の意思や能力,その他一切の事情（例えば利害関係人全員の生活状況及び意見等）を総合して判断すべきであるが,祖先の祭祀は今日もはや義務ではなく,死者に対する慕情,愛情,感謝の気持ちといった心情により行われるものであるから,被相続人と密接な生活関係・親和関係にあって,被相続人に対し上記のような心情を最も強く持ち,他方,被相続人からみれば,同人が生存していたのであれば,おそらく指定したであろう者をその承継者と定めるのが相当である」とした。被相続人との親密な生活関係がポイントだとするこの説示にはかなり説得力があり,多くの学説が同調している。

祭祀承継者の人数に関しては,1人が原則であるにしても特別の事情があれば複数指定が可能であることは,例えば東京家審昭和42・10・12〔**裁判例51**〕,仙台家審昭和54・12・25〔**裁判例96**〕,東京高決平成6・8・19〔**裁判例124**〕,奈良家審平成13・6・14〔**裁判例129**〕などのほかに,前妻側の相続人と後妻側の相続人に分けた東京家審昭和49・2・26〔**裁判例79**〕等がある。前記判断基準によれば,被相続人との生活関係等の親密性が重要な判断基準となり,そうだとすれば複数の関係者が存在することは通常の状態である以上,複数指定は必然的であろう。

祭祀承継者の人数や資格に関しては,以上のほか,総論**第3,7**（43頁以下）を参照されたい。

(2) **祭祀承継制度に関する憲法・民法等の法規制**

そうすると,以上のような判断基準に従うとしても,その内容には相当な幅がある。被相続人による指定に一定の制限はないか,慣習の内容に有効無効の一定の制限はないか,家庭裁判所の判断内容についてはどうか,祭祀承継者に課せられる法的義務があるのか。以上のような諸問題を説くキーポイントとして,戦後制定された新憲法及び新民法等には,以下のような関連規定があるので,これらによってこれらの問題が解釈されるべきである。

憲法13条〔個人の尊重と公共の福祉〕

「すべて国民は,個人として尊重される。生命,自由及び幸福追求に

対する国民の権利については，公共の福祉に反しない限り，立法その他の国政の上で，最大の尊重を必要とする。」

憲法14条1項〔平等原則〕

「すべて国民は，法の下に平等であつて，人種，信条，性別，社会的身分又は門地により，政治的，経済的又は社会的関係において，差別されない。」

憲法20条〔信教の自由〕

1項「信教の自由は，何人に対してもこれを保障する。いかなる宗教団体も，国から特権を受け，又は政治上の権力を行使してはならない。」

2項「何人も，宗教上の行為，祝典，儀式又は行事に参加することを強制されない。」

3項「国及びその機関は，宗教教育その他いかなる宗教的活動もしてはならない。」

憲法24条〔家族関係における個人の尊厳と両性の平等〕

1項「婚姻は，両性の合意のみに基いて成立し，夫婦が同等の権利を有することを基本として，相互の協力により，維持されなければならない。」

2項「配偶者の選択，財産権，相続，住居の選定，離婚並びに婚姻及び家族に関するその他の事項に関しては，法律は，個人の尊厳と両性の本質的平等に立脚して，制定されなければならない。」

憲法89条〔公の財産の用途制限〕

「公金その他の公の財産は，宗教上の組織若しくは団体の使用，便益若しくは維持のため，又は公の支配に属しない慈善，教育若しくは博愛の事業に対し，これを支出し，又はその利用に供してはならない。」

法の適用に関する通則法3条（法律と同一の効力を有する慣習）

「公の秩序又は善良の風俗に反しない慣習は，法令の規定により認められたもの又は法令に規定されていない事項に関するものに限り，法律と同一の効力を有する。」

民法90条（公序良俗）

「公の秩序又は善良の風俗に反する事項を目的とする法律行為は，無

効とする。」

民法 92 条（任意規定と異なる慣習）

「法令中の公の秩序に関しない規定と異なる慣習がある場合において，法律行為の当事者がその慣習による意思を有しているものと認められるときは，その慣習に従う。」

このような憲法上の信教の自由や個人の尊厳などという視点からみれば，たとえ祭祀承継者と指定されたとしても，祭祀財産の管理や祭祀を営む法的義務を課しこれを強制することができないことはみやすい道理である（東京高決昭和 28・9・4 [**裁判例 13**]，宇都宮家栃木支審昭和 43・8・1 [**裁判例 57**] など）。

(3) **祭祀承継者指定における慣習の役割**

祭祀承継者指定における第 2 順位の慣習の機能のあり方に関しては，総論の**第 4，3**（48 頁以下）で検討したほかに，以下の諸点に留意すべきである。

以上の憲法以下の法体系の規制を総合的に解釈すると，民法 897 条 1 項本文に定める慣習があるときには，憲法の前記人権保障規定に違反せず，かつ民法上の公序良俗に反しないものであれば，全て法律としての効力が認められることになる。そうすると，戦前の家督相続・長子単独相続は憲法の前記人権保障規定あるいは民法上の公序良俗に反するものといえるか，が問題となる。確かに，戦前の家督相続や長子単独相続を法的に強制することは，憲法 14 条 1 項の法の下の平等に反すると解することができよう。しかし，当事者や関係者全員がそのような形式的不平等でもよいとして，あえて長子単独相続あるいは長子単独承継をよしとする以上は，決して法の下の平等原則に反しないのではあるまいか。慣習は法の強制ではないから，少なくとも戦後長期間慣行が継続し慣習化したときには，その慣行を慣習として認定判断し，長子単独承継の慣習の法的効力を認めてもよいのではあるまいか。

そうすると，大阪高決昭和 24・10・29 [**裁判例 10**] が，戦前と前後の慣習の断絶を強調し，戦後の新憲法・新民法下で，家制度の廃止と個人の尊厳に反する戸主中心主義の慣習があったとしても，それを慣習としての効力を認めなかったのは，確かに戦前の当事者や関係者が任意に従うべきものだったのではなく，明治民法の強制であるから，それ自体は正当な解釈だと思う。

しかし，戦後新民法下では諸子均分相続を原則とする法制に改めたが，それでも当事者や関係者が任意にその意思で自由に長子単独承継の慣行が長年月続いたのであれば，それはそれで法的効力のある慣習と認めてよいのではあるまいか。

また東京高判昭和62・10・8［**裁判例115**］は，配偶者の遺体・遺骨の祭祀承継という遺骨の所有権の帰属に関するものであるが，死亡配偶者の祭祀を生存配偶者が原始的に取得することは，民法の法意及び我が国の近時の慣習に照らし，法的にも承認されるべきものとしているのは，最近の喪主がほとんど配偶者で占められている事実からしても支持されるであろう。さらに，福岡家柳川支審昭和50・7・30［**裁判例83**］が，最も血縁の近いものが祭祀を承継するという本籍地の慣習があることを説示していることも，正当であろう。諸子均分相続がかなり一般化した最近でも，祭祀承継だけは長子単独承継あるいは配偶者単独承継の観念がかなりしぶとく残っているようであるが，裁判所は，そのような慣行ないし慣習の存在を認定するのにはかなり慎重のようである。未公開・判例集未登載の審判例には，そのような慣行を認めたものもないわけではないようであるが，あまり公開したくないというのが本音のようである。なお，特殊な事例ではあるが，沖縄の兄の跡を弟が継ぐことを忌み嫌う「チョーデー・カサバイ」という慣習があり，戸籍上の長男が祭祀承継者となる慣習があったと認定判断されたものもある（那覇地判昭和59・6・19［**裁判例104**］）。

(4) 当事者等の合意・協議による決定の重要性

この点に関しては，総論**第4，4**，(1)(49頁以下)のほかに，以下の諸点について留意されるべきである。

東京高判昭和59・12・21［**裁判例107**］は相続人全員一致の合意の有効性を認めたのに続いて東京地判昭和62・4・22［**裁判例113**］は，祭祀承継者の指定に関する民法897条の規定は，祖先の祭祀承継については，共同相続とは異なった伝統的な習俗が存在していることを尊重し，祭祀財産を一般の相続財産から除外するとともに，その承継をめぐって生起する紛争解決法の最終的な保障として認められたものであって，関係当事者の合意によってその承継者を定めることを排除する趣旨とは解されないとして，協議によ

る解決に正当な位置づけを与えている。祭祀承継者指定の手続は，既に何度も見てきたように，①被相続人の指定，②慣習，③裁判所の指定の順位によるが，このうち最後の裁判所の調停・審判による指定の前段階あるいはそれらの手続の当然の前提として，当事者の合意＝協議による指定が可能であり，この裁判例はこのことを指摘しているのである。

そもそも祭祀承継者指定の審判を家事事件手続法別表第二類型（家事審判法乙類審判）に分類したこと自体，祭祀承継者指定は当事者の協議による任意処分が可能な事項であることを指示しているのである。ここでは順位として，この当事者による協議による祭祀承継者指定は，第3順位の段階の中に位置づけてはいるが，実際にはそうではなく，当事者等の協議による指定は，第1順位の被相続人による指定や，第2順位による慣習の存在による指定にも，事実上優先するというのが実態である。実際にも，祭祀承継者は当事者等の話合い＝合意＝協議によって決められていくのである。被相続人による指定があろうと，慣習の存在があろうと，全当事者・関係者がそれとは異なる内容の協議をして祭祀承継者を定めることは否定されていない。ちょうど遺産分割で，遺言があろうと被相続人の意向が明確であろうと，相続人等が全員の協議でそれとは異なる内容の遺産分割をすることが可能なのと同様である。その場合，被相続人の指定あるいは慣習や遺言等に従って一旦は祭祀承継者や遺産分割が決まったが，それを再協議したものであると説明するか，それとも最初からそのような協議ができると説明するかは，説明の仕方や論理構成の違いがあるだけで，結果としてそのような指定や分割があるということに関しては，何ら違いがないのである。

(5) **祭祀承継と遺産分割との関係**

遺産分割は民法907条等・家事事件手続法別表第二（家事審判法乙類審判）12項の審判事項であり，同別表第二11項の祭祀承継とは全く別の審判事項（審判物）であり，それぞれ別個に実体的要件・手続的要件が具備されなければならない。もちろん，同じ別表第二事件に属するものとして両事件を併合して審理判断することはできるが（家事法35条1項），それは両事件が既に裁判所に係属していることが前提となる。

この点，大分家審昭和50・7・18［**裁判例82**］は，墳墓・墓地を含む遺

産分割の申立事件において，遺産の一部については祭祀承継者指定の申立てがあったものと解して，その承継者を定めたものである。非訟事件としての性質を有する家事審判手続においても，職権審判開始事件たる極めて例外的な場合を除き，いわゆる不告不理の原則は当然に妥当するので，このように申立てがなくても申立てを擬制して審判せざるを得ないであろうが，平成25年以降の家事事件手続法の下では，このような当事者に対する不意打ち的手続進行は極力避けなければならない（金子修『一問一答　家事事件手続法』（商事法務，2012）27頁以下）。運用としては，審判をする前に事前に申立人に釈明権を行使して，別途祭祀承継者指定の審判の申立てを促し，それに対する相手方の意見を聴取すべきであったと思われる。新法下では，きちんと併合処理をすべきである。

　なお，横浜家審平成6・7・27［**裁判例123**］は，遺産の一部である一筆の土地に含まれる墓地について，被相続人が祭祀財産の承継者を指定しておらず，相続人全員の間で本件遺産分割において一括解決し，相続人の一部の者が共有することについての合意があるという事情の下では，墓地部分を含めて遺産分割手続で一括処理することが許されるとした。相続人以外に祭祀承継について権利を主張する者がいないという事情を見定めた上であれば，一つの解決方法として許容範囲内かもしれない。ともかく，非遺産を取り込んだ分割なわけだから慎重に取り扱うべきであり，本来ならば墓地部分については別途祭祀承継者指定の申立てを待って，併合処理してから同様の審判をすべきだったろう。

　なお，広島高決昭和40・10・20［**裁判例39**］は，遺産分割・祭祀承継者指定申立事件の併合事件において，相続人間で共有を欲しないのに共有による分割方法を定めることは違法であり，同時にした祭祀承継審判も違法であるとして，両事件を原審に差し戻したものである。この結論は，本件の特殊性によるのだろうが，一般的にいえば両事件は関連があるとはいえ別事件であるから，一方が違法であるからといって，他方も違法となるわけではなく，祭祀承継事件だけを分離して（家事法35条1項），審判をするのも可能である。

　この点に関しては，総論**第3，4**（36頁以下）を参照されたい。

3 氏変更・子の氏変更事件

戸籍法107条1項は「やむを得ない事由によつて氏を変更しようとするときは，戸籍の筆頭に記載した者及びその配偶者は，家庭裁判所の許可を得て，その旨を届け出なければならない。」と規定する。家事事件手続法別表第一(家事審判法甲類審判)122項事件である。

どのような事由がある場合に「やむを得ない事由」があるかに関する代表的な高裁判例によれば，本条にいう「やむを得ない事由」とは，現在の氏の継続を強制することが社会観念上甚だしく不当と認められる場合をいい，単に氏を変更する方が便利であるとか，現在の氏を称することが心理的・主観的に好ましいとか，そのほか現在の氏を称することにより多少の不便，不都合があるというに過ぎない場合はこれに含まれないと解するのを相当とする，と判示した（東京高決昭和34・1・12東高民10巻1号1頁）。これはその後の氏変更審判等に大きな影響を与えた。

また民法791条1項は「子が父又は母と氏を異にする場合には，子は，家庭裁判所の許可を得て，戸籍法の定めるところにより届け出ることによって，その父又は母の氏を称することができる。」と規定する。家事事件手続法別表第一(家事審判法甲類審判)60項事件である。

そうすると，祭祀承継等（家名存続等）を理由とする氏変更や子の氏変更が正当事由に該当するかの問題がある。氏変更は戸籍法上の制度でいわゆる呼称上の氏の変更の性質を有し，子の氏変更は実体法としての民法に規定する民法上の氏の変更であるという性質上の違いはあるが，ここでの問題に関しては双方に違いはないので，一括して検討する。

この点は，大阪高決昭和24・10・29［裁判例10］が，明治民法下と新民法下の慣習の断絶を明言するとともに，民法769条等の規定する身分関係の変動に伴う祭祀承継との絡みで，祭祀承継と氏との関連を否定したのをはじめとして，祭祀承継や家名存続等を理由とする氏変更等を認めない裁判例が多く出現した。例えば，大阪高決昭和24・12・15［裁判例11］，長野家上田支審昭和29・12・6［裁判例14］，長野家審昭和41・4・20［裁判例43］，東京家審昭和41・9・19［裁判例46］，京都家園部支審昭和44・3・31［裁判例61］，仙台高決昭和46・12・15［裁判例71］，静岡家富士

支審昭和50・9・2［裁判例84］、東京高決昭和59・5・30［裁判例102］、佐賀家審昭和61・6・3［裁判例112］などである。

これに対し、祭祀承継のための氏変更・子の氏変更も許されるとする積極説も少数ながら有力な裁判例として存在する。神戸家審昭和36・2・21［裁判例20］は、父方祖先の祭祀を主宰するため死亡した父への氏の変更を許可した審判の理由中で、新民法における氏の本質が単なる個人の呼称に過ぎないとする消極説を批判し、新民法も完全な個人制度化したものではなく、夫婦の扶助的生活共同体と未成熟子と親との保育的生活共同体を基本単位とする小家族の段階に止まっているとし、立法は所詮妥協であり、家の名を残したいという国民感情を全面的に阻止するような法律を作ってみたところで、国民感情は容易に窒息するものではないと説く。その論旨の展開は国民感情等をも視野に入れた説得力あるもので、支持できる。氏が単なる個人の呼称ではないとする点は、今日家族法学者の多数説を形成していると憶測する。いずれにせよ、この審判例の影響を受けてか、その後積極説に立つ審判例が続いている（広島高決昭和39・8・17［裁判例36］、和歌山家審昭和41・9・2［裁判例45］、徳島家審昭和45・2・10［裁判例66］など）。今後は積極説が多数を占めてくるものと考えられる。

なお、これらの点に関しては、総論**第3、2**（31頁以下）及び各論**第2、4**（275頁以下）を参照されたい。

4　特別縁故者相続財産分与事件

民法958条の3は、相続人不存在の清算手続で権利を主張する者がいない場合の失権効を定める民法958条の2の規定を受けて、その1項で「前条の場合において、相当と認めるときは、家庭裁判所は、被相続人と生計を同じくしていた者、被相続人の療養看護に努めた者その他被相続人と特別の縁故があった者の請求によって、これらの者に、清算後残存すべき相続財産の全部又は一部を与えることができる。」と定め、その2項で「前項の請求は、第958条の期間の満了後3箇月以内にしなければならない。」と規定する。

この規定は、戦後しばらく経た昭和37（1962）年になって同年法律40号の民法改正によって新設されたもので、内縁の夫婦など被相続人と特に縁故

第3　各事件における問題点とその方向性　*297*

のあった被相続人に対して，裁判所の裁量で相続財産を分与する制度である。相続財産分与事件とか，相続財産処分事件という（本書では原則として前者に統一する）。

　ここで問題となるのが，この規定の文言上は被相続人が死亡する以前の縁故関係の存在を前提としているようにも読めないではないため，生前縁故のほか，過去の縁故あるいは被相続人死亡後の縁故（死後縁故）も含まれるかという点である。特に，被相続人の死後になってはじめて，被相続人の葬儀やその後の祭祀あるいは墓地の管理等を行ったに過ぎない縁故者も含まれるかがかなり問題とされた。しかし，この問題は裁判例では，死後縁故だけでも特別縁故者として相続財産を分与して構わないとする積極説が多数を占めるに至った。例えば，積極説に立つものとしては（ここに挙げる裁判例には，生前にも縁故があった場合も含む），横浜家審昭和37・10・29［裁判例23］，横浜家審昭和38・1・16［裁判例25］，長野家伊那支審昭和38・7・20［裁判例30］，東京家審昭和38・10・7［裁判例31］，鹿児島家審昭和38・11・2［裁判例32］，大阪家審昭和39・3・28［裁判例34］，東京家審昭和40・8・12［裁判例38］，長崎家審昭和41・4・8［裁判例41］，広島家尾道支審昭和41・12・23［裁判例48］，熊本家天草支審昭和42・8・11［裁判例50］，大阪家審昭和42・11・21［裁判例53］，福島家郡山支審昭和43・2・26［裁判例55］，大阪家堺支審昭和43・3・17［裁判例56］，大阪高決昭和44・12・24［裁判例64］，大阪高決昭和45・6・17［裁判例67］，福島家審昭和46・3・18［裁判例69］，熊本家審昭和47・10・27［裁判例72］，名古屋高決昭和48・1・17［裁判例73］，広島家審昭和48・2・23［裁判例74］，名古屋家審昭和48・2・24［裁判例75］，福岡家行橋支審昭和48・4・9［裁判例76］，松江家審昭和51・11・2［裁判例88］，大阪家審昭和54・4・10［裁判例93］，岡山家備前出審昭和55・1・29［裁判例97］，大阪高決平成4・3・19［裁判例119］，大阪高決平成4・6・5［裁判例120］，高松家審平成4・7・15［裁判例121］などがある。これに対し，消極説に立つのは大阪家審昭和39・7・22［裁判例35］，松山家審昭和41・5・30［裁判例44］，鹿児島家審昭和45・1・20［裁判例65］，東京高決昭和51・7・8［裁判例86］，宮崎家審昭和51・

8・2［裁判例87］，横浜家小田原支審昭和55・12・26［裁判例99］など を数えるに過ぎない。積極説を支持すべきであることは，もはや多言を要し ない。死んでからは何もしないというような縁故者に相続財産を分与する必 要はなく，逆に死後の縁故こそ被相続人にとって大事なことがある場合があ り，このような縁故者を大事にしたい。国庫に帰属させる前に相続財産を分 与すべきである。

5 その他の事件

福岡家小倉支審昭和43・12・23［裁判例59］，東京高決昭和51・4・12 ［裁判例85］は，祖先の祭祀や家名の存続を目的とする未成年者養子縁組は 許可できないとして許可申立てを却下したものであるが，問題である。我妻 栄教授はかつてその名著『親族法』（有斐閣，1961）273頁で，子の利益にな るという実質がある限り，家名・家業・祭祀の承継者を得ることを望んでい る場合にも不許可にすべきではなく，端的にいえば，家庭裁判所としては養 子となる者の現在及び将来の生活の妨げとなる場合を阻止する機能を果たし 得れば十分というべきだとする。そのとおりだと思う。

大阪地判昭和44・9・17［裁判例63］，最判昭和46・10・22［裁判例 70］は，著名な判例であり，異論はあるまい。自己の財産を相続させ，併 せて死後の供養を託するというのも，成年養子の一つの機能であろう。最判 昭和60・12・20［裁判例109］の離縁判決はやむをえないであろう。

最判昭和37・12・25［裁判例24］は，家屋賃借人の事実上の養子として 賃借人の死後も賃借家屋に居住し，祖先の祭祀も行っていた者である場合は， その者は家屋賃借人の賃借権を援用して，賃貸人に対抗できるとしたもので， 異論あるまい。なお，平成3年法律90号借地借家法35条に建物賃借人の保 護規定が新設された。

宇都宮家栃木支審昭和43・8・1［裁判例57］，東京高決昭和44・2・ 26［裁判例60］は，祭祀主宰者の指定は負担付遺贈にあたらないとして遺 言取消しを認めなかったもの，大阪高決昭和49・6・6［裁判例80］は遺 言執行者選任申立て却下を相当としたもので，いずれも祭祀主宰者の指定に 絡むが異論はあるまい。

| 第4 | 祭祀承継制度の将来的課題 |

　二宮周平教授は，先に引用した「葬送の多様化と民法897条の現代的意義～沿革と立法のあり方を問う」(戸籍時報698号(2013)2頁以下)において，祭祀承継制度についての裁判例に触れて，「判例による家制度的要素の否定」として，家制度的な慣習の否定と，祭祀承継の判断基準が東京高決平成18・4・19［**裁判例133**］の東京高裁決定に集約される承継者決定の判断基準が，総合判断としつつも，祭祀を祖先という縦の連続性で捉えるのではなく，故人に対する敬慕という心情で捉えており，祖先の祭祀と被相続人個人の祭祀を区別し，民法897条を専ら後者の意味で捉えようとする傾向が明確になっているという。そしてその結果，相続人であること，親族であること，氏が同一であること等は重視されず，祭祀承継を複数の者が分けて承継してもよいことになり，他方，祭祀承継者に定められても祭祀を営む法的義務はないとされ，そのため遺産分割において家庭裁判所が，祭祀財産を承継した相続人により多くの相続財産を取得させることは否定され，祭祀財産を承継した相続人にはいかなる特権も否定されるとする。

　しかし，前記のうち「そしてその結果」からの一文は，前者のような「個人の祭祀」的な解釈を前提にしなくても，「祖先の祭祀」とする解釈でも十分可能であり，それまでの判例が被相続人個人の祭祀として捉えようとする傾向が明確になっているとする点は，そこまで読み込むのには，やはり相当に無理がある。祭祀承継は，現行法上は，あくまで「祖先の祭祀」の制度であるから被相続人の指定や慣習が機能する場面を否定していないのである。被相続人個人の祭祀だった場合，個人が死亡し各個人の相続が開始するごとに，その個人ごとの祭祀承継者を決めるようなことは，およそ民法は想定していない。あくまでそれまで祖先の祭祀を承継してきた者の承継者を決めるのが祭祀承継制度の趣旨である。民法の規定上は，人が死んでも系譜・祭具・墳墓を持たない者には祭祀承継を想定していない。しかも，二宮周平教授は具体的な立法のあり方までは踏み込んでいないが，祭祀承継制度にそこまで個人主義を徹底させることには，それこそ躊躇を覚える。祭祀承継制度

は，家族集団・親族集団あるいは地域集団における社会的制度であり，決して個人の権利義務に分解・分散できるものではない。現行の民法897条や，本書で取り上げた関連する諸制度について，今立法的に民法相続編等を個人主義を徹底して再編成しなければ国民・市民・住民の権利や利益の保護に支障を来すことになるかといえば，現在までのところそのような事情にあるとは思えない。

　しかしである。人の死亡と葬送ひいては墓地あるいは祭祀承継の問題は困難な問題をはらんでいることは確かである。最近の事情として，最近の女性の中には，夫とはこれまでそんなに複雑な問題を起こしたわけではないが，夫と一緒にいるのは生きている間だけで十分だ，死んでからまで一緒の墓に入るなんてまっぴらごめんだ，まして夫の先祖の墓に入るなんて考えただけでも寒気がするというのである。このような心境を漏らす女性は意外と多いという。そして，親しい友人と一緒に入る墓まで予約して，それが可能な方策を検討しているというのである。私も弁護士としてそのような相談を受けた。もう真剣そのものである。死とは現在の生そのものである。また，戦前の経験を持つ高齢者の中には，昔はよかった，とにかく長子が家を守ってくれていて，次子以降が都会の生活に疲れれば帰ってくる家があった。親も頼れる子がいるから安心して老後が過ごせる。今のように親の扶養は全員一緒にということでは，それは誰も責任を持たないシステムだということはどうして気が付かないのだろうか。諸子均分相続というのは，もらえるものはもらうけれども，義務や責任は別だともいっているのと同じではないか。人間の問題というのは決して理屈通りにはいかないのである。法制度，特に家族法制度はそのような側面をしっかりと捉えて過不足のない内容のものにしていく必要があるが，現行家族法はそれなりに良くできており，後は運用の問題として処理できるものがほとんどであるように思われる。

　柳田國男に『先祖の話』という名著がある。筑摩書房から1997年に刊行された柳田國男全集15巻に載っているが，その17頁で相続制について「日本に家族制度では，過去の三百年以上の久しきに亘って，（中略），家の根幹を太く逞しくしようとする長子相続法と，どの子も幸福にしてやりたいといふ分割相続法と，二つの主義が相闘ひ又妥協し続けて居た。さうして其結果

が今日の海外進展になるまで，譬へようも無い程の大きな歴史を作り上げて居るのである。先祖の悩み苦しみは，我民族に在っては特殊に深く又切であった。」と述べている。その先祖の悩みや苦労は男性も女性もそうだったろう。また，宮本常一に『家郷の訓』という名著がある。未来社から1967年に刊行された宮本常一著作集6巻に載っているが，その61頁以下で宮本は，自分の母親から家を嗣ぐ者としての教育を受けたことを感謝した後，「ただ親を讃えるだけでは親の意志は嗣ぎ得ないことを知るとともに，他家より入ってその家を自らの死に場所と定めてこれほどまでにその家の人となりきって行く女の努力の姿を美しいもの思う。」と述べている。

　先ほどの夫の墓にも夫の家の墓にも入りたくないという女性とは，やはりどこか違う。このような昔の女性になれと言っているのではない。そんなことは不可能であるし，妥当でもない。ただ，実際問題として現在の女性の多くが先ほどのような考えだとすると，二宮周平教授の個人主義の徹底化も現実味を帯びてくるのだが，それでよいのだろうかという杞憂だけなのである。柳田國男もいうように，長子単独相続と諸子分割相続の相克の中で，日本の法制度運用の実際は，時代時代の要請に基づく法制度を持つと同時に，実際の慣行や慣習では必ずしも法制度一点張りではなく，ほどほどの妥協の産物ではなかったのだろうか。それほどに慣行や慣習の熟成には時と経験を必要とするのである。祭祀承継の実際をみてみても，決して個人主義化してしまっているのではなく，それぞれの地域に応じた慣行があちこちで芽生え始めているように感じられる。私は，北は北海道から南は沖縄まで，しかも四国・九州と全国をまたにかけて勤務し歩いてきた経験からいえることは，日本は広くかつ地域性が豊かで多様性があるということである。その中でもやはり私の出身地愛知県を境にして南西と北東には際立った特色の違いが見られるということである（網野善彦『東と西の語る日本の歴史』（講談社，1998），赤坂憲雄『東西／南北考：いくつもの日本へ』（岩波書店，2000）など参照）。そして，ごく短期間の観光旅行という形ではあったが，主要な外国を歩いてみて感じたことは，日本文化の質の高さと国民性の幅の広さということである。そして，内田樹＝中沢新一『日本の文脈』（角川書店，2012）の「まえがき」で述べる以下の言葉と同じ感想を抱く。すなわち，これまで「『内向きである』とか

『非効率的である』とか『国際的でない』とか『ガラパコス的である』とか，さかんにネガティブなことを言われて批判されているいわゆる『日本的なもの』を，広く深い人類的な視点から見直してみると，むしろこっちのほうが人類的には普遍性を持っていて，その反対の価値観，つまり『効率性第一』とか『利己的個人主義』とか『障壁なき国際性』とか『今日のアングロサクソン型グローバル資本主義』とかを支えている考え方のほうが，ずっと特殊的にひねこびていて，人類的な普遍性を持たない考え方なのだ，ということで，二人の考えは全く一致している。」とする指摘に，私も同調する。

　このことを本書の課題である祭祀承継等に引き直してみれば，祭祀承継についてこれまで完全に否定されてきた長子単独制度や家督制度についても，今一度どこがどういう理由で問題なのかを根本的に検討し直してみることが必要なのではないか，と思う。単独承継が本当に全てにわたって否定されなければならないのかについても，単に封建的だとか，因襲的であるとか，古風であるとか，言うだけでなくて具体的に理由を述べる必要があるのに，なぜか当然視している。しかし，その具体的理由が少しも聞こえてこないのは残念である。葬祭・墓地・祭祀承継等のあり方の問題は，深く「人間はいかに生きるべきか」という問題と直結する。ここらあたりで，世界に通用する深い洞察に基づく具体的提案を，お互いにぶつけ合ってみてはどうだろうか。私は，祭祀承継にしても相続にしても，昔の長子単独承継の制度に戻れと言っているのではない。そんなことは不可能であるし，妥当でもない。ただ，今後の立法課題あるいは解釈課題として，それと諸子均分相続との実際的機能等に関する比較検討を，法学的検討に加えて，社会学的に民俗学的に文人類学的に宗教学的にその他関連諸科学的に，そして何よりも哲学的・倫理学的に，詳細に行う時期に来ているのではないかと言っているだけなのである。

祭祀承継者指定事件一覧表

祭祀承継者指定事件一覧表の見方

　冒頭の○内の数字は，本書登載の祭祀承継者指定の全事件39件を年代順に並べたものの番号です。

　「裁判年月日」は一審家裁の審判日，抗告審高裁の決定日です。「出典」は掲載文献で，各略語例は冒頭の凡例中の［判例集略語］の通りです。

　「事件名」は必ずしも出典通りではなく，原則として祭祀承継者指定事件に統一しています。他の事件との併合事件もあります。「（争点）」は当該事件で主として争われたテーマ，著者が争点と考えた事項です。

　「祭祀財産の種類」は，当該事件で承継の対象とされた祭祀財産の種類です。

　「承継者の地位・資格」は，親族・同氏・相続人・第三者等です。同氏とは承継者が被承継者と同氏であることを要するか否かの問題です。

　「承継者と相手方の数」は，当該事件の当事者の数です。複数の承継者かどうかが分かります。

　「被相続人の指定・慣習」の有無は，第1順位の被相続人の指定，第2順位の慣習の有無です。ないことを明言しているものを「無」，不明としているものは「不明」としました。また，その有無や不明か否か言及していないものは「言及なし」としました。

　「裁判所の指定か協議か」は，当事者間の協議で決められたものを確認したものか，協議がなく裁判所が創設的に決定したものかの区別です。

①裁判年月日・出典	（裁判例10）大阪高決昭和24・10・29家月2巻2号15頁
事件名（争点）	祭祀承継者指定事件（指定の有無及び慣習の有無）
祭祀財産の種類 （系譜・祭具・墳墓・遺骨）	言及なし
承継者の地位・資格 （親族・同氏・相続人・第三者等）	事実婚配偶者

承継者の数	1人
相手方の数	1人
被相続人の指定・慣習の有無	指定無・慣習無
裁判所の指定か協議か	指定
②裁判年月日・出典	(裁判例22) 名古屋高決昭和37・4・10家月14巻11号111頁
事件名（争点）	祭祀承継者指定申立事件（系譜，祭具及び墳墓の承継）
祭祀財産の種類（系譜・祭具・墳墓・遺骨）	系譜・祭具・墳墓
承継者の地位・資格（親族・同氏・相続人・第三者等）	相続人（次女）
承継者の数	1人
相手方の数	2人
被相続人の指定・慣習の有無	言及なし
裁判所の指定か協議か	指定
③裁判年月日・出典	(裁判例29) 東京家審昭和38・7・16家月15巻10号143頁
事件名（争点）	祭祀承継者指定事件（墳墓所有）
祭祀財産の種類（系譜・祭具・墳墓・遺骨）	墳墓・墓地
承継者の地位・資格（親族・同氏・相続人・第三者等）	親族あるいは姻族
承継者の数	1人
相手方の数	無
被相続人の指定・慣習の有無	指定言及なし・慣習不明
裁判所の指定か協議か	指定
④裁判年月日・出典	(裁判例39) 広島高決昭和40・10・20家月18巻4号69頁
事件名（争点）	遺産分割事件・祭祀承継事件（祭祀承継者指定審判の当否）
祭祀財産の種類（系譜・祭具・墳墓・遺骨）	言及なし
承継者の地位・資格（親族・同氏・相続人・第三者等）	言及なし（取消差戻）
承継者の数	無
相手方の数	1人
被相続人の指定・慣習の有無	言及なし
裁判所の指定か協議か	言及なし（取消差戻）
⑤裁判年月日・出典	(裁判例40) 大阪家審昭和40・11・4家月18巻4号104頁
事件名（争点）	遺産分割事件・祭祀承継者指定事件（祭祀承継者指定）
祭祀財産の種類（系譜・祭具・墳墓・遺骨）	位牌・仏壇・墳墓

承継者の地位・資格 （親族・同氏・相続人・第三者等）	相続人
承継者の数 相手方の数	1人（相手方） 1人（申立人は2人）
被相続人の指定・慣習の有無	指定無・慣習不明
裁判所の指定か協議か	指定
⑥裁判年月日・出典	（裁判例51）東京家審昭和42・10・12家月20巻6号55頁
事件名（争点）	祭祀承継者指定事件（所有権移転登記請求の可否・祭祀財産分散承継の可否）
祭祀財産の種類 （系譜・祭具・墳墓・遺骨）	墓地・墳墓地・系譜・祭具
承継者の地位・資格 （親族・同氏・相続人・第三者等）	相続人
承継者の数 相手方の数	2人 無（参加人18人）
被相続人の指定・慣習の有無	指定無・慣習不明
裁判所の指定か協議か	指定
⑦裁判年月日・出典	（裁判例52）鳥取家審昭和42・10・31家月20巻5号129頁
事件名（争点）	祭祀承継者指定事件（祭祀財産の引渡し）
祭祀財産の種類 （系譜・祭具・墳墓・遺骨）	系譜・位牌・木魚・鐘・墳墓・墓地
承継者の地位・資格 （親族・同氏・相続人・第三者等）	相続人（訴外・被相続人配偶者）
承継者の数 相手方の数	1人 無
被相続人の指定・慣習の有無	指定無・慣習不明
裁判所の指定か協議か	指定
⑧裁判年月日・出典	（裁判例68）東京家審昭和46・3・8家月24巻1号55頁
事件名（争点）	祭祀承継者指定事件（墓地使用許可証引渡し及び同書名義書換え）
祭祀財産の種類 （系譜・祭具・墳墓・遺骨）	墓地使用権・墓石・仏壇（位牌含む）
承継者の地位・資格 （親族・同氏・相続人・第三者等）	相続人
承継者の数 相手方の数	1人 1人
被相続人の指定・慣習の有無	指定無・慣習無
裁判所の指定か協議か	指定
⑨裁判年月日・出典	（裁判例78）福岡家柳川支審昭和48・10・11家月26巻5号97頁
事件名（争点）	祭祀承継者指定事件（墓地共有持分移転）
祭祀財産の種類 （系譜・祭具・墳墓・遺骨）	墓地（の共有持分）

承継者の地位・資格 （親族・同氏・相続人・第三者等）	第三者
承継者の数 相手方の数	1人 1人
被相続人の指定・慣習の有無	指定無・慣習無
裁判所の指定か協議か	指定
⑩裁判年月日・出典	（裁判例79）東京家審昭和49・2・26家月26巻12号66頁
事件名（争点）	祭祀承継者指定事件（墓地使用権の承継）
祭祀財産の種類 （系譜・祭具・墳墓・遺骨）	墓地使用権（2箇所）
承継者の地位・資格 （親族・同氏・相続人・第三者等）	相続人
承継者の数 相手方の数	2人 無
被相続人の指定・慣習の有無	指定無・慣習不明
裁判所の指定か協議か	指定
⑪裁判年月日・出典	（裁判例82）大分家審昭和50・7・18家月28・6・74
事件名（争点）	遺産分割事件，祭祀承継者指定事件（遺産分割）
祭祀財産の種類 （系譜・祭具・墳墓・遺骨）	墓地
承継者の地位・資格 （親族・同氏・相続人・第三者等）	親族
承継者の数 相手方の数	1人（参加人） 6人
被相続人の指定・慣習の有無	言及なし
裁判所の指定か協議か	指定
⑫裁判年月日・出典	（裁判例83）福岡家柳川支審昭和50・7・30家月28巻9号72頁
事件名（争点）	祭祀承継者指定事件（遺骨引渡し）
祭祀財産の種類 （系譜・祭具・墳墓・遺骨）	遺骨
承継者の地位・資格 （親族・同氏・相続人・第三者等）	親族
承継者の数 相手方の数	1人 1人
被相続人の指定・慣習の有無	指定言及なし・慣習有（推認）
裁判所の指定か協議か	指定
⑬裁判年月日・出典	（裁判例91）大阪家審昭和52・1・19家月30巻9号108頁
事件名（争点）	祭祀承継者指定事件（墓地の所有権）
祭祀財産の種類 （系譜・祭具・墳墓・遺骨）	墓地
承継者の地位・資格 （親族・同氏・相続人・第三者等）	親族

承継者の数	1人
相手方の数	1人
被相続人の指定・慣習の有無	指定無・慣習不明
裁判所の指定か協議か	指定
⑭裁判年月日・出典	（裁判例92）大阪家審昭和52・8・29家月30巻6号102頁
事件名（争点）	祭祀承継者指定事件（遺骨等の帰属）
祭祀財産の種類 （系譜・祭具・墳墓・遺骨）	系譜（過去帳1冊）・祭具（位牌3柱）・遺骨
承継者の地位・資格 （親族・同氏・相続人・第三者等）	相続人
承継者の数	1人
相手方の数	1人
被相続人の指定・慣習の有無	言及なし
裁判所の指定か協議か	指定
⑮裁判年月日・出典	（裁判例94）東京高決昭和54・4・24判タ389号138頁
事件名（争点）	祭祀承継者指定事件（墳墓の帰属）
祭祀財産の種類 （系譜・祭具・墳墓・遺骨）	墳墓
承継者の地位・資格 （親族・同氏・相続人・第三者等）	親族
承継者の数	1人
相手方の数	1人
被相続人の指定・慣習の有無	言及なし
裁判所の指定か協議か	指定
⑯裁判年月日・出典	（裁判例95）東京高決昭和54・9・26東高民30巻9号226頁
事件名（争点）	祭祀承継者指定事件（祭祀承継者指定）
祭祀財産の種類 （系譜・祭具・墳墓・遺骨）	墓地使用権・墓石
承継者の地位・資格 （親族・同氏・相続人・第三者等）	相続人
承継者の数	1人
相手方の数	3人
被相続人の指定・慣習の有無	指定無・慣習無
裁判所の指定か協議か	指定
⑰裁判年月日・出典	（裁判例96）仙台家審昭和54・12・25家月32巻8号98頁
事件名（争点）	祭祀承継者指定事件（墳墓の帰属）
祭祀財産の種類 （系譜・祭具・墳墓・遺骨）	墳墓地
承継者の地位・資格 （親族・同氏・相続人・第三者等）	相続人
承継者の数	1人（共有）
相手方の数	無

被相続人の指定・慣習の有無	指定言及なし・慣習不明
裁判所の指定か協議か	指定
⑱裁判年月日・出典	（裁判例100）大阪家審昭和56・6・8家月34巻9号85頁
事件名（争点）	祭祀承継者指定事件（被相続人所有でない祭祀財産の帰属）
祭祀財産の種類 （系譜・祭具・墳墓・遺骨）	位牌・墓石・墓地・墓地使用権
承継者の地位・資格 （親族・同氏・相続人・第三者等）	無
承継者の数 相手方の数	無 1人
被相続人の指定・慣習の有無	指定無・慣習不明
裁判所の指定か協議か	言及なし（申立却下）
⑲裁判年月日・出典	（裁判例101）名古屋高判昭和59・4・19家月37巻7号41頁
事件名（争点）	祭祀財産所有権確認請求事件（祭祀承継者指定の有無）
祭祀財産の種類 （系譜・祭具・墳墓・遺骨）	言及なし
承継者の地位・資格 （親族・同氏・相続人・第三者等）	相続人
承継者の数 相手方の数	1人 1人
被相続人の指定・慣習の有無	指定有（推認）・慣習無
裁判所の指定か協議か	指定
⑳裁判年月日・出典	（裁判例106）大阪高決昭和59・10・15判タ541号235頁
事件名（争点）	祭祀承継者指定申立事件（墓地使用権の帰属）
祭祀財産の種類 （系譜・祭具・墳墓・遺骨）	墓地使用権
承継者の地位・資格 （親族・同氏・相続人・第三者等）	相続人
承継者の数 相手方の数	1人 1人
被相続人の指定・慣習の有無	指定無・慣習不明
裁判所の指定か協議か	指定
㉑裁判年月日・出典	（裁判例108）東京家八王子支審昭和60・2・26判タ560号280頁
事件名（争点）	祭祀承継者指定事件（墳墓及び系譜の帰属）
祭祀財産の種類 （系譜・祭具・墳墓・遺骨）	墳墓・系譜
承継者の地位・資格 （親族・同氏・相続人・第三者等）	相続人
承継者の数 相手方の数	1人 1人

被相続人の指定・慣習の有無	指定無・慣習不明
裁判所の指定か協議か	指定
㉒裁判年月日・出典	（裁判例113）東京地判昭和62・4・22判タ654号187頁
事件名（争点）	遺骨改葬妨害禁止請求本訴事件・祭祀承継者確認反訴請求事件（焼骨の帰属）
祭祀財産の種類 （系譜・祭具・墳墓・遺骨）	焼骨
承継者の地位・資格 （親族・同氏・相続人・第三者等）	相続人
承継者の数 相手方の数	1人 6人
被相続人の指定・慣習の有無	言及なし
裁判所の指定か協議か	協議（黙示の合意があったと認定）
㉓裁判年月日・出典	（裁判例114）長崎家諫早出審昭和62・8・31家月40巻5号161頁
事件名（争点）	祭祀承継者指定事件（墳墓・祭具の帰属）
祭祀財産の種類 （系譜・祭具・墳墓・遺骨）	墳墓（墓地・墓碑3基）・祭具（仏壇・位牌）
承継者の地位・資格 （親族・同氏・相続人・第三者等）	相続人
承継者の数 相手方の数	1人 5人（相手方1名が承継）
被相続人の指定・慣習の有無	指定無・慣習不明
裁判所の指定か協議か	指定
㉔裁判年月日・出典	（裁判例115）東京高判昭和62・10・8家月40巻3号45頁
事件名（争点）	焼骨引取改葬妨害排除本訴請求・本位的祭祀承継者確認予備的分骨反訴請求（焼骨の帰属）
祭祀財産の種類 （系譜・祭具・墳墓・遺骨）	焼骨
承継者の地位・資格 （親族・同氏・相続人・第三者等）	相続人
承継者の数 相手方の数	1人 1人
被相続人の指定・慣習の有無	指定言及なし・慣習有（法的に承認される）
裁判所の指定か協議か	協議（黙示の合意があったと認定）
㉕裁判年月日・出典	（裁判例118）前橋家審平成3・5・31家月43巻12号86頁
事件名（争点）	祭祀承継者指定事件（祭祀承継者の指定）
祭祀財産の種類 （系譜・祭具・墳墓・遺骨）	仏壇・仏具・墓石1基・墓地・永代使用権
承継者の地位・資格 （親族・同氏・相続人・第三者等）	相続人
承継者の数 相手方の数	1人 8人

被相続人の指定・慣習の有無	指定有・慣習言及なし
裁判所の指定か協議か	指定
㉖裁判年月日・出典	（裁判例121）高松家審平成4・7・15家月45巻8号51頁
事件名（争点）	祭祀承継者指定事件（祭祀承継者の指定）
祭祀財産の種類 （系譜・祭具・墳墓・遺骨）	祭具・墳墓・墓地
承継者の地位・資格 （親族・同氏・相続人・第三者等）	親族
承継者の数 相手方の数	1人 無
被相続人の指定・慣習の有無	指定無・慣習無
裁判所の指定か協議か	指定
㉗裁判年月日・出典	（裁判例124）東京高決平成6・8・19判時1584号112頁
事件名（争点）	祭祀承継者指定事件（墳墓・祭具の帰属）
祭祀財産の種類 （系譜・祭具・墳墓・遺骨）	墓地（2箇所）・墓地使用権・墓石・仏壇・仏具・位牌
承継者の地位・資格 （親族・同氏・相続人・第三者等）	相続人
承継者の数 相手方の数	2人 6人
被相続人の指定・慣習の有無	言及なし
裁判所の指定か協議か	指定
㉘裁判年月日・出典	（裁判例125）福岡家小倉支審平成6・9・14家月47巻5号62頁
事件名（争点）	祭祀承継者指定事件（祭祀財産の帰属）
祭祀財産の種類 （系譜・祭具・墳墓・遺骨）	系譜・祭具・墳墓・墓地・霊園使用許可証
承継者の地位・資格 （親族・同氏・相続人・第三者等）	相続人
承継者の数 相手方の数	1人 2人
被相続人の指定・慣習の有無	指定有・慣習言及なし
裁判所の指定か協議か	指定
㉙裁判年月日・出典	（裁判例127）東京家審平成12・1・24家月52巻6号59頁
事件名（争点）	祭祀承継者指定事件（祭祀承継者指定）
祭祀財産の種類 （系譜・祭具・墳墓・遺骨）	墓所・祭祀財産
承継者の地位・資格 （親族・同氏・相続人・第三者等）	相続人
承継者の数 相手方の数	1人 1人
被相続人の指定・慣習の有無	指定無・慣習無
裁判所の指定か協議か	指定

㉚裁判年月日・出典	（裁判例128）広島高判平成12・8・25家月53巻10号106頁
事件名（争点）	祭祀承継事件（更正登記請求の可否）
祭祀財産の種類（系譜・祭具・墳墓・遺骨）	墓地
承継者の地位・資格（親族・同氏・相続人・第三者等）	相続人
承継者の数 相手方の数	1人 2人
被相続人の指定・慣習の有無	指定無・慣習無
裁判所の指定か協議か	指定
㉛裁判年月日・出典	（裁判例129）奈良家審平成13・6・14家月53巻12号82頁
事件名（争点）	祭祀承継者指定事件（祭祀財産の帰属）
祭祀財産の種類（系譜・祭具・墳墓・遺骨）	墳墓・仏壇・位牌
承継者の地位・資格（親族・同氏・相続人・第三者等）	相続人
承継者の数 相手方の数	2人 2人
被相続人の指定・慣習の有無	指定無・慣習無
裁判所の指定か協議か	指定
㉜裁判年月日・出典	（裁判例133）東京高決平成18・4・19判夕1239号289頁
事件名（争点）	祭祀承継者指定事件（祭祀財産の帰属）
祭祀財産の種類（系譜・祭具・墳墓・遺骨）	過去帳・仏壇・位牌・墓地・墓碑・墓地使用権
承継者の地位・資格（親族・同氏・相続人・第三者等）	相続人
承継者の数 相手方の数	2人 2人
被相続人の指定・慣習の有無	指定有（推認）・慣習言及なし
裁判所の指定か協議か	指定
㉝裁判年月日・出典	（裁判例134）大分家審平成18・10・20判時1980号95頁
事件名（争点）	祭祀承継者指定事件（墓所の帰属）
祭祀財産の種類（系譜・祭具・墳墓・遺骨）	墓所
承継者の地位・資格（親族・同氏・相続人・第三者等）	相続人
承継者の数 相手方の数	1人 2人
被相続人の指定・慣習の有無	指定無・慣習無
裁判所の指定か協議か	指定
㉞裁判年月日・出典	（裁判例135）福岡高決平成19・2・5判時1980号93頁

事件名（争点）	祭祀承継者指定事件（墓所の帰属）
祭祀財産の種類 （系譜・祭具・墳墓・遺骨）	墓所
承継者の地位・資格 （親族・同氏・相続人・第三者等）	相続人
承継者の数 相手方の数	1人 2人
被相続人の指定・慣習の有無	指定無・慣習無
裁判所の指定か協議か	指定
㉟裁判年月日・出典	（裁判例136）東京家審平成19・10・31 家月60巻4号77頁
事件名（争点）	祭祀承継者指定事件（位牌の引渡し）
祭祀財産の種類 （系譜・祭具・墳墓・遺骨）	位牌
承継者の地位・資格 （親族・同氏・相続人・第三者等）	相続人
承継者の数 相手方の数	1人 5人
被相続人の指定・慣習の有無	指定無・慣習無
裁判所の指定か協議か	指定
㊱裁判年月日・出典	（裁判例137）東京家審平成21・3・30 家月62巻3号67頁
事件名（争点）	祭祀承継者指定事件（祭祀財産の帰属）
祭祀財産の種類 （系譜・祭具・墳墓・遺骨）	位牌・仏壇・遺骨・神棚・墳墓
承継者の地位・資格 （親族・同氏・相続人・第三者等）	相続人
承継者の数 相手方の数	1人（相手方） 2人
被相続人の指定・慣習の有無	指定無・慣習無
裁判所の指定か協議か	指定
㊲裁判年月日・出典	（裁判例138）東京家審平成21・8・14 家月62巻3号78頁
事件名（争点）	祭祀承継者指定事件（成年被後見人が祭祀承継者になることの可否）
祭祀財産の種類 （系譜・祭具・墳墓・遺骨）	墳墓
承継者の地位・資格 （親族・同氏・相続人・第三者等）	親族
承継者の数 相手方の数	1人 1人
被相続人の指定・慣習の有無	指定無・慣習不明
裁判所の指定か協議か	指定
㊳裁判年月日・出典	（裁判例140）松江家審平成24・4・3 家月64巻12号34頁
事件名（争点）	祭祀承継者指定事件（祭祀承継者の指定）

祭祀財産の種類 (系譜・祭具・墳墓・遺骨)	墓地及び墳墓類
承継者の地位・資格 (親族・同氏・相続人・第三者等)	第三者
承継者の数 相手方の数	1人 無
被相続人の指定・慣習の有無	指定無・慣習無
裁判所の指定か協議か	指定
㉟裁判年月日・出典	(裁判例142) さいたま家審平成26・6・30家判3号83頁
事件名 (争点)	祭祀承継者指定事件 (祭祀財産の帰属)
祭祀財産の種類 (系譜・祭具・墳墓・遺骨)	仏壇・位牌・墓地・永代使用権
承継者の地位・資格 (親族・同氏・相続人・第三者等)	相続人
承継者の数 相手方の数	1人 1人
被相続人の指定・慣習の有無	指定無・慣習無

事項索引

あ

挨拶状の印刷代·················180
青山神葬祭地·····················4
青山百人町続神葬祭地··············4
アングロサクソン型グローバル資本
　主義·························302
家制度·····················31, 33
遺骸··········58, 156, 193, 194, 255,
　　　　261, 262, 264, 265, 285, 286
遺骸引渡·························58
遺棄葬···························1
違警罪····························4
遺骨···28, 38, 56, 58, 130, 139, 140, 148, 158,
　　162, 183, 201, 205, 206, 223, 224, 246, 249,
　　250, 255, 260, 262, 263, 265, 266, 271, 285,
　　286, 292
遺骨改葬妨害禁止請求·············193
遺骨の管理······················141
遺骨引渡····················56, 183
遺言公正証書···········116, 119, 242
遺言執行者選任·········144, 285, 298
遺言書検認·····················145
遺言取消し·················116, 119
遺言ノート························9
遺産相続·························36
遺産の管理費···················145
遺産分割······················293
遺産を競売····················146
イスラム教························1
遺族···························41
遺体············38, 140, 201, 264, 292
一年祭··························26
一周忌················14, 245, 247
一身専属性·····················210
稲荷······················258, 267
位牌······62, 96, 98, 110, 111, 130, 158, 161,
　　169, 193, 196, 223, 224, 234, 246, 247, 249,
　　259, 261, 263, 265, 278

忌明け·······················13, 25
入会権··························17
慰霊金······················120, 262
隠居···················56, 60, 260
姻族関係終了の意思表示······194, 201, 270
受入許可書······················15
氏の同一性·····················31
氏の本質·····················275
宇宙葬······················10, 11
奪い合い························35
永代供養·····················253
永代供養墓······················23
永代供養料······················95
永代借地権······················17
永代使用権·················18, 207
永代使用料（管理料）··············18
回向料··························98
縁組の意思···················132, 133
エンゼルケア······················6
エンディングノート···················9
大谷祖廟···········235, 265, 275
公の財産の用途制限··············290
沖縄の慣習·····················178
送り火··························25
おくりびと························6
押し付け合い····················35
おはぎ（萩）·····················25
お彼岸······················24, 25
お盆·······················24, 25
お別れの会···················9, 245
飲食（おんじき）·················24

か

開眼供養························14
海葬··························1, 10
改葬·················15, 27, 28, 195, 197
改葬許可書······················15
改葬許可申請書··················15
会葬者への接待費用··············180

改定律令……………………………………5
海洋葬………………………………………11
家郷の訓……………………………………301
核家族………………………………………203
家系図………………………………………69
過去帳…………………………96, 158, 278
火葬………………………1, 4, 6, 27, 28, 271
火葬許可証…………………………………6
火葬禁止政策………………………………3
火葬場………………………………4, 28, 29
家族関係における個人の尊厳と両性
　の平等……………………………………290
家族集団……………………………………300
家族制度………………………………57, 63
家族葬………………………………………9
家族法制度…………………………………300
家族墓地……………………………………23
家庭裁判所の審判…………………………288
家督相続………………30, 56, 105, 260, 285, 291
家督相続人………………106, 157, 268, 285
鐘……………………………………………111
神棚…………………………………………249
家名…………………………………………69
家名としての氏……………………………73
家名目的……………117, 118, 151, 276, 283
甕棺葬………………………………………3
亀戸出村羅漢寺……………………………4
カロート（納骨室）…………………14, 23
カロート共同墓タイプ……………………24
カロートタイプ……………………………24
関係者………………………………………50
看護師………………………………………6
還骨法要……………………………………6
慣習……………………48, 63, 64, 111, 128, 148,
　　　　　　　　173, 177, 231, 235, 269, 288, 291
慣習上の物権………………………………17
慣習による指定……………………………48
慣習の断絶…………………………………295
慣習法上の物権……………………………17
寒中見舞い…………………………………26
忌日法要……………………………………26
擬制死亡……………………………………8
忌中………………………………………6, 25

危難失踪……………………………………8
既判力………………………………………54
忌引き期間…………………………………25
旧民法………………………………………30
協議による解決……………………………293
協議による指定……………………………49
行政措置制度………………………………7
共同承継……………………………………43
共同墓地………………………15, 17, 19, 21
共有地………………………………………22
魚葬…………………………………………1
キリシタン禁制……………………………3
キリスト教…………………………………1
供養……………………123, 124, 140, 148, 278
勲章…………………………………………225
警察犯処罰令………………………………5
形式的主宰者…………………………11, 190
刑事政策……………………………………5
系図……………………………………185, 269
系譜………………37, 109, 111, 223, 247, 260, 272
競落許可決定………………………………60
月面葬………………………………………10
欠礼状………………………………………26
原始仏教……………………………………2
献体…………………………………………40
現代仏教……………………………………2
公営墓地………………………………15, 18
甲乙両家の墓…………………………164, 263
公権…………………………………………17
後見開始の裁判……………………………253
公序良俗…………38, 57, 62, 121, 286, 290
合葬墓………………………………………23
香典……………………13, 120, 214, 262, 264, 287
香典返し……………………………………13
公有墓地………………………………15, 22, 287
効率性第一…………………………………302
高齢者消除………………………………7, 8
小型仏壇……………………………………11
呼吸停止……………………………………7
五供（ごく）………………………………24
告別式………………………………………6
国有墓地……………………………………15
護寺会費……………………………………96

事項索引　317

五十日祭…………………………14, 26
戸主權………………………………57
戸主中心主義………………63, 267, 291
五十回忌……………………………23
呼称上の氏………………………295
個人型共同墓地……………………22
個人主義…………………… 299, 301
個人の呼称………………… 73, 74, 275
個人の祭祀………………………299
個人の尊厳………………125, 276, 289
個人墓地………………… 15, 22, 24, 28
戸籍筆頭者…………………………66
骨揚げ………………………………6
小塚原旧火葬地……………………4
五年祭………………………………26
子の氏………………………………73
古墳時代……………………………3
婚姻共同生活関係………………276
婚氏継続の届出…………………192

さ

祭具……………… 37, 109, 212, 223, 233,
　　　　247, 260, 267, 272, 282, 285
祭祀………………………271, 280, 281
祭祀回向…………………………126
祭祀家名継続……………………119
祭祀供用物………………………205
祭祀供養…………………………186
祭祀財産……………34, 37, 183, 227, 285
祭祀施行義務………………68, 261, 262
祭祀主宰者……68, 128, 193, 261, 262, 288
祭祀承継……………………… 300, 302
祭祀承継事件の審判物……………52
祭祀承継者………………45, 192, 198, 231
祭祀承継者決定の判断基準………51
祭祀承継者指定…………… 170, 258
祭祀承継者の人数………………289
祭祀承継制度………… 30, 260, 267, 299
祭祀目的…………………… 151, 283
祭祀料………………………………68
祭祀を主宰…………………………73
再転相続……………………………52
裁判所による指定…………………49

先取特権…………………………189
桜葬…………………………………11
差押禁止…………………………286
里山葬………………………………11
三回忌……………………………247
珊瑚葬………………………………10
散骨…………………………… 10, 11
散骨葬………………………………10
三十三回忌…………………………23
三年祭………………………………26
寺院墓地………………… 15, 16, 17
死後縁故……………123, 131, 134, 153,
　　　　 159, 166, 280, 281, 282, 297
寺護持会…………………………160
死後叙勲…………………… 223, 265
死後処分……………………………42
死後の縁故者……………………152
死後の供養を託する意思………132
死後の祭祀……………………187, 253
事実上の養子……………77, 81, 298
四九日法要………………26, 162, 245
地所永代賣買の禁…………………55
自然死………………………………7
自然葬………………………………10
死体…………………………………27
死体遺棄罪…………………………5
死体改葬手続………………………55
死体解剖……………………………40
死体毀棄罪…………………………5
死体検案書…………………………7
死体損壊等罪…………………… 5, 10
七回忌……………………… 26, 247
七七日……………………………14, 26
市町村営墓地………………… 15, 245
実質的祭祀主宰者…………11, 190, 288
失踪宣告……………………………8
失踪宣告の取消し…………………8
指定基準……………………………51
指定の存在………………………206
死化粧（エンゼルメイク）………6
しのび手……………………………24
偲ぶ会………………………………9
自筆遺言証書……………………128

318　事項索引

渋谷羽根沢神葬地	4
死亡承継	42
死亡診断書	7
死亡届	7
死亡届前死体埋葬罪	5
死亡認定	7
死亡の擬制	8
死亡配偶者の祭祀	201
社会的習俗	123
釈明権	294
社葬	180, 247
宗教葬	10
宗教法人	95
十三回忌	26, 248
十字架	24
自由葬	5, 9
十年祭	26
私有墓地	15
宗門改め	3
宗門帳	69
儒教	2
出棺	6
樹木葬	10, 11
醇風美俗	66
使用許可書	183
承継者を共同指定	164
承継者を決定	147
承継墓	23
焼骨	10, 28, 193, 194, 264
焼骨引取改葬妨害排除	200
焼骨埋蔵・収蔵証明書	14
浄水	24
使用貸借権	17
祥月命日	24
昇天記念日	14, 25, 26
譲渡禁止	286
障壁なき国際性	302
精霊棚	25
諸子均分相続	292, 300, 302
除租地	16
初七日	26
所有権＝相続法理	39
所有権移転登記	268
信教の自由	290
心臓死	7
親族会	178
親族集団	300
「神道型」墓	24
神道国教化政策	3
心拍停止	7
審判規範	51
審判による指定	50
審判物	293
新律綱領	5
水葬	1
推定家督相続人廃除	186
推定相続人廃除	184
聖苑	18
聖餐式	6
清拭	6
生前縁故	297
生前承継	42
生前処分	42
聖体拝領	6
聖地	18
聖地霊園の永代使用権	259
成年養子縁組	121, 188, 283
施餓鬼	248
石碑	279, 281
絶家再興	68, 69
先祖の供養	193
先祖の祭祀	182
先祖の墓	193
先祖の話	300
占有権回復	61
善良の風俗	62, 67
葬儀	6, 9, 56, 99, 106, 114, 123, 124, 126, 127, 139, 158, 159, 181, 182, 246, 271, 278, 279, 281, 282
葬儀委員長	247
臓器移植	40
葬儀社	6, 190
創業者	228
葬祭	9, 278, 285, 302
葬祭ディレクター	9
葬祭費	72, 83, 101, 145

事項索引 *319*

雑司ヶ谷旭出町................................4
葬式.......................... 9, 161, 180, 190
葬式実施者....................................190
葬式主宰者............................189, 190
葬式費用… 6, 12, 61, 69, 70, 71, 84, 94, 107,
　　119, 155, 167, 179, 181, 189, 214, 254, 261,
　　262, 263, 264, 265, 266, 284, 285, 286
葬送...................................9, 35, 300
相続財産処分事件..........................297
相続財産の処分..............................61
相続財産の負担..............................181
相続財産分与事件..........................297
相続財産分与制度..........................260
相続人不存在................................296
相続の一般的効力..........................33
惣墓地..23
総有..20
僧侶..10
訴訟上の和解.................................228
祖先祭祀...........33, 35, 77, 118, 183, 276, 299
祖先の施主....................................196
卒塔婆供養....................................14
染井神葬祭地.................................4
祖霊祭..26
ゾロアスター教..............................1
村落共同墓地.................................19

た

第一次承継....................................53
退職記念品代........................120, 262
第二次承継....................................53
大日本帝国憲法..............................3
対光反射の消失..............................7
多摩霊園.......................................218
檀家..3
檀家制度...3
檀家総代...21
単独行為...47
単独承継...43
檀徒契約...17
檀那寺..3
地域集団.......................................300
地券..16

地上権..17
地租..16
地租改正...16
地方的慣習....................................48
長子単独相続...............48, 291, 292, 300
鳥葬..1
調停規範...50
調停による指定..............................50
チョーデー・カサバイ… 177, 178, 277, 292
直葬..5, 9
賃借権を援用................................284
追悼儀式.......................................254
追悼ミサ...26
通夜...6, 271
手許供養...11
道教..2
東京都立八柱霊園..........................18
東京都霊園条例.....................239, 287
東京府墓地取扱規則.......................4
瞳孔拡大...7
同時存在の原則.....................167, 279
同族感情.......................................123
同族墓地...20
灯明..24
道路改良事業起業者.............256, 272
十日祭..26
特別縁故者……79, 82, 86, 89, 91, 92, 95, 99,
　　103, 107, 113, 123, 127, 134, 135, 138, 139,
　　152, 154, 159, 166, 210, 278, 279, 280, 282
特別失踪...8
土葬..1
都道府県有墓地..............................15
塗油の秘蹟.....................................6

な

名古屋市................................138, 281
新盆（にいぼん）...........................25
日本国憲法..................................3, 27
日本の文脈...................................301
入院治療費...................................145
入魂式..14
二礼二拍一礼.................................24
任意規定と異なる慣習..................291

認定死亡	7	深川三十三間堂神葬祭地	4
年忌法要	26	不告不理の原則	53, 294
納棺	6	扶助的生活共同体	275, 296
納棺師	6	負担付遺贈	117, 298
納骨	6, 14, 126, 127	普通失踪	8
納骨式	14	仏具	161, 207, 209
納骨堂	28, 29	仏檀	96
農地の零細化	70	仏壇	62, 66, 72, 95, 98, 106, 110, 111, 130, 147, 167, 196, 207, 209, 234, 249, 259, 261, 278

は

拝火教	1	不融通物	38, 59, 60, 261
墓	124, 162	分割承継	43
墓石	111, 130, 148, 156, 167, 207, 237, 239, 262, 266	分割相続法	300
		分家	77
墓石台帳	161	分骨	14
墓石費用	84, 180	墳墓	4, 16, 28, 37, 59, 60, 98, 105, 111, 130, 147, 156, 160, 169, 182, 191, 197, 212, 223, 229, 230, 233, 234, 247, 249, 260, 261, 262, 263, 265, 267, 268, 272, 282, 285
墓の改葬手続	15		
墓守	280		
爆葬	1		
二十日祭	26	墳墓地	109, 268
初盆（はつぼん）	25	墳墓発掘罪	5
初盆	278	墳墓発掘死体毀棄罪	5
花火葬	10	墳墓発掘死体損壊等罪	5
バラモン教	1	墳墓発掘等罪	5
バルーン葬	11	墳墓を管理	130
判断基準	239, 266, 288	閉眼供養	15
万霊節	25, 26	弁財天	258, 266
非課税財産	258, 267	変死者密葬罪	5
引渡（登記名義変更）	111	保育的生活共同体	275, 296
被相続人個人	299	包括遺贈	243
被相続人との親族関係	129	包括名義	55
被相続人の指定	46, 208, 288	法事	114, 139, 181, 182, 279, 281
被相続人の扶養	233	法要	24, 26, 126, 127, 158, 159, 161
非嫡出子	157	法要費	96
碑表	4	墓参	6, 24, 99, 228
百日祭	26	墓所	228, 267
表彰状	225	墓所管理	99
平等原則	290	菩提	278
ヒンドゥー教	1	菩提寺	10
不意打ちの手続進行	294	ほたもち（牡丹餅）	25
風葬	1	墓地	4, 6, 16, 28, 29, 37, 60, 84, 111, 114, 146, 148, 156, 185, 207, 212, 215, 223, 227, 229, 256, 261, 262, 263, 265, 268, 269, 271,
夫婦の共有財産	179		
夫婦墓	24		

　　　　278, 282, 285, 286, 294, 300, 302
墓地, 埋葬等に関する法律………………10
墓地永代使用契約…………………………18
墓地永代使用料………………………… 180
墓地及埋葬取締規則………………………10
墓地開設許可基準………………………… 3
墓地管理…………………………………278
墓地区画分譲契約…………………………18
墓地購入費……………………………… 155
墓地使用許可証……………………128, 223
墓地使用契約………………………………18
墓地使用権……16, 18, 23, 143, 175, 181, 182
墓地使用券……………………………… 183
墓地使用権………………… 235, 239, 263, 265
墓地使用権の名義書替手続…………… 130
墓地使用料（管理料）……………………17
墓地処分内規則…………………………… 4
墓地所有権…………………………………16
墓地持分………………………………… 142
墓地利用許可証……………………………15
墓碑………………………… 191, 198, 271
墓碑銘…………………………………… 246
墓標………………………………… 156, 262
墓標所有権……………………………… 182

ま

埋火葬…………………………………4, 27
埋葬………………4, 6, 14, 27, 28, 140, 161
埋葬祭……………………………………14
埋葬証明書…………………………………15
埋葬地……………………………………… 4
埋葬等の費用………………………… 254
末期の水…………………………………… 6
末子承継……………………………………48
ミイラ……………………………………… 1
ミサ…………………………………………25
未成年縁組許可……………………… 283
未成年養子縁組………… 118, 151, 284, 298
御霊舎（みたまや）………………………24
密葬………………………………………… 9
ミニ墓集合タイプ…………………………24
民営墓地………………………… 15, 17, 18
民営墓地使用契約…………………………18

民事訴訟…………………………………53
民法上の氏……………………………… 295
無縁墓……………………………………95
迎え火……………………………………25
無宗教葬………………………………5, 9
明治民法………………………………… 30
喪…………………………………………25
申立権の濫用…………………………… 151
木魚…………………………………… 111
黙示の意思表示…………………………47
喪主……………… 6, 11, 106, 158, 190, 193,
　　　　194, 202, 246, 247, 264, 288, 292
喪中…………………………………6, 26

や

屋敷墓地…………………………………23
野葬……………………………………… 1
谷中天王寺……………………………… 4
友人墓……………………………………24
郵便貯金……………………………… 167
ユダヤ教………………………………… 1
「洋型」墓………………………………24
養子縁組無効………………………… 132
翌日祭……………………………………26
横塚……………………………………… 3
吉野ケ里遺跡…………………………… 3
予備的反訴請求……………………… 270

ら

利己的個人主義……………………… 302
離檀料……………………………………15
略式葬…………………………………… 9
両家墓……………………………………24
両性の本質的平等………………… 125, 277
両墓制……………………………………15
臨終……………………………………… 6
林葬……………………………………… 1
隣保扶助…………………………………77
霊園………………………………………18
霊苑………………………………………18
霊柩車…………………………………… 6
霊前祭……………………………………26
冷凍遺体………………………………… 1

礼拝……………………………… 140
礼拝所不敬及び説教等妨害罪………… 5
霊びょう……………………………… 267

わ

「和型」墓 ………………………………24

判例索引

【明治】

大判明治43・10・4 …………………… 28

【大正】

大判大正4・2・27 ……………55, 260, 285
大判大正5・7・28 ……………55, 260, 285
大判大正10・7・25 … 39, 56, 260, 285, 286

【昭和】

大判昭和2・5・27 … 39, 58, 261, 285, 286
大判昭和8・6・14
　…………………16, 38, 43, 59, 61, 261, 285
大判昭和9・7・12 ……………………… 19
大決昭和9・12・19 ……… 16, 60, 261, 285
東京控判昭和11・9・21 … 61, 261, 285, 286
大判昭和12・12・7 … 38, 61, 261, 285, 286
大判昭和15・6・15 ………62, 261, 285, 286
大判昭和18・9・7 ……………………… 20
大阪高決昭和24・10・29 ……… 44, 48, 52,
　　　　　　　　　　63, 267, 275, 291, 295, 303
大阪高決昭和24・12・15 ………65, 275, 295
広島高判昭和26・10・31
　……………………………38, 43, 66, 261, 286
最判昭和28・4・23 …………………… 7
東京高決昭和28・9・4
　………………………36, 42, 68, 261, 273, 291
長野家上田支審昭和29・12・6
　………………………………………68, 275, 295
東京高決昭和30・9・5 ……………69, 261
福岡高決昭和30・10・21高民8巻8
　号572頁 ……………………………70, 273
甲府地判昭和31・5・29
　………………………12, 13, 70, 262, 287
東京家審昭和33・7・4 … 71, 262, 273, 287
東京高決昭和34・1・12 …………… 295
大阪家堺支審昭和35・8・31 ………72, 273

神戸家審昭和36・2・21 ………73, 275, 296
盛岡家審昭和37・2・10 ……………… 77
名古屋高決昭和37・4・10
　……………………………52, 78, 267, 304
横浜家審昭和37・10・29 … 36, 79, 278, 297
最判昭和37・12・25民集16巻12号
　2455頁 ……………………… 81, 284, 298
横浜家審昭和38・1・16 ………82, 278, 297
高松高決昭和38・3・15 ……………82, 273
高松高決昭和38・4・1 ……………83, 273
仙台家古川支審昭和38・5・1 ……84, 273
津地判昭和38・6・21 ………………… 17
東京家審昭和38・7・16 … 8, 84, 267, 304
長野家伊那支審昭和38・7・20
　………………………………………86, 278, 297
東京家審昭和38・10・7 ………87, 278, 297
鹿児島家審昭和38・11・2 ……89, 278, 297
岡山家玉野出審昭和38・11・7 ……91, 278
大阪家審昭和39・3・28 ………92, 278, 297
大阪家審昭和39・7・22 ………93, 278, 297
広島高決昭和39・8・17 ………93, 276, 296
仙台高判昭和39・11・16 ……………… 20
福岡高決昭和40・5・6 ……… 13, 94, 273
東京家審昭和40・8・12 ………95, 278, 297
広島高決昭和40・10・20 … 97, 273, 294, 304
大阪家審昭和40・11・4 ………98, 273, 304
大阪地判昭和41・3・30 ……… 101, 274
長崎家審昭和41・4・8 ………99, 278, 297
長野家審昭和41・4・20 …… 102, 276, 295
松山家審昭和41・5・30 … 37, 103, 278, 297
和歌山家審昭和41・9・2 …… 104, 276, 296
東京家審昭和41・9・19 …… 104, 276, 295
大阪家審昭和41・10・21 ……… 105, 274
広島家尾道支審昭和41・12・23
　……………………………………… 106, 279, 297
盛岡家審昭和42・4・12 …… 13, 107, 274
熊本家天草支審昭和42・8・11
　……………………………………… 107, 279, 297
東京家審昭和42・10・12

………………43, 50, 53, 108, 267, 289, 305
鳥取家審昭和42・10・31…48, 111, 268, 305
大阪家審昭和42・11・21…… 113, 279, 297
松山家審昭和42・12・22…… 114, 262, 274
福島家郡山支審昭和43・2・26
　　………………………………… 114, 279, 297
仙台地判昭和43・3・4………………17
大阪家堺支審昭和43・3・17
　　………………………………… 115, 279, 297
宇都宮家栃木支審昭和43・8・1
　　………42, 116, 262, 268, 284, 291, 298
函館家審昭和43・10・8……………… 117
福岡家小倉支審昭和43・12・23
　　………………………………… 118, 283, 298
岡山地津山支判昭和44・2・13………20
東京高決昭和44・2・26…… 119, 284, 298
京都家園部支審昭和44・3・31
　　………………………………… 119, 276, 295
東京家審昭和44・5・10…… 120, 262, 287
大阪地判昭和44・9・17…… 121, 283, 298
大阪高決昭和44・12・24…… 122, 279, 297
鹿児島家審昭和45・1・20… 123, 279, 297
徳島家審昭和45・2・10…… 125, 276, 296
大阪高決昭和45・6・17…36, 126, 280, 297
東京家審昭和46・3・8…… 127, 268, 305
福島家審昭和46・3・18…… 130, 280, 297
東京高判昭和46・9・21………………17
最判昭和46・10・22………… 132, 283, 298
仙台高決昭和46・12・15…… 133, 277, 295
熊本家審昭和47・10・27…… 134, 280, 297
名古屋高決昭和48・1・17…… 135, 280, 297
広島家審昭和48・2・23…… 136, 280, 297
名古屋家審昭和48・2・24…… 138, 281, 297
福岡家行橋支審昭和48・4・9
　　………………………………… 139, 281, 297
東京地八王子支判昭和48・9・27
　　……………………………………39, 139, 262
福岡家柳川支審昭和48・10・11
　　………………………45, 142, 268, 274, 305
東京家審昭和49・2・26…… 143, 289, 306
大阪高決昭和49・6・6…… 144, 285, 298
大阪高決昭和49・9・17……… 145, 274
大分家審昭和50・7・18

………………………………… 146, 268, 294, 306
福岡家柳川支審昭和50・7・30
　　………………………………… 148, 269, 292, 306
静岡家富士支審昭和50・9・2
　　………………………………… 150, 277, 295
東京高決昭和51・4・12…… 151, 283, 298
東京高決昭和51・7・8…37, 152, 281, 297
宮崎家審昭和51・8・2…… 153, 281, 297
松江家審昭和51・11・2…… 154, 281, 297
大阪家審昭和51・11・25……… 155, 274
長崎家審昭和51・12・23……… 155, 274
大阪家審昭和52・1・19…37, 156, 262, 306
大阪家審昭和52・8・29
　　………………52, 158, 262, 286, 307
大阪家審昭和54・4・10…… 159, 282, 297
東京高決昭和54・4・24…… 160, 263, 307
東京高決昭和54・9・26…… 162, 263, 307
仙台家審昭和54・12・25
　　………………43, 164, 263, 269, 289, 307
岡山家備前出審昭和55・1・29
　　………………………37, 166, 282, 297
長野家審昭和55・2・1……… 167, 274
広島地判昭和55・7・31………………23
横浜家小田原支審昭和55・12・26
　　………………………………… 168, 282, 298
大阪家審昭和56・6・8…… 169, 263, 308
名古屋高判昭和59・4・19
　　………………………47, 170, 263, 308
東京高決昭和59・5・30…… 174, 277, 296
福岡高判昭和59・6・18…20, 175, 263, 286
那覇地判昭和59・6・19…… 177, 277, 292
東京地判昭和59・7・12…17, 179, 263, 287
大阪高決昭和59・10・15
　　………………19, 43, 51, 181, 269, 308
東京高判59・12・21………………… 292
東京高決59・12・21……… 183, 263
東京家八王子支審昭和60・2・26
　　………………………………… 185, 269, 308
鹿児島地判昭和60・10・31………21
最判昭和60・12・20………… 188, 284, 298
東京地判昭和61・1・28
　　………………11, 12, 13, 189, 264, 287
神戸地判昭和61・4・9…… 191, 264, 286

佐賀家審昭和61・6・3 …… 192, 277, 296
東京地判昭和62・4・22 …… 49, 193, 264,
　　　　　　　　　269, 270, 286, 292, 309
長崎家諫早出審昭和62・8・31
　　　　　　　　……………47, 198, 270, 309
東京高判昭和62・10・8
　　　　　…………39, 200, 264, 270, 286, 309, 292
東京地判昭和63・2・22 ………… 205, 264
東京地判昭和63・3・31 ……………… 21
大阪高判昭和63・12・22 ……………… 21

【平成】

最判平成元・7・18 … 15, 40, 206, 265, 286
東京地判平成2・7・18 ……………… 17
前橋家審平成3・5・31
　　　　　……………… 46, 54, 206, 270, 309
大阪高決平成4・3・19 …… 210, 282, 297
大阪高決平成4・6・5 …… 210, 282, 297
高松家審平成4・7・15
　　　　　………………212, 282, 297, 310, 45
高松高判平成5・1・28 ……………… 21
東京地判平成5・11・30 ……………… 18
東京地判平成6・1・17 …… 214, 265, 287
横浜家審平成6・7・27 …… 215, 274, 294
東京高決平成6・8・19
　　　　　………………43, 217, 270, 289, 310
福岡家小倉支審平成6・9・14
　　　　　……………… 49, 54, 219, 271, 310
仙台高判平成7・11・27 ……………… 17
神戸地判平成8・9・4 ……………… 22
高知地判平成8・10・23 ……40, 223, 265
神戸家審平成11・4・30 ……………… 13
東京家審平成12・1・24
　　　　　……………… 47, 48, 227, 271, 310
広島高判平成12・8・25
　　　　　…………37, 48, 49, 229, 265, 271, 286, 311
東京地判平成12・11・24 ………… 36, 38
奈良家審平成13・6・14
　　　　　………………43, 233, 271, 289, 311
京都地判平成13・11・1 …… 235, 265, 275
札幌地判平成13・12・20 …… 235, 265, 286
神戸地姫路支判平成14年1月10

　　　　　………………………… 237, 266, 286
大阪地判平成15・11・14 ……………… 22
東京高決平成18・4・19
　　　　　…………51, 238, 266, 288, 299, 311
大分家審平成18・10・20 …… 241, 271, 311
福岡高決平成19・2・5 …… 244, 271, 311
東京家審平成19・10・31 …… 246, 272, 312
東京家審平成21・3・30
　　　　　……………… 249, 266, 286, 312
東京家審平成21・8・14 …… 252, 272, 312
名古屋高判平成24・3・29 … 254, 266, 287
松江家審平成24・4・3 …… 256, 272, 312
東京地判平成24・6・21 …… 258, 266, 286
さいたま家審平成26・6・30 …… 258, 313

著者略歴

梶村　太市（かじむら・たいち）

昭和16年5月　愛知県に生まれる。
　　舟着村立乗本小学校，鳳来町立長篠中学校，愛知県立新城高等学校を経て，
昭和37年3月　裁判所書記官研修所（速記部）卒業
昭和37年4月　名古屋地方裁判所速記官補
昭和41年3月　愛知大学第二法経学部法学科卒業
昭和43年4月　司法試験合格（金沢修習，23期）
昭和46年4月　松山地方裁判所判事補（3年）
　　以後，東京家裁（2年），東京地裁（1年），釧路地家裁北見支部（2年），東京家裁（2年），東京地裁（1年），那覇地裁（2年），東京高裁（3年），大阪法務局（2年），福岡法務局（2年），東京法務局（3年），東京家裁（4年），東京地裁（2年）を経て，
平成12年4月　横浜家庭裁判所判事
平成14年9月　横浜地方法務局所属公証人（横浜駅西口公証センター勤務）
平成16年4月　早稲田大学大学院法務研究科（法科大学院）教授
平成16年12月　第二東京弁護士会登録
平成17年12月　東京都労働委員会公益委員
平成19年8月　新城（しんしろ）ふるさと（人材）銀行本店会員登録
平成21年3月　早稲田大学教授任期終了
平成22年4月　桐蔭横浜大学法科大学院客員教授
平成24年3月　同客員教授退職
平成25年4月　常葉大学法学部教授

主要著書

昭和53年4月　判例コンメンタール民法Ⅳ　親族（共著）三省堂
昭和54年8月　和解・調停の実務（共編著）新日本法規出版
昭和55年3月　現代家族法大系1（共著）有斐閣
昭和57年3月　家庭紛争と家庭裁判所（共著）有斐閣
昭和60年8月　民事調停法　現代実務法律講座（共編）青林書院
昭和61年10月　注解民事調停法（共編著）青林書院
昭和62年10月　注解人事訴訟手続法（共編著）青林書院
昭和62年12月　人事訴訟の実務（共編著）新日本法規出版
昭和63年11月　講座・実務家事審判法（共著）日本評論社

平成3年7月	民事調停の研究（共著）東京布井出版
平成5年12月	民法基本論集 第7巻 家族法（共著）法学書院
平成8年12月	21世紀の民法－小野幸二教授還暦記念（共著）法学書院
平成10年7月	国際結婚の法律Q＆A（共著）有斐閣
平成10年8月	遺産分割 現代裁判法体系11（共編著）新日本法規出版
平成10年11月	支払督促の実務（共編著）酒井書店
平成11年2月	相続・遺言 現代裁判法体系12（共編著）新日本法規出版
平成11年7月	渉外養子縁組に関する研究（共著）法曹会
平成13年11月	リース契約法（共編著）青林書院
平成14年11月	家事関係裁判例と実務245題（共著）判例タイムズ社
平成15年1月	離婚調停ガイドブック（単著）日本加除出版
平成15年12月	養子事件の法律実務（編著）新日本法規出版
平成16年1月	夫婦の法律相談（共編著）有斐閣
平成16年5月	割賦販売法（共編著）青林書院
平成17年6月	家事事件手続法（共編著）有斐閣
平成17年11月	家事審判・調停書式体系（共編著）青林書院
平成18年11月	特定商取引法（共編著）青林書院
平成19年5月	家事事件手続法（共編著）有斐閣
平成19年8月	改訂・人事訴訟法概説（共著）日本加除出版
平成19年9月	民事訴訟書式体系（共編著）青林書院
平成20年2月	基本法コンメンタール［第5版］親族（共著）日本評論社
平成20年12月	家族法学と家庭裁判所（単著）日本加除出版
平成21年5月	家事・人訴事件の理論と実務（共編著）民事法研究会
平成22年7月	実務講座 家事事件法（単著）日本加除出版
平成23年7月	立ち上がれ，ふるさと（共編著）日本加除出版
平成24年8月	新家事調停の技法（単著）日本加除出版
平成25年2月	新版 実務講座 家事事件法（単著）日本加除出版
平成25年4月	家族法実務講義（共著）有斐閣
平成25年4月	第4版 離婚調停ガイドブック（単著）日本加除出版
平成25年9月	裁判例からみた面会交流調停・審判の実務（単著）日本加除出版
平成27年1月	裁判例からみた「子の奪い合い」紛争の調停・裁判の実務（単著）日本加除出版
平成27年4月	子ども中心の面会交流（共編著）日本加除出版

裁判例からみた
祭祀承継の審判・訴訟の実務
――死亡・葬祭・喪主・香典・法事・埋葬・墓地・
祭祀財産（系譜祭具墳墓）・遺体・遺骨・献体・
臓器移植等――

定価：本体3,200円（税別）

平成27年12月10日　初版発行

著　者　梶　村　太　市
発行者　尾　中　哲　夫

発行所　日本加除出版株式会社
本　社　郵便番号 171-8516
　　　　東京都豊島区南長崎3丁目16番6号
　　　　ＴＥＬ　（03）3953-5757（代表）
　　　　　　　　（03）3952-5759（編集）
　　　　ＦＡＸ　（03）3953-5772
　　　　ＵＲＬ　http://www.kajo.co.jp/
営業部　郵便番号 171-8516
　　　　東京都豊島区南長崎3丁目16番6号
　　　　ＴＥＬ　（03）3953-5642
　　　　ＦＡＸ　（03）3953-2061

組版・印刷　㈱亨有堂印刷所　／　製本　牧製本印刷㈱

落丁本・乱丁本は本社でお取替えいたします。
© Taichi Kajimura 2015
Printed in Japan
ISBN978-4-8178-4279-4 C2032 ¥3200E

JCOPY 〈出版者著作権管理機構　委託出版物〉

本書を無断で複写複製（電子化を含む）することは，著作権法上の例外を除き，禁じられています。複写される場合は，そのつど事前に出版者著作権管理機構（JCOPY）の許諾を得てください。
また本書を代行業者等の第三者に依頼してスキャンやデジタル化することは，たとえ個人や家庭内での利用であっても一切認められておりません。

〈JCOPY〉　ＨＰ：http://www.jcopy.or.jp/，e-mail：info@jcopy.or.jp
　　　　　電話：03-3513-6969，FAX：03-3513-6979

面会交流の原則実施 の問題点・課題点に鋭く切り込む
子ども中心の面会交流
こころの発達臨床・裁判実務・法学研究・面会支援の領域から考える

梶村太市・長谷川京子 編著
2015年4月刊 A5判 384頁 本体3,400円＋税 978-4-8178-4224-4
商品番号：40583 略号：子中

関係する179裁判例を網羅！
裁判例からみた「子の奪い合い」紛争の調停・裁判の実務
子引渡請求訴訟・人身保護請求・子引渡請求審判・ハーグ条約子返還請求

梶村太市 著
2015年1月刊 A5判 464頁 本体4,200円＋税 978-4-8178-4210-7
商品番号：40576 略号：子紛

関係する公刊された裁判例を全て網羅！
裁判例からみた 面会交流調停・審判の実務

梶村太市 著
2013年9月刊 A5判 372頁 本体3,100円＋税 978-4-8178-4115-5
商品番号：40529 略号：面審

初版刊行以来、10年にわたり「現場の悩みを解決」するロングセラー
第4版 離婚調停ガイドブック
当事者のニーズに応える

梶村太市 著
2013年4月刊 A5判 592頁 本体4,700円＋税 978-4-8178-4072-1
商品番号：40232 略号：離調

体系と理論の全体像を速習できる！
新版 実務講座 家事事件法
家事調停・家事審判・人事訴訟・民事訴訟・強制執行・渉外事件

梶村太市 著
2013年2月刊 A5判 500頁 本体4,200円＋税 978-4-8178-4056-1
商品番号：40406 略号：家事件

「当事者の目線に立った」調停運営のための技法を検討
新家事調停の技法
家族法改正論議と家事事件手続法制定を踏まえて

梶村太市 著
2012年8月刊 A5判 472頁 本体4,200円＋税 978-4-8178-3993-0
商品番号：40467 略号：新家事

日本加除出版
〒171-8516 東京都豊島区南長崎3丁目16番6号
営業部 TEL (03) 3953-5642 FAX (03) 3953-2061
http://www.kajo.co.jp/